Truth In Fantasy 80

アーチャー
名射手の伝説と弓矢の歴史

森村宗冬 著

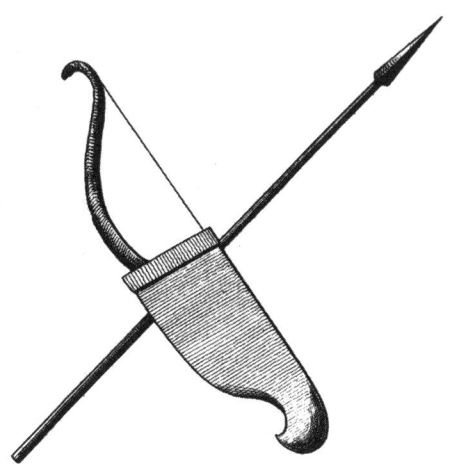

新紀元社

■ はじめに　アーチャーの世界へ矢を放つ

■ 第1部　世界のアーチャー　—伝説と実在の名射手物語—

古代ギリシアのアーチャー
　　ヘラクレス ………………………………………… 012
　　オデュッセウス …………………………………… 024
　　アポロン …………………………………………… 026
　　アルテミス ………………………………………… 028
　　エロス ……………………………………………… 030
　　ピロクテテス ……………………………………… 031
　　メレアグロス ……………………………………… 032
　　アタランテ ………………………………………… 033
　　パリス ……………………………………………… 034
　　パンダロス ………………………………………… 035

ヨーロッパ・オリエント世界のアーチャー
　　ロビン・フッド …………………………………… 036
　　ウィリアム・テル ………………………………… 044
　　レゴラス …………………………………………… 051
　　ラーマ ……………………………………………… 054
　　ヨウカハイネン …………………………………… 065
　　トコ ………………………………………………… 066
　　アルジュナ ………………………………………… 067
　　カーマ ……………………………………………… 068
　　アクハト …………………………………………… 069

チベット・中国大陸のアーチャー
　　ケサル王 …………………………………………… 068
　　羿 …………………………………………………… 078
　　后羿 ………………………………………………… 086
　　李広 ………………………………………………… 090
　　紀昌 ………………………………………………… 092

孔子	094
養由基	096
陳音	097
呂布	098
夏侯淵	099
黄忠	100
冒頓単于	101
朱蒙	102
薛仁貴	104
高仙芝	105
燕青	106
花栄	107
ジョチ＝カサル	108
ジェベ	109

日本・アメリカ大陸のアーチャー

坂上田村麻呂	110
百合若	116
俵藤太	122
源為朝	128
那須与一	135
吉備津彦命	138
源義家	140
源頼政	142
吉田上野介重賢	144
板額御前	146
隠岐広有	147
小笠原長時	148
吉田出雲守重政	149
早水藤左衛門	150
善良なる男	151
イシ	152

■第2部 弓矢の歴史 —History of bow and arrows—

弓矢の誕生 ……………………………………………… 154

第1章　ヨーロッパの弓矢

洞窟壁画は語る ……………………………………… 156
弓矢が蔑視されていた古代ギリシア ……………… 156
ペロポネソス戦争と弓矢の復権 …………………… 158
ローマ帝国の弓矢と弩砲 …………………………… 159
『ガリア戦記』に記された弓 ……………………… 160
弓矢を好まなかった騎士…………………………… 160
クロスボウのルーツ ………………………………… 161
グレート・ブリテン島の弓矢 ……………………… 162
アングロ・サクソンとヴァイキングの弓矢 ……… 162
クレシーの戦い—ロングボウ VS クロスボウ …… 163
銃器の登場と弓矢の衰退 …………………………… 166

第2章　オリエントの弓矢

古代エジプトの弓矢………………………………… 167
アッシリア人の弓矢とペルシア人の弓矢 ………… 168
パルティアン・ショット …………………………… 170
セルジューク朝とオスマン朝の弓 ………………… 172
サファヴィー朝における弓術鍛錬 ………………… 174

第3章　中国の弓矢

『周礼』が記す古代中国の弓……………………… 176
人物の判定は弓術の腕前で? ……………………… 177
射礼の種類 ………………………………………… 178
『周礼』の弓射5原則 ……………………………… 179
戦車上の弓矢から胡服騎射へ ……………………… 181
『射経』が記す騎射の方法 ………………………… 182
騎射の技術は西から ………………………………… 183
弓矢なくして男なし ………………………………… 184

もうひとつの弓矢・弩 ………………………………… 185
　　多様化する弩 …………………………………………… 187

第4章　日本の弓矢
　　謎が多い日本の弓矢 …………………………………… 190
　　縄文と弥生時代の弓矢 ………………………………… 191
　　『魏志』倭人伝が記す弥生時代の弓 ………………… 191
　　古墳時代から平安時代中期の弓 ……………………… 192
　　平安時代後期から戦国時代末期末期の弓 …………… 193
　　江戸時代は合わせ弓の主流期 ………………………… 194
　　弓の拵え ………………………………………………… 195
　　最初から長弓だったか？ ……………………………… 195
　　日本の宮廷でも行われた弓射礼 ……………………… 196
　　多種多様な鏃 …………………………………………… 197
　　9世紀末からはじまる軍制改革 ……………………… 198
　　『新猿楽記』は記す …………………………………… 199
　　騎馬武者同士の矢戦やいかに？ ……………………… 200
　　鎌倉時代から室町時代へ ……………………………… 201
　　戦国時代から江戸時代へ ……………………………… 201
　　弓矢はなぜ宗教と結びついた ………………………… 203

■第3部　弓矢小事典

弓の章
- 弓の長さと構造による名称 …………………… 208
- 弓の形状による呼称 …………………………… 209
- 一般的な弓の各部の名称 ……………………… 210
- 日本の弓の各部の名称 ………………………… 210
- 射法（弦の引き方）…………………………… 211

矢の章
- 一般的な矢の各部の名称 ……………………… 212
- 日本の矢の各部の名称 ………………………… 212
- 筈の形式 ………………………………………… 213
- 矢羽の種類 ……………………………………… 213
- 世界の鏃 ………………………………………… 214
- 日本の鏃 ………………………………………… 215

特殊な弓の章
- 弾弓 ……………………………………………… 216
- 弭槍 ……………………………………………… 217
- クワリ …………………………………………… 217

特殊な矢の章
  毒矢 …………………………………………… 218
  火矢 …………………………………………… 220
  特殊な矢について ……………………………… 221

弩・弩砲の章
  構造 …………………………………………… 222
  弩・クロスボウの引き方 ……………………… 223
  弩砲 …………………………………………… 224

弓矢の実験の章
  サクストン・ポープの弓矢実験 ……………… 226
  戦国時代の甲冑の強度実験 …………………… 228

弓の流派と通し矢の章
  日本の弓術流派 ………………………………… 229
  三十三間堂の通し矢競技 ……………………… 231

付録：射法八節
  弓道の射法八節 ………………………………… 234
  アーチェリーの射法八節 ……………………… 236

はじめに アーチャーの世界へ矢を放つ

アーチャーは脇役なのか……

　弓術家・射手・弓矢の使い手を英語でアーチャー（Archer）と呼ぶ。アーチャーは映画・小説などでも頻繁に登場するが、扱われるポジションを端的に表現すると次の如くなろう。
　──重要にして永遠なる脇役──
　世界的ヒット作となった映画『ロード・オブ・ザ・リング』に登場するエルフを思い浮かべる方もいらっしゃるだろう。あるいは中国の三大小説に登場する弓の名人を思い浮かべる方もいらっしゃるかもしれない。ともかく、アーチャーは物語のなかで重要な役割を担うが、主役になることはない。
　もちろん、皆無というわけではない。ロビン・フッド、ウィリアム・テルなど著名なアーチャーもいる。しかし、剣術家・槍術家・拳法家などが並行して登場する場合には、主役はたいてい剣・槍・拳の使い手に設定される。さらにはアーチャーが敵役にまわされて、正義の剣士によって倒される。
　しかし、剣・槍・拳などが主役となりえるのは、あくまで空想の世界での話であり、現実はまったく逆である。弓矢の戦闘力・機能性は剣・槍・拳をはるかにしのぐ。実際、銃器登場以前、アーチャーは多くの戦場で戦いの主役であった。
　したがって、各国の為政者たちの多くが弓術を奨励した。たとえば、現在のイギリスの前身となったイングランド王国（9世紀の中頃～18世紀の初頭）。同国では弓術が極めて奨励されており、1461年から1483年まで同国を支配したエドワード4世は、「成年男子のすべては自分の身長と同じ高さの弓を所有するように……」と規定し、休日に弓矢の訓練をしない者に対しては一定の罰金を課したと伝えられる。
　また、帆船メアリー・ローズ号にも興味深いデータがある。同帆船はイングランド王国のヘンリー8世（在位1491年～1547年）の治世下で就航していた軍艦であり、1545年にグレート・ブリテン島の南岸沖で沈没した。引き上げ作業が開始されたのが1970年代のこと。往時の社会的状況や風俗を物語る遺物が数々引

き上げられ、歴史学上の重要な資料となっているが、そのなかに明らかに弓の使い手のものと思われる人骨があった。人骨は左の前腕部、右手全体、背骨の上部が変形していたという。重い弓を引く訓練を繰り返していたための変形であった(『飛び道具の人類史』アルフレッド・W・クロスビィ　小沢千重子訳　紀伊國屋書店)。これらの事例は、アーチャーの数と練度が戦闘の帰趨(きすう)の決定に、大きな役割を果たしていたことの証左となろう。

弓矢の持つ光と影

　弓矢の操作はいたって簡単だ。弦を張った弓に矢を番え、弦を後方に引っ張る。弓はしなり、矢を放出するための反発力が蓄えられる。発射に必要な操作はこれだけ。あとは手を離すと弦を通じて弓の反発力が矢に伝えられ、矢は飛んでいく。命中率云々は別として、要領を得れば誰でも矢を射ることができる。

　操作が簡単といっても、弓矢とて道具である。ある日突然、自然発生したわけではない。必要があって発明された。

　発明された年代は約2万年前頃と推定できる。理由は第2部第1章の「弓矢の発明」に詳述してあるのでここでは省略するが、弓矢の発明が狩猟技術の飛躍的な革新につながり、人類を滅亡から救ったことは強調しておこう。

　だが、物事には必ず光と闇の二面がある。考古学者の佐原真は、『大系　日本の歴史―日本人の誕生―』(小学館)のなかでオーストリアの動物行動学者コンラート=ローレンツの弓矢についての考察をあげて、次のような指摘をしている。「二匹のオオカミが争うとき、優劣はすぐ決まり、弱者は『参った』を示すため、強者の口先におのれの首筋をさらけだす。噛めば生命にかかわる。しかし、強者には噛まない抑止力が働く。人が対決するときも、弱者の『参った』で強者は抑止力を働かせる。ローレンツは弓矢の発明が人の抑止力を失わせたという。弓矢を放てば傷つく相手の苦しみは眼前には見えない。これはボタン一つ押せばミサイルが飛んでいくことにも通じる。威力ある飛道具=弓矢の発明は、狩猟技術の革新であった。しかし、同時にそれは、やがて狩猟具から武器への変質を約束し、将来の大量殺戮用の最終兵器への出発点ともなったのである」

　弓矢の発明は、人類の発展・拡大に大いに寄与したが、同時に人類の存在を脅かす発明ともなったのである。

矢は放たれる

　かように重要な道具であるのに、私たちは道具としての弓矢についてはもちろん、弓矢の使い手についても、把握できていないのが実際のところだろう。歴史上、有名なアーチャーは誰か？　と問われて即座に回答できる方は少ないのではなかろうか。ロビン・フッド、ウィリアム・テル、那須与一くらいは出るだろうが、ほかには？　と質問されたら考え込んでしまうのではなかろうか。

　また、矢の射方についても、地中海式射法などいくつかの射方があるのはご存じだろうか。あるいは弓の形状についても複数の種類があるのはご存じだろうか。弓の材質は？　鏃の種類は？　大相撲の最後に弓取式が行われるのはどうして？　仏像はなぜ弓矢を手にしている？　お正月の破魔弓・破魔矢の意味は？

　弓矢は形状も射る動作もシンプルだが、内包している世界は意外なほど深遠である。この深遠さについての理解がいまひとつであることが、アーチャーをして永遠の脇役たるポジションに位置づけられることの要因ではないか？

　本書は弓矢の持つ深遠なる世界について、可能な限り踏み込み、わかりやすく紹介・解説した書籍である。

　第1部では神話・伝説・実在を問わず、著名な弓の使い手を地域ごとに分けて列挙した。

　第2部においては、弓の歴史と発達について記した。人類が弓矢を発明した理由や、射手たちが活躍した著名な戦闘についても紹介している。弓矢の戦場での効果的使用法などを知ることができるだろう。

　第3部は弓矢の種類や射法などについて、図版中心で解説した。武器・狩猟具として人類とともにあった弓矢のすべてがわかるようになっている。

　読者の方々はこれより一本の矢となって頂く。矢を射る役割は不遜なれど筆者が務めさせて頂き、皆さん方をアーチャーの世界へと射放ちたいと思う。

　今、矢は放たれる。

第1部
世界のアーチャー
―伝説と実在の名射手物語―

ヘラクレス *Hercules*

怪物相手に遺憾なく発揮されるヘラクレスの手練の技

◆地域:ギリシア・ローマ　◆時代:古代ギリシア　◆出典:ギリシア神話

ヘラクレスの来歴

　ギリシア神話とは、古代ギリシアの諸民族の間で伝えられてきた、神々と英雄たちの神話のことである。発生は紀元前15世紀頃。当初、口承で伝えられ、紀元前9〜8世紀頃に口承形式の神話伝承はピークを迎えた。だが、口承であるがゆえに語り手や、地方によって話の内容に差異が生じていた。

　一方、神話を文字記録として体系化する動きも、紀元前8世紀にはすでに生じていた。以後、幾多の人々により体系的記述作成が試みられ、紀元1世紀頃、一応の完成をみる。書名は『ビブリオテーケー（3巻16章＋摘要7章）』。作成者は歴史家アポロドーロス。今日、私たちがギリシア神話として依拠するのは、ほとんどがアポロドーロスによる記述である。

　よって、このヘラクレスの項ではアポロドーロスの記述によって話を進めていくことにしたい。なお、本書の典拠は岩波書店刊行の『アポロドーロス　ギリシア神話』（高津春繁訳）であることをお断りしておく。

　ギリシア神話を代表する英雄ヘラクレスは、古代ギリシアの主神・ゼウスと、人間の女性アルクメネの間の子である。アルクメネはアムピトリュオーン（ゴルゴン退治で有名な英雄ペルセウスの子孫）の妻だが、夫に変身したゼウスと男女の契りを交わし、ヘラクレスを宿した。神話はヘラクレスの出生地をテバイ（ボイオティア地方の都市。テーベとも呼ばれる）と伝える。

　ゼウスにはヘラという正妻がいる。嫉妬深いヘラはヘラクレスの誕生を快く思わず、生まれたばかりのヘラクレスのもとに、2匹の毒ヘビを放った。しかし、ヘラクレスは怪童ぶりを発揮して毒ヘビを退治してしまう。ヘラは悔しさのあまり、以後、事あるごとにヘラクレスに災いを与えた。ヘラクレスは生まれたときから、困難に苛まれる運命にあったのである。

❦ ヘラの災いによる家族殺し

　ヘラクレスは養父アムピトリュオーンのもとで養育され、一流の武人となるべく武芸・教養の習得に勤めた。戦車の操縦術はアムピトリュオーン自身が教授。格闘技はアウトリュコスが、弓術はエウリュトスが、堅琴の演奏法はリノスが教えた。しかし、ヘラクレスはある日、リノスを殺してしまう。堅琴演奏の授業中、リノスに叱責されたことに腹を立て暴挙に及んだのである。

　ヘラクレスは殺人罪に問われたが、正当防衛を主張して罪は免れた。しかし、アムピトリュオーンは事の重大さを認識し、ヘラクレスを片田舎に移住させ、自身が所有する牧場の牛飼いにした。反省を促し、理性と忍耐の心を修養させる意味も込めて、である。ヘラクレスは牧童仕事に従事するかたわら、さらに成長する。身体の大きさはもちろん、武芸においても周囲を圧する存在となった。ことに弓術に優れ、射れば必ず命中したという。

　転機は18歳のときに訪れた。キタイローン山に住むライオンが、山を飛び出してアムピトリュオーンの牧場とテスピオス（テスピアイの王）が所有する牧場を襲い、多数の牛を殺したのである。ヘラクレスはライオンを見事に退治。ライオンの皮を剥いで身にまとい、甲冑の代わりとした。

　その後、養父と母親の待つテーバイに戻り、テーバイに軍勢を進めてきたオルコメノス（テバイの北西にある地方都市）軍の襲撃を先頭に立って撃退することに成功する。この戦闘で養父のアムピトリュオーンは戦死してしまうが、ヘラクレスはテーバイ王クレオーンの厚い信任を獲得。王の娘メガラーを妻に迎え、次期テーバイ王として平穏な生活を送るようになった。

　神話はその後、ヘラクレスがヘルメス（註1）から剣を、アポロンから（P26参照）弓矢を、ヘーパイストス（註2）から黄金の胸当てを、アテナ（註3）から長衣を得たと伝えている。ヘラクレスに武具・衣を与えたのはいずれも神である。ゼウスの血を引くヘラクレスだからこそ与えられたのだろう。約束された将来、愛すべき家族、神のパワーを宿す武具の数々。ヘラクレスは聖俗の幸福を一身に浴びたかのようなときをすごしていた。

　しかし、天上世界で事の次第を観察していたヘラは、ヘラクレスの幸福を喜ばなかった。ある日、ヘラはヘラクレスを狂気に落とし入れる。そのためヘラクレスは、自分の子どもと弟のイピクレスの子どもたちを、火中に投じてしまう。

　正気に戻ったヘラクレスは、その所業を大いに恥じ、自身に追放処分を課したうえで、テーバイより西北にあるデルポイに赴いた。デルポイは弓矢の神であるア

古代ギリシアのアーチャー　13

ポロンが、大蛇ピュートンを射殺して領地とした場所であり、壮大な神殿はアポロンの神託所となっていた。ヘラクレスは前代未聞の所業をなした自身の今後の身の振り方を、アポロンに問うたのである。巫女はヘラクレスにアポロンの言葉を告げた。

「ティーリュエンス(註4)に赴き、彼の地の王エウリュステウスに12年間奉仕せよ。その間、彼が与える任務をことごとく果たすのだ。すべての任務を完了したとき、不死身の肉体を得ることができるだろう」

ヘラクレス(註5)は神託に従い、ティーリュエンスに行き、エウリュステウスが次々と与える無理難題の解決に奔走することになる。ギリシア神話に名高い「ヘラクレスの12の功業」である。

✿ ヘラクレスの12の功業

　ヘラクレスの12の功業を列挙すると次のようになる。
〇ネメアのライオン退治
〇レルネのヒュドラ退治
〇ケリュネイアの牝鹿の生け捕り
〇エリュマントスの大猪の生け捕り
〇アウゲイアス王の家畜小屋の大掃除
〇ステュムパロスの鳥の追い払い
〇クレタの牡牛の生け捕り
〇ディオメデスの人食い牝馬の生け捕り
〇アマゾンの女王ヒッポリュテの帯強奪
〇ゲリュオネスの牛の生け捕り
〇ヘスペリスの園の黄金のリンゴの採集
〇冥界の番犬ケルベロスの生け捕り

　以下、順を追いつつヘラクレスの功業をみていこう。
　まずはネメアのライオン退治から。
　ネメアはティーリュエンス西北の山中にある谷である。ここに住むライオンは極めて獰猛であり、家畜・人間を主食にしていた。ヘラクレスの最初の任務は、このライオンを退治し、生皮を剥いで持ち帰ることだった。
　ヘラクレスは最初、得意の弓矢でライオンに挑んだ。しかし、ライオンの皮膚は鋼鉄の如く硬く、矢も跳ね返されてしまう。仕方なくヘラクレスは、棍棒と素手で

ライオンを仕留めた。

　続いての任務は、レルネのヒュドラ退治であった。レルネはアルゴス（ティーリュエンスの南西の都市国家）の郊外にある沼沢地帯のこと。ここに生息するヒュドラ（水蛇）は、巨体に9つの頭を持つ怪物である。極めて獰猛であり、平原地帯に出没しては、人民に甚大な被害を与えていた。

　ヘラクレスは甥のイオラーオスを従えると、戦車に乗ってレルネに急行。まず、火矢を放ってヒュドラを沼沢から追い出した。ヘラクレスは棍棒でヒュドラの首を次々と打ち落とす。しかし、切り口からは2本の首が派生。首を打ち落とすたびに首が増えた。加えて、沼から現れた大蟹が、ヘラクレスの足を大きなハサミで挟みヒュドラを援護した。

　ヘラクレスは、まず大蟹を撲殺すると、イオラーオスに「森の一部を燃やして火を作り、打ち落とした首の切り口を焼きかためよ」と命じた。この作戦が効を奏し、ヒュドラの首の派生はストップ。最後に真ん中の首を打ち落とし、首を土に埋めて大きな石で封印し、ようやくヒュドラの息の根を止めた。

　ヒュドラ退治に成功したヘラクレスは、胴体部分を解体するや、その胆汁にアポロンから与えられた矢を浸した。ヒュドラの胆汁は地上最強の毒になる。ヘラクレスはとてつもない武器を手に入れたのである。

❀ ケンタウロスを倒したヒュドラの毒矢

　3番目の任務は、金色の角を持つ牝鹿の捕獲である。鹿の生息地はアルカディア地方（ペロポネソス半島中央部の山岳地帯）のケリュネイア。ヘラクレスは1年の追跡の末、鹿の生け捕りに成功した。鹿を矢で負傷させ、動きを止めてねじ伏せたのである。

　4番目の任務は、巨大猪の生け捕りである。猪はアルカディア地方の西北端にあるエリュマントス山に住んでおり、ときどき人里に出没しては人々を苦しめていた。エリュマントス山に向かう途中、ヘラクレスの前に、上半身が人間、下半身が馬という怪物が現れた。ケンタウロス族である。現れたケンタウロスの名はポロス。是非、英雄ヘラクレスをもてなしたいと告げた。

　ポロスは焼き肉をヘラクレスに御馳走した。ヘラクレスは肉を頬張りながら、「酒はないのか？」とポロスに尋ねた。

「ありますが……」

「なら頼む。焼き肉を食らいながら飲む酒は、なんともこたえられぬのでな」

「あることはありますが……私の酒ではなく、ケンタウロス族共有の酒なのです。酒甕を開けたあとが心配です」

「な〜に大丈夫さ」

　ヘラクレスは酒甕を開けた。あたり一帯に酒の芳潤な香りが広がった。すると、なんとしたことか。ケンタウロスたちが武装して襲撃をかけてきた。共有の酒を勝手に飲もうとしたことに激怒したのである。

　乱闘がはじまった。ヘラクレスはケンタウロスの群れに、ヒュドラの毒をたっぷりつけた矢を振る舞った。ケンタウロスたちは毒矢の威力と、ヘラクレスの腕前に仰天し、ケイローンのもとに逃げ込んだ。ケイローンはケンタウロス族の神である。温和で、知的で、医学に造詣が深かった。

　ヘラクレスはケンタウロスたちを追って、ケイローンのもとに到った。ヘラクレスもケイローンの高名はよく知っている。ヘラクレスは、ケイローンには当たらないように矢を射た。ところが、矢はエラトスというケンタウロスの腕を貫通し、ケイローンの膝に刺さってしまった。ケイローンは苦しみのあまり、七転八倒する。ヘラクレスはケイローンの示した通りの手当を施したが、ケイローンの医術も、ヒュドラの毒に対しては無効だった。

　ケイローンは「こんな苦しみを味わうなら、死んだほうがよっぽど楽だ」と青息吐息。しかし、神であるケイローンは、不死の肉体の持ち主だ。簡単には死ねない。

「偉大なるケイローンよ。私はどのようにしたら宜しいのですか」

「私の……私の身代わりを見つけてくれ」

「あなた様の身代わり?」

　ケイローンのいう身代わりとは、死の試練にさらされつつ、死ぬことのできない者のこと。その者を死の試練から解放すれば、死を欲するケイローンが死ねるわけである。ヘラクレスはケイローンの要請を受けた。責任のすべては、ポロスの忠告を聞かず、むりやり酒甕を開けた自分にあったからだ。

〈しかし、身代わりは誰なのか……〉

　見当がつかない。ヘラクレスは途方に暮れつつ、ポロスのもとに戻った。ポロスは死んでいた。ケンタウロスに刺さっていた矢を引き抜いて観察していたところ、誤って矢を落とし、自分の足に刺してしまったのである。

　ヘラクレスはポロスを葬ったあと、エリュマント山に急行。大猪捕獲を強行した。

🌹 ステュムパロスの鳥の追い払い

　大猪をエウリュステウス王に披露したヘラクレスは、ペロポネソス半島の西海岸、オリンピアに近いエリスに向かった。エリスを治めるアウゲイアス王は3000頭の牛を所有していた。しかし、30年間掃除は皆無。牛小屋どころか汚物小屋になっていた。エウリュステウス王が授けた任務とは、この汚物小屋を大掃除することであった。ヘラクレスは小屋に川の流れを引き込んで小屋内の糞を一掃し、臭い任務を完了した。

　6番目の任務は、ステュムパロスの鳥の追い払いである。ステュムパロスとはアルカディア地方にある湖のこと。この湖のほとりの森には、狼の襲来を避けた鳥たちが生息していた。

　おびただしい数の鳥を前にして、さすがのヘラクレスも頭を抱えた。どうやって追い払ったものか見当がつかない。頭を抱え込んでいると、女神アテナが現れた。アテナはヘラクレスにヘーパイストスが作った"青銅の鳥追い"を与えた。ヘラクレスが鳥追いを振ると、ガラガラと天地をひっくり返すような音がした。仰天した鳥たちは森から飛び去った。

　鳥の追い払いを完了したヘラクレスは、このあとクレタ島の凶暴な牛の生け捕り、トラキア（ギリシアの北辺の未開地）の王ディオメデスが飼っている4頭の人食い馬の生け捕り、アマゾン（ギリシアのはるか北方の地に住む女戦士）の女王ヒッポリュテの帯の奪取、という3つの任務を次々と成し遂げる。

🌹 ゲリュオネスの牛捕獲とプロメテウスの救出

　10番目の任務は、ゲリュオネスの牛をエリュテイアから連れ帰ることであった。エリュテイアとは西の大洋オーケアノス(註6)に浮かんでいる島のこと。ゲリュオネスとは、この島に住む男のことだ。男といってもその辺の男とはわけが違う。3人の男の上半身が腰でひとつになり、腰から下は再び3人になっているという姿である。つまり、3つの胴体に、6本の腕と6本の足があるわけだ。

　ヘラクレスはギリシアから西に向かい、現在のジブラルタル海峡(註7)に到り、海に乗り出そうとした。だが、ハタッと思い当たった。船がない。大洋に漕ぎ出すのは無理だ。思案する。考えが浮かばない。イライラする。やがて頭上でギラつく太陽がとても憎らしくなった。良い考えが浮かばないのは暑さのせいだ。暑いのは太陽のせいだ。ヘラクレスは矢を弦に番え弓を引き絞った。クソ暑い太陽め。射落と

してくれん。
「待て！　ヘラクレスよ」
　現れたのは太陽神ヘリオスだった。ヘリオスはヘラクレスの剛胆さに感激し、金の杯を与えた。船の代わりである。島に上陸したヘラクレスは、双頭の番犬オルトス、牛飼いのエウリュティオーン、飼い主のゲリュオネスを殺し、牛の捕獲作戦を成功させた。
　ヘラクレスの次なる任務は、ヘスペリスたちが管理する庭園から、黄金のリンゴを採って持ち帰ることであった。ヘスペリスは、ティターン神族(註8)であるアトラスの3人の娘のこと。彼女たちが番をする庭園には、黄金のリンゴの樹が植えられており、不死の百頭竜（ラドン）がリンゴの樹を守っていた。
〈ヘスペリスの庭園といっても……〉
　得ているのは「世界の果てにある」との情報だけである。ヘラクレスは庭園探索のため、エジプト・リビア・コーカサス（カフカス）を放浪する。その最中、ヘラクレスはプロメテウスと遭遇する。プロメテウスはティターン神族のイアペトスの子。天界から火を盗み出し、人間に与えたことでゼウスの怒りを買い、コーカサス山中に捕らわれて、過酷な罰を課されていた。磔にされたうえで、巨大な鷲に肝臓を食われるのである。普通の人間なら即死だが、プロメテウスは神である。だから死ねない。加えて、食われた肝臓は一夜にして再生し、翌朝から再び食われた。プロメテウスはかような責め苦を3万年に渡って受け続けていたのである。
　プロメテウスを見つけるや、ヘラクレスは巨大な鷲を射殺。プロメテウスを戒めから解放した。プロメテウスが解放されたことで、ヒュドラの毒で苦しんでいたケイローンはやっと死ねた。ケイローンのいう死の試練にさらされつつ、死ぬことのできない者とは、プロメテウスのことだったのだ。プロメテウス解放後、ヘラクレスはアトラス山中でヘスペリスの庭園を見つけ、黄金のリンゴを持ち帰ることに成功する。
　王が授けた次なる任務は、ケルベロス捕獲だった。ケルベロスとは冥界の入り口にいる番犬のこと。一身に3つの頭を持ち、首や背中に無数の蛇を生やした恐ろしい怪物である。ヘラクレスは冥界の案内人ヘルメスと守護神アテナの助力を得て、ペロポネソス半島南部のラコニア地方のタイナロンの洞窟から、生者のまま冥界に入っていった。
　ヘラクレスは冥界の支配者ハーデスに謁見して来訪の目的を告げた。
「許そう。ただし、素手に限る」
「承知いたしました」
　ヘラクレスは素手でケルベロスと対峙し、見事に生け捕りに成功する。

古代ギリシアのアーチャー

ヘラクレスは勇躍、ケルベロスをエウリュステウス王のもとに持参。さすがの王も、もはや与えるべき任務がないことを悟り、ヘラクレスを真の勇者と認めた。ここに12の功業は見事に完了することになる。

　以上が「ヘラクレスの12の功業」の概要である。これ以外にもトロヤへの遠征（註9）、アルゴー号の乗組員としての探検航海参加（註10）など、いくつかの武勇譚が伝えられている。

❀ スキタイ世界への弓矢の伝承

　ところで、アポロドーロスの『ギリシア神話』では触れられていないが、ヘロドトス（紀元前485年頃～紀元前425年頃のギリシアの歴史家）が著わした『歴史』には、ヘラクレスがスキタイ人に弓矢を伝承し、スキタイ人の始祖になった旨の記述があるのは見逃せない。

　スキタイ人とは世界史上最初の遊牧騎馬民族のこと。イラン系の民族であり、紀元前7世紀頃に南ロシアの草原に出現し、紀元前6世紀をすぎた頃から、黒海の周辺・南ロシア・北カフカス（コーカサス）の草原を中心に、強大な遊牧騎馬民族国家を作りあげた。アケメネス朝ペルシアのダレイオス1世（在位：紀元前522年～紀元前486年）や、マケドニア王国のアレクサンドロス3世（大王／在位：紀元前336年～紀元前323年）と戦い、撃破したこともある。

　以下、『歴史』から該当する個所を要約する形で抜粋しよう。なお、典拠は岩波書店刊行、松平千秋氏の訳のものである。

　『歴史』はヘラクレスがスキタイ人のもとを訪れたのを、ゲリュオネスの牛を捕獲してエウリュステウス王のもとに帰還する途中と伝えている。ジブラルタル海峡から南ロシアでは地理的におかしいではないか？　と思う方もいらっしゃるかもしれないが、『歴史』ではゲリュオネスの住んでいた場所を「黒海の外」としている。「黒海地方居住のギリシア人は次のように伝えている」とあるから、神話の拡散に伴い、黒海沿岸域ではそうした伝承ができていたのだろう。

　ヘロドトスは、ヘラクレスがスキタイ地方にきたときのことを次のように記す。

　ヘラクレスはゲリュオネスのところから、今日スキュティアと呼ばれている地方にきた。季節は厳冬。ヘラクレスは寒さに耐えかねて、ライオンの皮を引被って眠ってしまった。しばらくして目を覚ますと、オヤッ？　馬がいない。馬車の軛から解き放ち、草を食べさせていたはずなのに……。

　ヘラクレスは馬を探してスキタイ地方を放浪した挙げ句、ヒュライア（森林地帯

の意)の洞窟内で上半身は女性、下半身は蛇体の怪物に出会う。
「馬を見なかったか?」
「馬は自分が所有している。しかし、交わらぬ限りは返さぬ」

　ヘラクレスは仕方なく、蛇女と男女の契りを交わした。それからしばらく、ヘラクレスは蛇女のところに留まった。同棲の時間を少しでも引き延ばしたい蛇女が、なかなか馬を返してくれなかったからである。

　しかし、ヘラクレスがしきりに立ち去りたい素振りを見せると蛇女もようやく諦め、馬を返した。蛇女は自身がヘラクレスの子どもを3人宿していることを告げ、成人した暁にはスキタイの地に住まわせるか？　ヘラクレスのもとに赴かせるか？　を問うた。

　ヘラクレスは携えていた弓を引き絞ってみせ、また帯の締め方も示したうえで、「私と同じようにする者ならこの国に住まわせるが良い。このようにせぬ者ならば追放してしまうが良い」と告げ、弓と帯を蛇女に与えて立ち去った。

　蛇女は3人の男子を産んだ。長男はアガテュルソス、次男はゲロノス、三男はスキュテス。子らが成人すると蛇女はヘラクレスの言いつけ通りにした。アガテュルソスとゲロノスは、ヘラクレスが示した模範通りにできなかったが、スキュテスはできた。蛇女は長男と次男を追放し、三男のみを国に留めた。以後、スキュテスの子孫が代々の王となり、スキタイの地を治めた。スキタイ王はヘラクレスの末裔なのである。

　以上、ヘロドトスが『歴史』に記した、ヘラクレスによるスキタイ地方への弓矢の伝承と子孫を残したてん末である。

　この伝承でポイントになるのは、ヘラクレスが自身の弓を引き絞って、弓の引き方について模範を示したところだろう。引き方の詳細はよくわからぬが、訳者の松平氏は註でスキタイ人の弓の引き方について、「弓の引き方が一般のものと違い、矢を胸でなく肩のあたりに引いた」と記している。弓の張り具合の強さがわからぬから詳細はいえないが、弦を肩のあたりまで引くには相当な鍛錬が必要になるはずである。これはスキタイ人が揃って一流の弓の使い手であったことを物語ろう。

　伝説発生は、黒海地方に居住するギリシア人にとって、スキタイ人の弓の腕前が異質なほど優れて見えたことと無縁ではなかろう。スキタイ人があれほど優れた射手だったのはなぜか？　という疑問の果てに、ギリシア最強の射手、ヘラクレスが伝えた結果、という結論が導き出されたためと推察される。

🌸 ヒュドラの毒に苦しんだ末に昇天

　最後にヘラクレスの最期について触れておこう。12の功業を完了したあと、ヘラクレスはさまざまな冒険の末に、カリュドーン(ピンドス山脈の西南)でデーイアネイラと結婚。やがてトラキア(トラーキ海に臨む地域。ギリシア本土からすると北の辺境域)の地に移住する。ヘラクレス夫妻は移住の途中、エウエーノス川で川渡しを勤めているネッソスというケンタウロスに出会う。ヘラクレスは自力で川を渡ったが、デーイアネイラの渡河はネッソスに依頼した。ところが、ネッソスは川渡しにかこつけて、デーイアネイラを強姦しようとした。

　激怒したヘラクレスはヒュドラの毒をつけた矢でネッソスを射た。ネッソスは青息吐息になりながらも、ヘラクレスへの仕返しを考えつきデーイアネイラに告げた。「ヘラクレスの心を永久に引き止めておきたいのなら、ヒュドラの毒が混じった私の血と、ヘラクレスの精液を混ぜ合わせて媚薬とし、ヘラクレスに与えるが良い」

　デーイアネイラはネッソスの言葉を真に受け、媚薬と信じて毒液を作り保管。ある日、ヘラクレスの下着に染み込ませた。このためヘラクレスの皮肉は溶け、ただれて剥がれ、内臓が露出する有様になった。デーイアネイラは、その様を見るにいたってようやく騙されたと知り、自殺した。

　七転八倒の苦しみにさらされたヘラクレスは、自身の身体を地上から消滅させる手段に出た。山と積まれた薪の上に身を横たえ、火で自分の身体を焼きつくそうとしたのである。しかし、身内の誰も火をつけようとしない。そんなとき通りかかったのが、羊飼いのポイアースだった。ヘラクレスはポイアースに点火を要請。礼として愛用の弓を与えた。

　火が点じられたとき、天空から雲が舞い降りてきて、雷鳴とともにヘラクレスを天上世界へと連れ去った。ヘラクレスは正式に神の一員として迎え入れられた。ヘラクレスを盛んに憎んでいたヘラとも和解し、ヘラの娘ヘーベーと結婚したと神話は伝えている。

註1: ヘルメス
　　泥棒・旅人・羊飼い・商人の守護神。また、冥界への案内役を務めることもある。主神ゼウスの腹心的存在。
註2: ヘーパイストス
　　火炎と鍛冶の神。
註3: アテナ
　　戦争を司る女神。
註4: ティーリュエンス
　　ペロポネソス半島のアルゴリコス湾に臨む場所にあった都市国家。

註5: ヘラクレス
　　本文中では煩雑さを避けるため「ヘラクレス」で通しているが、彼が同名で呼ばれるようになったのはこの神託以降である。それまではアルケイデースという名であった。なお、ヘラクレスとは「ヘラによって有名になりし者」という意である。
註6: 大洋オーケアノス
　　古代ギリシア人の世界観で、世界の周囲をめぐって流れていると考えられていた大洋。
註7: ジブラルタル海峡
　　この部分でアポロドーロスは「旅の記念としてヨーロッパとリビアの山上に向かい合って二つの柱を建てた」と記しており、ジブラルタル海峡が「ヘラクレスの柱」と呼ばれるようになった由来を、彼が建てた2本の柱に求めるような書き方をしている。ただ、アポロドーロスの記述とは別に、「海へ出るのに近道をしようと考え、地中海と大洋を隔てているアトラス山脈を愛用の棍棒で叩き割った。これによって地中海と大洋は海峡によって連結され、以後、二つに分かれた山を『ヘラクレスの柱』と呼ぶようになった」との伝承も広く知られている。恐らく、複数の伝承があり、アポロドーロスはそのうちのひとつを採用したのだろう。
註8: ティターン神族
　　ギリシア神話の序盤に登場する巨人族。
註9: トロヤへの遠征
　　ホメロスの『イーリアス』『オデュッセイア』にあるトロヤ戦争（紀元前1260年～紀元前1250年頃）以前にあった、トロヤ遠征。
註10: アルゴー号の探検航海参加
　　英雄イアソンが金毛の羊皮を得るために行った探検航海。全ギリシアから腕に覚えのある勇者たちが集って行われた。

オデュッセウス *Odysseus*

『オデュッセイア』の主人公は名射手

◆地域:ギリシア・ローマ　◆時代:古代ギリシア　◆出典:『オデュッセイア』

❀ 木馬作戦の考案者オデュッセウス

　紀元前1260年から紀元前1250年頃にかけて、ギリシアの諸王国は、小アジアの都市国家トロヤと戦った。世界史上にいうトロヤ戦争である。イオニア海(ギリシアのイタリア側の海)に浮かぶイタケ島の領主オデュッセウスは、12隻の軍艦に兵士を満載しギリシア軍に参戦。数々の戦功を立て、最終的には巨大木馬に兵をひそませる"木馬作戦"を考案して、ギリシア軍の勝利に導いた。

　戦争終結後、オデュッセウスと兵士がイタケに帰還する航海は、想像を絶する困難なものであり、10年にも及ぶ大冒険となった。この様子を描いたのがホメロス(紀元前8世紀頃)の口承神話『オデュッセイア』である。『イーリアス』と並んで、トロヤ戦争を描いた古代叙事詩として名高い。

❀ ペネロペイアに言い寄る男たち

　ところで、オデュッセウスが優れた弓の使い手であったことは、案外、知られていない。オデュッセウスの名射手ぶりが語られるのは、オデュッセウスが故郷のイタケに帰還してのちのことである。

　オデュッセウスに弓の腕前を発揮させるきっかけを作ったのは、妻のペネロペイアだ。オデュッセウスが留守の間、多くの男たちが美貌のペネロペイアに、「旦那はきっと戦死したに違いない。帰ってこない男を待ち続けるより俺と一緒になれ」と言い寄った。夫の無事を信じているペネロペイアは、男たちの要求を頑として拒み続けていた。

　オデュッセウスはひそかに妻のもとに帰還していたが、妻を取り巻く状況が容易でないことを知り、安易に名乗り出ることを差し控えた。もし、名乗り出たとしても求婚者連中が偽物扱いするかもしれない。

　また、ペネロペイアが信じない可能性も強かった。実際、オデュッセウスは帰還

後に正体を隠して妻と対面しているが、ペネロペイアは夫を判別できなかった。オデュッセウスが乞食に変装をしていたせいもあるが、トロヤ戦争と帰還の旅で費やした20年という歳月は想像以上に深刻だったのである。

妻にも求婚者連中にも「間違いなくオデュッセウスだ」と認めさせるためには、劇的な演出が必要だと、オデュッセウスは考えた。オデュッセウスは自身の家に乞食として身を寄せながら、その瞬間を待ったのである。

弓の引き競べ

劇的瞬間を演出するチャンスは、オデュッセウスを守護していた戦いの女神アテナの助力によって訪れた。アテナはペネロペイアの意識に働きかけ、オデュッセウスが屋敷に残していった強弓の引き競べをさせることを思いつかせたのである。『オデュッセイア』は強弓について、「逆に反り曲げて弦を張る弓」と記している。逆反りの複合弓（第3部参照）だったのだろう。

ペネロペイアは弓を求婚者たちの前に示し、「私と結婚したいのなら、私がこれから言うことを試みてください。ここにオデュッセウスが愛用していた大きな弓を置きます。弓の弦を最もたやすく張り、全部で12の斧を射通した人のもとに嫁ぎます」と宣言した。

求婚者たちは勇躍したが、相手は類まれなる強弓である。弦を張ろうと悪戦苦闘するが、まったく歯が立たない。頃合いを見計らい、オデュッセウスが弓を張ることを願い出た。口々に「乞食風情がなにを……」とののしる求婚者たち。オデュッセウスはそんな彼らを尻目に、弓を点検。旅立ち前といささかも変わった個所がないこと確認すると、いともたやすく弓の弦を張った。オデュッセウスは弦に矢を番えると、引き絞りざま矢を放った。矢は12枚の斧を見事に貫通した。

オデュッセウスは2の矢を番えると、求婚者のひとりアンティノオスを射殺し、初めて自身の正体を明かした。意外な出来事に顔面蒼白になる求婚者たち。求婚者たちの横暴ぶりをジッと耐え忍んでいたオデュッセウスは、ひとり残らず殺すことを決意しており、3の矢でエウリュマコスを射殺。さらに矢を次々と発し、求婚者たちを殺害した。

オデュッセウスはここに到り、改めてペネロペイアに正体を打ち明けた。ペネロペイアは当初こそ信じようとしなかったが、ふたりしか知らない寝室の秘密をオデュッセウスが口にするとようやく納得。夫婦は20年ぶりに心ゆくばかり愛しあった。

アポロン *Apolon*

弓矢を司るオリンポス12神のひとり

◆地域:ギリシア・ローマ　◆時代:古代ギリシア　◆出典:ギリシア神話

🌸 竪琴と弓の所有を宣言

　古代ギリシア神話に登場する主要な神々をオリンポスの12神と呼ぶ。アポロンはそのひとりである。職能は音楽・予言・弓矢・家畜の守護。ポイボス(輝ける者)と呼ばれる光明の神でもあるため、ときに太陽神ヘリオスと混同され、太陽神とされることもある。

　アポロンは主神ゼウスと、ティターン神族の娘レトとの間に生まれている。レトがアポロンを孕んだとき、ゼウスの正妻ヘラは、持ち前の悋気を発して激怒。大地のうえで子どもを生むことを禁じた。レトは安全に出産できる場を求めて各地を放浪の末、エーゲ海の浮き島デロス島にたどりついた。

　陣痛がはじまったとき、思わぬ協力者がレトの出産を助けた。海神ポセイドンである。ポセイドンはヘラの妨害を阻止するため、島を水の煙幕で覆い隠し、レトが出産を無事に終えると、島を鎖で海底に固定した。レトが生んだのは双子の兄妹である。兄がアポロン、妹がアルテミス(P28参照)。アポロンは生まれ落ちるや、「これより竪琴と曲がった弓とが、私の親しいものになろう。私は人間どもに、大神ゼウスの、過ちを知らぬ御謀を託宣するであろう」と宣言した。竪琴は音楽神たること。弓は武神たること。託宣は予言神たることの宣言であった。

🌸 大蛇ピュートンを射殺する

　成長したアポロンは、ギリシア中部パルナッソス山の山腹にあるデルポイに赴いた。デルポイは大地の女神ガイヤの聖地であり、ピュートンという大蛇が守っていた。アポロンは弓矢の腕前を発揮して、ピュートンを射殺。デルポイを自身の領地とし、壮麗な神殿を建て、神託所を設けた。神殿の中央には、世界の中心を意味して「オンパロス(臍の意)」と名づけられた石灰製の石塊が置かれ、ピュティアと呼ばれる巫女が神託を告げたと伝えられる。神託を告げる際、巫女は神殿に設

けられた三脚台の上に座る。三脚台の下にあるのは大地の亀裂、巫女は亀裂から立ち上る霊気を浴びて、神懸かりの状態となり、神意を口走ったと伝えられる。

　神託所ができたあと、デルポイでは4年ごとに、アポロンに捧げる目的でピュティアの祭典競技が開かれた。この祭典はゼウスに捧げられるオリンピアの祭典競技と並んで、2大競技大会とされた。

トロヤ戦争でトロヤ側に味方をする

　紀元前1260年、ギリシアの諸王国は小アジアの都市国家トロヤと干戈を交える。世界史上にいうトロヤ戦争である。戦争は10年の激闘の末、オデュッセウス（P24参照）の考案した木馬作戦で終結する。実はこの戦争、神々をも二分する戦いだった。大神ゼウスはさまざまな女神の要請に応じてトロヤに味方したり、ギリシアに味方したりと煮えきらない態度に終始したが、他の神々はハッキリと分かれた。ギリシア側にはゼウスの正妻ヘラ、戦いの女神アテナ、海神ポセイドン、冥界の案内役ヘルメスがついた。一方、トロヤ側には美神アフロディテ、狩猟の女神アルテミス、暴力好きの軍神アレスなどがつき、アポロンもトロヤ側についた。アポロンはこの戦争で、ギリシア軍最強の武将アキレウス殺害に力を発揮する。

アポロンの矢がアキレウスの踵に……

　アキレウスはアイギナ島出身の英雄ペレウスと、海の女神テティスの間に生まれている。母のテティスはアキレウスが生まれると、我が子の身体を冥界に流れるステュクス河の流れに浸した。アキレウスを不死身にするためである。このおかげでアキレウスの皮膚は神の力によって守られることになった。ただ、テティスが握っていた踵の部分だけが、水には浸らず、アキレウスの唯一にして最大の弱点となる。アキレウスはケンタウロス族の賢者ケイローン（P16参照）を教育係に育ち、優れた勇者に成長。トロヤ戦争が勃発するとギリシア軍に参加した。

　アキレウスは持ち前の戦闘力を存分に発揮し、トロヤ軍を攻めたてた。ギリシア軍の総大将アガメムノンとの感情的衝突で一時戦線を離脱するが、アガメムノンが非を詫びると復帰。トロヤ軍最強の英雄ヘクトルを一騎討ちの末に倒した。しかし、トロヤ側についたアポロンがアキレウス殺害の秘策をトロヤの王子パリスに授けた。アキレウスの唯一の弱点である踵を弓で狙わせたのである。アポロンに守られた矢は、アキレウスの踵を射貫き、ギリシア軍最強の武将は倒れた。

アルテミス *Artemis*

銀の弓を愛用した狩猟の女神

◆地域:ギリシア・ローマ　◆時代:古代ギリシア　◆出典:ギリシア神話

「矢を注ぐ女神」と称賛される

　アルテミスは、ゼウスとティターン神族の娘レトとの間に生まれた女神であり、アポロン（P26参照）の妹にあたる。

　狩猟の女神だけにアルテミスは、兄のアポロンに勝るとも劣らない弓の名手であった。弓矢の神であるアポロンが"黄金の弓"を愛用したのに対し、アルテルスは"銀の弓"を愛用。アポロンが「遠矢を射さす」神とされたのに対し、アルテミスは「矢を注ぐ女神」と称賛されたという。遠い標的に一発必中させるのがアポロンの能力ならば、アルテミスは速射能力に優れていたと推察される。

　狩猟の際、獲物に矢が1本命中したとしても、急所でなければ動物はなかなか倒れない。また、人の気配を察すると脱兎の如く逃げる。しかも、ただ走るだけでなく、走りながら右に左に角度を変える。こういう動物を1矢で仕留めるのは難しい。2本、3本と矢継ぎ早に矢を射て、初めて仕留められる。「矢を注ぐ女神」とは、まことに狩猟の女神アルテミスらしい職能といえよう。

　ところで、アルテミスはポセイドンの息子オリオンを殺害したことでも知られる。アポロドーロスは殺害の理由を「一部の人々はアルテミスに円盤投げの競技を挑んだために滅ぼされたと言い、またある人々ピュペルボレイア人のところに来ていた乙女のひとりオーピスを強姦したために射殺された」と記している。ただ、これはあくまで多数ある逸話のうちの一部をアポロドーロスが採用したに過ぎない。他に「オリオンが狩猟の腕を自慢したことに激怒し、大蠍を送って刺し殺させた」などの伝承もある。

エロス Eros

キューピッドの名で知られる童神

◆地域:ギリシア・ローマ　◆時代:古代ギリシア　◆出典:ギリシア神話

🌹 射られると恋の虜になる金の鏃の矢

　エロスは性愛の神である。小さな弓矢を携えた童神の姿で描かれることが多く、「軍神アレスと美神アフロディテの息子」との伝承がポピュラーである。だが、紀元前8世紀頃、詩人ヘシオドスによって記された『神統記（しんとうき）』には、世界の成立のはじめに虚空（カオス）から原初神のひとりとして誕生し、空（ウラノス）と大地（ガイア）との結婚を仲介し、さらに人間たちの結婚を司る神になったと記されている。

　ギリシアがローマに征服されてギリシア神話がローマに伝わると、エロスはアモル（愛の神）またはクビド（欲望の神）と呼ばれるようになった。これはローマ人がギリシア神話を吸収する過程で、ローマ古来の神々とギリシア神話の神々のうち、職能の近いものを結びつけて同化させ、名前をローマ風に変えたために起こった変化である。なお、日本人にもなじみ深い「キューピッド」は、クビドの英語名である。

　エロスを語るとき、決まって引合いに出されるのがアポロンにつまわるエピソードである。以下、簡単に紹介してみよう。

——アポロンがエロスの持つ小さな弓矢を馬鹿すると、怒ったエロスはアポロンに金の鏃（やじり）をつけた矢を射、ダプネ（ペネイオスの河神の娘）に鉛の鏃のついた矢を射こんだ。金の鏃は射られた人を恋の虜とし、鉛の鏃は猛烈な人嫌いにさせる働きがある。アポロンはダプネに燃え上がった。一方のダプネの心中は、アポロンへの嫌悪感でいっぱいになった。

　ダプネに求愛しようとするアポロン。アポロンから必死に逃げるダプネ。アポロンがダプネに追いつく寸前、ダプネは父親の魔力によって月桂樹に姿を変えた。アポロンは月桂樹にすがって号泣。以後、月桂樹で身体を飾ることを誓った——

ピロクテテス *Philoctetes*

ヘラクレスの弓を持つアーチャー

◆地域：ギリシア　　◆時代：古代ギリシア　　◆出典：ギリシア神話

🌹 島に置き去りにされたあとに参戦

　ヘラクレスの項を読んだ方ならば、ポイアースという名前をご記憶かと思う。ヒュドラの毒に冒されたヘラクレスが自身を火葬にする際、火葬壇への点火役を買って出、ヘラクレスから愛用の弓を送られた羊飼いである。この項で取り上げるピロクテテスは、ポイアースの息子であり、トロヤ戦争の際には、父親から譲られたヘラクレスの弓を手にギリシア軍に参加した。ただし、10年間孤島に置き去りにされた末での参加だった。

　置き去りの発端は、トロヤに向かう途中に寄港した島で、ヒュドラ（水蛇）に噛まれたことだった。一命は取りとめたが傷口が臭い。総大将のアガメムノンは「こんな臭い奴がいたら士気が落ちる」と考え、オデュッセウス（P24参照）に命じて、ピロクテテスを孤島に置き去りにさせた。以後、ピロクテテスは島で鳥獣を狩りながら暮らすことになる。

　戦争が長期化し、勇将アキレウスが踵を射貫かれて死ぬと、ギリシア軍の敗色が濃くなった。予言者カルカースは「ヘラクレスの弓を味方にすることができなければ、トロヤは陥落しない」との神託を出した。

　オデュッセウスは、ピロクテテスを置き去りにした孤島に急行。ピロクテテスを伴ってトロヤへと戻った。ピロクテテスは、医師ポダレイリオスの手で、ヒュドラの噛み傷を治してもらった後に参戦。トロヤ王子のパリスを射殺す戦功をあげた。

　なお、アポロドーロスが体系化したものとは別の神話では、ピロクテテスをヘラクレスの火葬壇への点火者としている。

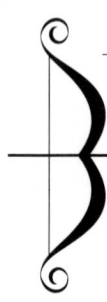

メレアグロス *Meleager*

剛勇なるカリュドンのアーチャー

◆地域:ギリシア　　◆時代:古代ギリシア　　◆出典:ギリシア神話

🌹 軍神アレスの子として生まれる

　メレアグロスは軍神アレスと、カリュドン(ピンドス山脈の西にあった都市国家)の王オイネウスの妻アルタイアーの間に生まれている。誕生して7日後、運命の神が現れ、炉に燃えている薪を指し、「燃え尽きたときにメレアグロスは死ぬ」と告げた。アルタイアーは薪を取り上げて消し、箱にしまった。

　年月が経ちメレアグロスは立派な若者に成長した。武勇に優れ、ことに弓矢の腕前に優れていた。ある年、オイネウスは毎年の恒例行事である収穫祭を行った。ところが、この年はなぜか狩猟の女神アルテミスへの捧げものを忘れてしまった。激怒したアルテミスは巨大な猪を送り、カリュドンの地を荒らさせた。オイネウスは「仕留めた者には猪の皮を与える」との布告を出し、ギリシア中から勇者を呼び寄せた。メレアグロスも勇んで参加した。呼びかけ応じた者のなかに、女狩人のアタランテがいた。メレアグロスはこのアタランテに一目惚れしてしまう。

　猪狩りがはじまった。最初の矢をアタランテが当て、2番目の矢をアムピアラーオスという男が射、止めをメレアグロスがさした。猪の皮を手に入れる権利はメレアグロスが得たが、メレアグロスは皮をアタランテに与えてしまう。参加者たちは不満を叫んだ。ことにアルタイターの兄弟が、「甥のくせに……我らをないがしろにする気か」と非難した。するとメレアグロスは彼らを惨殺した。

　知らせを受けたアルタイアーは大いに悲しみ、隠しておいた薪を取り出すと炉にくべた。やがて薪が燃え尽きると、メレアグロスは突然倒れ、息を引き取った。

アタランテ *Atalanta*

男を寄せつけない森のアーチャー

◆地域:ギリシア　　◆時代:古代ギリシア　　◆出典:ギリシア神話

🌹 追い越せなければ命をもらう

　アタランテの父親はスコイネウスとも、アルカディア王のイアーソスともいわれている。アタランテが生まれたとき、父親は「男子が欲しかったのに……」と落胆し、アタランテを森に捨てた。アタランテを拾い育てたのは、森の雌熊だった。アタランテは熊の乳を飲み、熊の子どもたちを遊び相手に、また、熊たちと狩りをしつつ成長。やがて並ぶ者なき森の女狩人となった。

　アタランテは森の中を誰よりも速く走ることができた。また、弓矢の腕前も抜群であり、的を外すことはなかった。アタランテが弓矢を携えて森を疾駆する姿を見た人は皆、狩猟の女神アルテミスだと思い込んだ。

　アルテミスと勘違いされるだけあって、アタランテは極めて美しく、出会った男たちは皆、一目で虜になった。しかし、野生的に育ったアタランテは容易に男を受け入れない。それでも求婚者はあとを絶たないため、アタランテは求婚者連中に「私と走り競べをして、勝てたら結婚してあげる。でも、負けたら命をもらう」と告げた。アタランテの美貌に参っている求婚者たちは条件を飲んだ。しかし、相手は森で野生動物と暮らしてきた野生女である。駆け競べで勝てるわけがない。男たちは次々とアタランテに首を取られた。

　しかし、アタランテも最後は人妻となった。射止めた若者についてアポロドーロスは、「メラニオーンとも、ヒッポメネスともいわれる」と記している。ただ、射止めた方法は共通している。若者はアフロディテからもらった黄金のリンゴを落としながら走ったのである。アタランテはリンゴを拾いながらは走ったため、若者を追い抜けなかった。

古代ギリシアのアーチャー　　33

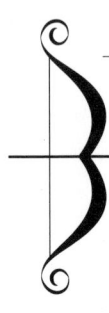

パリス Paris

アキレウスを倒したトロヤのアーチャー

◆地域:ギリシア　◆時代:古代ギリシア　◆出典:ギリシア神話

🌹 トロヤ戦争の原因を作った王子

　パリスは、トロヤ王プリアモスと王妃ヘカベの次男として生まれている。パリスがお腹にあったときヘカベは、自分が燃え盛る松明を出産し、生まれた松明によりトロヤが紅蓮の炎に包まれる夢を見た。「生まれる子はトロヤ滅亡の元凶になる」と直感した夫妻は、子どもが生まれると山に捨てた。

　子どもは羊飼いに拾われ、パリスと名づけられた（のちにアレクサンドロスとも呼ばれる）。成長すると、我が子を捨てた罪の意識に苛まれていた王夫妻から息子として認められた。

　ある日、パリスは美の女神アフロディテから「絶世の美女のヘレネを与える」という啓示を受ける。ヘレネはスパルタ王メネラオスの妻だ。いわば横恋慕だが、パリスは勇躍してスパルタ王メネラオスのもとを訪問。メネラオスが油断している隙をついてヘレネを口説き落とし、トロヤへと連れ去った。

　妻を奪われたメネラオスは激怒し、兄でミュケナイ王のアガメムノンに相談した。アガメムノンはトロヤへの遠征を決意。トロヤに宣戦布告をした。トロヤ王家は当初、ヘレネをスパルタに返そうとしたが、「帰ると処刑される」と泣き崩れるヘレネを見捨てられず、ギリシアと戦う決意を固めた。ここに10年に及ぶトロヤ戦争の幕が切って落とされた。

　パリスはトロヤでも屈指の弓の名手であり、トロヤ側についた弓矢の神アポロンの助力を得て、ギリシア軍最強の武将アキレウスを倒した。アキレウスの唯一の弱点である踵を射貫いたのである。しかし、トロヤ陥落の際、ヘラクレスの弓を持つピロクテテスに射殺された。

パンダロス *Pandarus*

パリスと並ぶトロヤ屈指のアーチャー

◆地域:ギリシア　◆時代:古代ギリシア　◆出典:ギリシア神話

🌹 スパルタ王メネラオスを射る

　トロヤ戦争がはじまって9年目。ギリシア・トロヤの首脳陣は、双方の陣営から選んだ代表者による一騎討ちで決着をつけることで合意した。トロヤ側からは、トロヤ王プリアモスの第二王子のパリス。ギリシア側からはスパルタ王メネラオスが出た。そもそも戦争の発端は、パリスがメネラオスの妻ヘレネを言葉巧みに口説き落とし、夫のもとから強奪したことに起因する。これほど戦争終結にふさわしい一騎討ちはなかった。

　戦争は一時休戦となり、両軍兵士が見守るなか、一騎討ちが行われた。メネラオスは復讐するは我にあり！　とばかり、パリスを攻めたてた。パリスが窮地に立った。あと一撃で決着と思われたとき、トロヤ戦争勃発の元凶ともいうべき神がパリスを救った。美の女神アフロディテである。

　一騎討ちは明らかにメネラオスの勝利だ。ギリシア陣営から戦争の終結を祝う雄叫びが上がった。だが、「トロヤを徹底的に叩きたい」と思っていた戦いの女神アテナは不満に思い、ひそかにトロヤ軍中に舞い降りると、武勇の誉れ高く、優秀な弓の使い手であるパンダロスをあおり立てた。

　「自慢の腕前でメネラオスを倒すのです。成功すれば、私アテナの名において永遠に勇者としての名前を残せます」と。

　パンダロスは勇躍し、メネラオスに向けて矢を放った。致命傷を与えることはできなかったが、矢はメネラオスに命中した。トロヤ側が約束を反古にしたことに、ギリシア軍は激怒。戦闘は再開された。翌年、トロヤはギリシア軍の猛攻の前に陥落する。

ロビン・フッド　Robin Hood

愛用の弓を手に、弱きを助け強きを挫く、伝説的アウトロー

◆地域：イングランド　　◆時代：12～13世紀　　◆出典：『ロビン・フッドの武勲』他

🌹 イギリスが生んだ伝説的アーチャー

　ロビン・フッドは、イギリスが生んだ伝説上の人物である。伝説の発生が13世紀中頃。15世紀前後に流布したバラッド（物語唄）で人気を博して以後、演劇・歌劇・俗謡・歴史小説などで取り上げられ、20世紀には映画も作成された。

　伝説が出所であるのに加え、600年以上に渡って描き続けられてきただけに、ロビン像は実に多彩だ。颯爽たるアウトローのロビン。乞食と喧嘩してコテンパンにやられてしまう情けないロビン。ハイティンドン伯爵なる貴族の仮の姿とされるロビン。社会変革を目指す革命闘士としてのロビン……。いずれのロビン像も興味深いが、やはり権力者と戦うアウトローというのが、最も普及しているロビン像だろう。したがって本項でも、一般的なイメージの射手ロビン・フッドを紹介する。典拠としては、15世紀前後から16世紀にかけて流布したバラッド（物語唄）のひとつ『ロビン・フッドの武勲』（以下『武勲』）を取り上げたい。バラッドでは他に『ロビン・フッドと修道士』『ロビン・フッドと焼物師』『ロビン・フッドとギズバンのガイ』があるが、流布したのは『武勲』が一番早い。加えて、研究者たちの間では、『武勲』が伝説の骨格形成に最も重要な役割を果たしたと評価されているからである。全8節からなる『武勲』の内容を順にみていこう。

🌹 第1節と第2節

　ヨーマン（自作農）のロビンは、バーンズデイルの森（註1）を根城にするアウトロー集団の首領である。アウトローといっても、農奴（領主に隷属する小作人）・ヨーマン・人徳ある騎士・女子供には危害を加えない。私腹を肥やす悪徳役人、銭勘定にのみ熱心な腐敗した教会坊主、法律より自身の強欲を優先する裁判官といった輩が標的である。

　夏のある日、ロビンは「客がいなければ食事をしない」と駄々をこねた。仕方なく

副長格のリトル・ジョンと数名は、ウォトリング街道に網を張り、やってきた貧相な騎士リチャードを食事に誘う。ロビンは大喜びで歓待するが、食事終了後に金銭を要求する。すると騎士リチャードは、自身がとても貧乏であることを打ち明ける。リトル・ジョンが確認すると、所持金はほんのわずかだった。
　いっぱしの騎士がここまで貧乏なのはちょっとすごい。ロビンは理由を問うた。すると騎士リチャードは次のように語った。
「息子が馬上試合で相手の従者を殺した。息子の保釈金を支払うため、動産のすべてを売り払い、所領も抵当に入れ、聖マリア修道院長から400ポンドを借りた。保釈金を払った今、無一文になってしまった。返済できないのだから、所領没収は確実だ。それでも返済期日だから修道院へ行くところだ」
　ロビンは大いに同情し、1年後に返済の約束で400ポンドを貸しつけた。さらに騎士らしい服装や装身具をあつらえ、従者の代わりとしてリトル・ジョンをつけて送り出した。第1節はここで終了。これ以降は第2節になる。
　聖マリア修道院長は、返済は100％無理と確信し、ホクホク顔で騎士リチャードの到着を待っている。案の定、騎士リチャードは貧相な格好でやってきた（これはリチャードが修道院長の鼻を明かすために打った芝居）。騎士リチャードは膝まずき許しを請うた。
「返済期日の延長を願います」
「無理ですな」
「忠実な下僕としてあなたに仕えます」
「迷惑ですな」
　だが、芝居もここまで。騎士リチャードは、400ポンドを叩きつけるようにして返済し、愕然とする修道院長を尻目に立ち去った。城に戻ると、大喜びの妻が迎えた。以後の1年間、騎士リチャードはロビンへの返済金捻出のため所領経営に尽力することになる。そして返済日の当日、騎士リチャードは400ポンドと利子を手に城を出た。途中、レスリング大会会場を通りかかり、ひとりのヨーマンがよそ者という理由で殺されかけているのを目にする。騎士リチャードはヨーマンを助けた。

第3節と第4節

　第3節と第4節の3分の2は、この1年間にロビン側で起こった出来事を記している。場面は騎士リチャードと別れたリトル・ジョンがノッティンガム州長官主催の弓の競技会に出るところからはじまる。リトル・ジョンの目的は州長官の懲らしめ。州

長官の関心をひき、そばに近づくために競技会に参加したのである。リトル・ジョンは持ち前の腕を発揮して競技会に優勝。州長官の従者となることに成功する。あとは隙をみつけてやっつけるだけだ。

州長官が狩りに出たある日、リトル・ジョンは城のコックと大喧嘩をする。ふたりは剣で大立ち回りを演じるが、勝負はつかない。コックの腕前に感心したリトル・ジョンは、正体を打ち明け（それまで偽名を使っていた）、ロビン一味への参加を誘う。コックはふたつ返事で承諾。ふたりは城の金銀財宝を奪い、バーンズデイルの森に向かった。

しばらくしてリトル・ジョンは、州長官のもとを訪れ、「緑色の牡鹿がいる、すげえ狩り場がありますぜ」と誘った。州長官は喜んで、リトル・ジョンに案内させた。待っていたのは緑色の牡鹿ではなく、ヨーマン特有の緑色の衣装を身につけたロビンだった。州長官は散々恥をかかされたうえ、「今後はロビン一味に味方する」という約束までさせられる。第3節はここで終了。ここからは第4節に入る。

今日は騎士リチャードとの約束の日だが、当人はまだ現れない。ロビンはイライラし、「客がいないと食事しない」と駄々をこねた。応じて連行されてきたのが修道士。所属と身分を尋ねると「聖マリア修道院の食料保管係長」と答えた。ロビン一味は色めき立った。聖マリア修道院といえば、騎士リチャードが借金をした修道院ではないか。ロビン一味は、騎士リチャードがこない替わりに、慈悲深い聖母マリア様は修道士を遣わしたのだ！ とものすごい解釈をして、大喜びで修道士を歓待した。食事が済み、ロビンがお決まりの如く所持金を尋ねる。修道士は「ほとんどない」と答えた。だが、リトル・ジョンが身体検査をすると800ポンド以上も出てきた。ロビンは感激しつつ金を巻き上げ、修道士は毒づきながら森を出ていった。

これと入れ違いで騎士リチャードが着いた。大喜びするロビン。騎士リチャードが「ヨーマンを助けていたため遅れた。済まない」と詫びるとさらに喜んだ。騎士リチャードは400ポンドに利子を添え、ロビンに差し出した。しかし、ロビンは受け取らない。それどころか修道士から巻き上げた800ポンドのうち、半分を騎士リチャードに与えた。彼らは今後の友情を誓い合うことになる。

🌹 第5節と第6節

さて、ロビンに恥をかかされたノッティンガム州長官は、ロビン一味への復讐を実行に移した。ロビン一味をおびき寄せて一網打尽にするため、弓の競技大会を開催したのである。ロビン一味は罠とも知らずに競技会に参加、競技はロビン

の優勝で終了した。しかし、競技終了と同時に、「逮捕だ!」という声が響く。ロビン一味と州兵の間で激しい戦闘がはじまった。敵の矢でリトル・ジョンが負傷した。リトル・ジョンは「足手まといになりたくない。殺してくれ」と懇願するが、ロビンは耳を貸さず、リトル・ジョンを背負って逃げ出した。とある城の前を必死で走るロビン一味。城の持ち主はあの騎士リチャードだった。騎士リチャードは昔日の恩義に報いるのはこのときとばかり、ロビン一味を城に匿った。第5節はここで終了。ここからは第6節に入る。

ノッティンガム州長官は、騎士リチャードの城を包囲し、ロビン一味を引き渡すよう要求した。しかし、騎士リチャードは峻拒する。埒があかないとみた州長官は、エドワード国王(何世かは不明)の出馬を仰ぐべく、包囲を解いてロンドンに向かった。ロビン一味は、安全になったのを確認するとバーンズデイルの森に帰った。ロンドンで王に訴えた州長官は、王の出発に先立ってノッティンガムに帰還。配下を引き連れて騎士リチャードを捕縛する。騎士リチャードの妻は、ロビンに夫の危急を告げた。激怒したロビンは仲間を引き連れてノッティンガムに急行。手練の技で州長官を射倒したあと、剣で斬殺。騎士リチャードを救出した。

🌿 第7節と第8節

州長官の要請に応じてノッティンガムに出張ってきたエドワード国王は、事態を知って大いに怒る。また、ロビン一味が御猟林法(註2)で禁猟区に指定されている森に住み、動物を狩りまくっていることを知ると、さらに怒りを募らせた。国王はロビン捕縛のため森内を探した。しかし。半年経ってもロビン一味は見つからない。焦っていると森の番人が「修道士に変装すると良い」と教えてくれた。国王一行は僧服に着替え、森の中に入った。案の定、ロビンは出てきた。

ロビンは相手が国王とも知らず、所持金を尋ねた。国王は40ポンドを差し出した。ロビンは20ポンドだけを受け取り、すべてを部下たちに与えた。国王は王の証である国璽を取り出し、「私は国王の家来である」と言った。するとロビンは弾かれたように膝まずいた。ロビンは国王には敵意はない。憎むのはあくまで悪徳役人や腐敗坊主だけなのだ。王はロビンの真実の姿を初めて知ることになる。

ロビンは国王を隠れ家に案内し、盛大な歓迎会を開いた。歓迎会の最中にロビンは、相手が国王の家来どころか、国王本人であることを知る。再び、膝まずくロビン。ロビンの忠誠心に感動していた国王は、「森を出て宮廷に住むなら許そう」と提案する。ロビンは仲間たちと森を出ることを決意して、第7節は終わる。

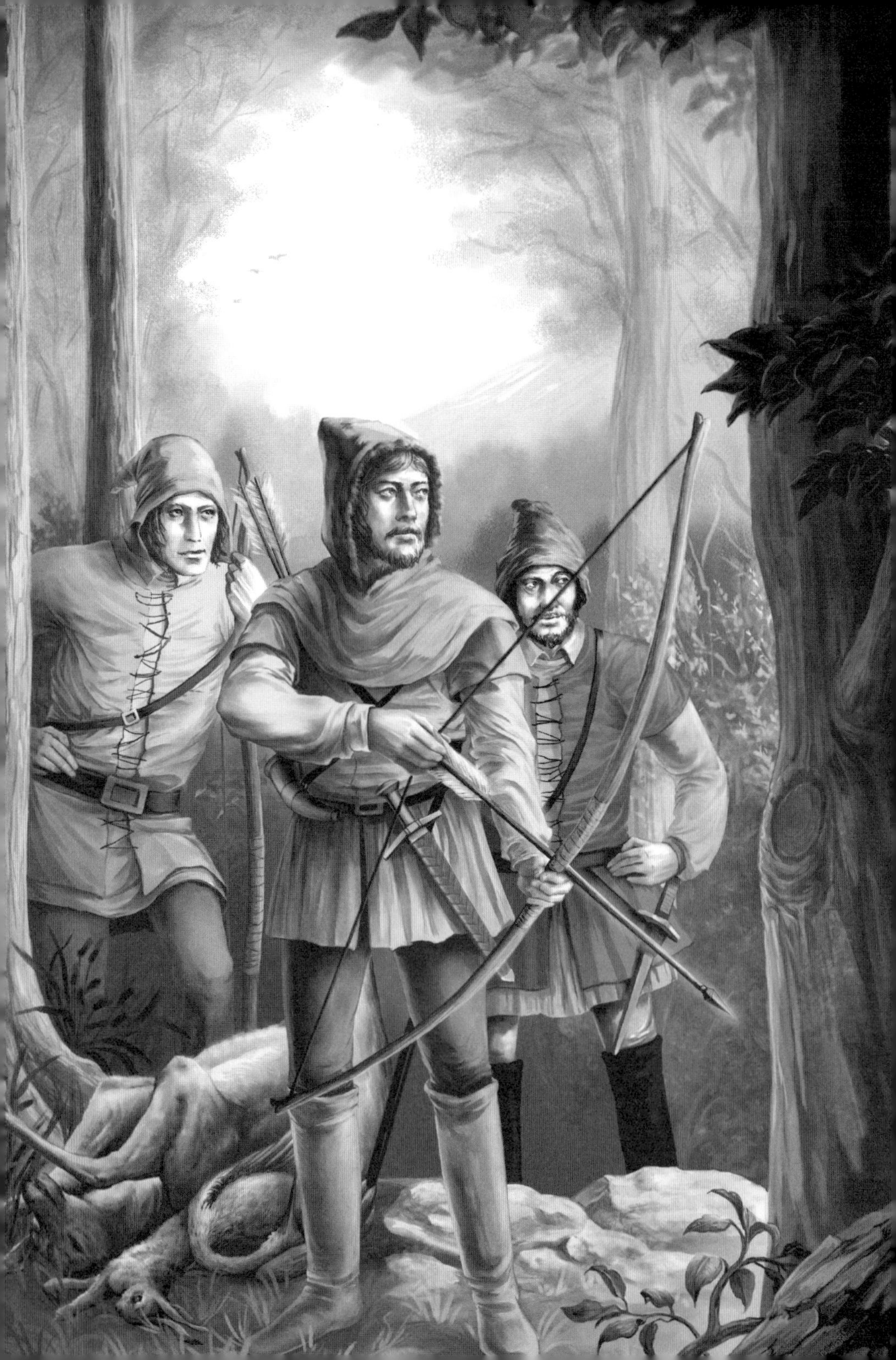

森を出てノッティンガムに向かう途中、王とロビンは「負けたほうが打たれる」という約束で弓の腕比べをする。王がロビンに勝てるはずはなく、王は何度も打たれる。ノッティンガムで盛大な宴会を行ったあと、ロビン一行は宮廷に入る。しかし、仲間たちは宮廷生活に退屈し、ひとり、ふたりと森に帰る。ロビンも15ヶ月で宮廷生活にピリオドを打ち、仲間たちの待つ森に帰った。
　22年後、ロビンは従兄弟の尼僧の奸計のために死ぬ。最期を看取ったのは、ロビンの最も信頼するリトル・ジョンだった。第8節はここで終了する。

『アイバンホー』脇役として登場

　以上、『武勲』に描かれたロビン像をザッと追ってきた。抜群の弓の腕。友のためには命の危険さえ厭わない熱い心。弱きを助け強きを挫く義侠心。王への忠誠心、王といえどもけじめをつける潔さ……。ロビンの持つ魅力の数々が『武勲』には示されている。ところで、本書のテーマであるアーチャーという点で、いま少しロビンを追ってみよう。ロビンを主人公にした作品ではないが、ロビンが脇役として登場し、弓の腕前を存分に披露してくれる歴史小説がある。ウォルター・スコットの『アイバンホー』である。
　ご存じない方のために、作者と同書について少しばかり解説しておこう。スコットは近代歴史小説の父とされる、イギリスの作家である。1771年、スコットランドのエジンバラに生まれている。生まれつき病弱ため、幼年時代を祖父の田舎ですごした。祖父の家は美しい自然に囲まれており、周囲には古城や古戦場が点在。さらには多数の伝説が残されていた。幼年期をかような環境ですごしたことが、スコットの人生を決めた。大学で法律を習得して弁護士になったが、やがて作家に転身。民謡や伝説に取材した『湖上の美人』などの物語詩を発表し、文学的才能を評価された。本項で紹介する『アイバンホー』は1819年の発表になる。
　この作品の時代背景となっているのは、1189年から1194年である。この5年間はイングランド王国史のなかでも特異な時代だった。1189年、イングランド国王リチャード1世（獅子心王　在位1189年〜1199年）は、フランス国王フィリップ2世、神聖ローマ帝国皇帝フリードリヒ1世とともに、セルジューク・トルコ帝国への遠征を敢行する。歴史上にいう第3回十字軍である。聖地エルサレム奪還という目標は達成できなかったが、キリスト教巡礼者の安全確保の約束を取りつけることは成功。1192年、第3回十字軍は終結する。ところが、イングランドへの帰国途中、リチャード1世は対立していたオーストリア大公に捕縛されてしまう。

これを受けてイングランド王国内では、弟のジョンが王位の簒奪を画策する。王への即位は諸侯の反対もあり頓挫するが、国王の不在期間、親王として権力を一身に集めた。1194年、リチャード1世は多額の身代金と引替えに解放され、イングランドに帰国。ジョンを屈服させることになる。『アイバンホー』はリチャード1世配下の騎士アイバンホーとロウイーナ姫のラブストーリーに、今述べた時代背景を絡めた歴史小説である。
　この小説でロビンは脇役として登場する。人格などの設定は『武勲』とほぼ同じ。ただ、同書中ではロビンは本名をあえて伏せ、ロックスリーという変名で登場する。変名だが、読者の誰もがロックスリー＝ロビン・フッドとわかるように描かれている。最後まで気づかないのは、敵役に設定されているジョン親王だけである。

宮廷の弓試合で腕前を披露

　ロックスリーの弓の腕前が描かれるのは、ジョン親王が宮廷で開いた弓試合においてである。ロックスリーは長弓競技に出場。並みいる使い手たちを退けて決勝へと駒を進める。決勝の相手はヒューバートなる弓の名人。ジョン親王の狩り場となっている森林を守る監視役である。
　以下、ロックスリー、ヒューバート、ジョン親王のやり取りをみてみよう。
　──最初にヒューバートが矢を射た。矢は的の真ん中近くに当たった。ロックスリーは「風の具合を考えなかったな」とヒューバートに言うと、無造作に矢を射た。矢はヒューバートの矢より的の内側に刺さった。ジョン親王は仰天し、「これはどうしたことだ。あんな得体の知れない無宿者に勝たれて……。貴様は絞首台にのぼりたいのか？」とヒューバートをののしった。
　ヒューバートはジョン親王の言葉に促され、今度は風を計算に入れて矢を射た。矢は見事に的の真ん中に突き立った。見物人たちは称賛した。皆、どこの馬の骨ともわからぬロックスリーよりは、顔なじみのヒューバートに勝ってもらいたいと思っているのだ。ジョン親王は勝ち誇ったような表情で、「どうだ。ロックスリー。お前でもあの矢はしのげまい」と語りかけた。しかし、ロックスリーは動じた様子は見せず、「ならば私は、ヒューバートの矢の矢筈（矢を弓の弦に番える部分）を砕いてご覧に入れましょう」と応じるや、再び、無造作に矢を射た。矢は見事に矢筈に命中し、ヒューバートの矢は砕け散った。
　見物人は呆気に取られ、「こんな腕前は見たことない」「本当に人間か？　悪魔かなにかではないか？」と口々にささやいた。ロックスリーはそんな見物人たちを

尻目に、ジョン親王に提案した。

「あんなことは私が育った北のほうでは、子どもでもできることです。どうでしょう。柳の小枝を300フィートの離れた位置から射る方法で勝負をつけたいと思うのですが……」

ジョン親王は一も二もなく承諾した。ロックスリーの腕前に魅了されていたのである。ロックスリーは森で柳の小枝を切り取ると、地面に立てた。枝の太さは親指程度。長さは180cm程度。小枝を立てると300フィート離れた。ロックスリーは弓を点検し、弦を替えたあと、矢を放った。矢は小枝を見事に引き裂いた。

ジョン親王は飛び上がって喜び、「賞金の20ノーブルは確かにお前のものだ。ロックスリーとやら。余の近衛兵になってくれるなら、50ノーブルに増やすぞ」と提案した。しかし、ロックスリーは「私が仕えるのはリチャード王だけです」と言い放つや、10ノーブルをヒューバートに渡し、風のように消え去った——

このあとロックスリー（ロビン）は、ひそかに帰国していたリチャード1世と協力し、捕らわれの身となったアイバンホーの救出にあたるのだが、その場面は省略しよう。それにしてもロビンの実名を伏せ、なおかつ読者にはわかるように登場させて、伝説的な弓の腕前を披露させる構成は実に巧みである。「待ってました！」と表現すべきか、はたまた「ついに出た！」というべきか。ともかく読者の高揚感のほどは察せられる。

なお、ロビン伝説の主要舞台でもあるノッティンガムには、伝説ゆかりのブロンズ像がいくつも建てられており、ノッティンガム城内ではロビン伝説を題材とした語りや寸劇が、常時演じられている。また、市内には「ロビン・フッド物語」というテーマ・パーク風の展示館も建っている。

かつてロビンについては、実在非実在の論争が行われたが、非実在という見方で一致している。それではなぜ伝説が発生したのか？　についてもさまざまな節が唱えられている。しかし、実在非実在に関係なく、イギリス国民の心の中には、ロビン・フッドが確実に実在している。

註1：バーンズデイルの森
　ロビン一味の隠れ家としてはシャーウッドの森（ノッティンガム市の北方に広がる森）が有名だが、シャーウッドの森が隠れ家として設定されるのは15世紀後半あたりから。バーンズデイルの森は、シャーウッドの森よりもさらに北にある。

註2：御猟林法
　特定の森林を王の狩猟区として定めた法律。禁猟はもちろんこと、農地開拓・伐採・害獣駆除も禁止され、違反者には厳罰が課された。広大な森林内には集落も点在していたので、人々は甚大な不便を強いられた。イギリス法制史のなかでも希代の悪法とされている。

ウィリアム・テル *William Tell*

放ちし矢は、リンゴだけでなくスイス国民の心をも射止めた

◆地域:スイス　　◆時代:13世紀末期　　◆出典:『ウィリアム・テル』

❀ スイス建国の勇者として描かれる

　ウィリアム・テルは、ドイツの詩人・劇作家のシラー（1759年〜1805年）が、1804年に完成させた民族劇の戯曲、『ウィリアム・テル』（正式にはウィルヘルム・テル）の主人公である。テルがスイスの国民から—空想上の人物であるにもかかわらず—勇者として限りない尊敬を受けているのは、『ウィリアム・テル』がスイス建国にまつわる物語であり、主人公のテルが建国運動のキーパーソンとして描かれているからである。

　以後、『ウィリアム・テル』から、主人公テルがどのような弓の使い手だったかを紹介するのだが、その前に物語の歴史的背景について少しばかり説明しておこう。話は962年までさかのぼる。この年、東フランク王国国王オットー1世（在位936年〜973）が、ローマ教皇ヨハネス12世からローマ皇帝の帝冠を授けられたことで、神聖ローマ帝国が誕生する。帝国の版図を現在の国名でいえば、ドイツ、オーストリア、スイス、イタリア（北部）が含まれる。実に広大な版図であるが、皇帝に政治が一元化された中央集権国家ではない。帝国内にはザクセン家・ホーエンシュウタウフェン家・ハプスブルグ家・ヴィステルバッハ家などの有力家に加え、中小の諸侯が乱立し、勢力争いにしのぎを削っていた。要するに、各勢力のパワーバランスの上に成立していた帝国であり、歴代皇帝の選定も主要な諸侯の選挙でなされた。

　したがって、帝国全土が皇帝に帰するわけではなく、皇帝の直轄地と有力家・諸侯の領地が混在していた。現在のスイス中央部もそうした直轄地のひとつであった。皇帝の直轄地は自治権が保証されており、経済的にも優遇措置がとられていた。しかし、直轄地は皇帝にとって「持ち駒」にすぎず、直轄地を有力家との取引材料にすることもあった。

　1231年、スイス中央部のウーリ地方が神聖ローマ皇帝フリードリヒ2世（在位1215年〜1250年）から、「自治特許状」を獲得することに成功する。これはフリー

ドリヒ2世が、ウーリ州をオーストリアのハプスブルグ家に割譲しようとしたことに対する防衛措置であり、同地が未来永劫、皇帝の直轄地であり続けることを保証させたものであった。1240年には、隣接するシュヴィーツ州も同特許状を入手することに成功している。

ところが、1273年のハプスブルグ家のルードルフ1世（在位1273年～1291年）が神聖ローマ皇帝に即位する。ハプスブルグ家の領地にならないために「自治特許状」を取得したのに、ハプスブルグ家出身者が皇帝になったのである。スイス中央部の居住民にとって、ルードルフ1世の即位は大事件であった。

永久同盟の締結

ところで、『ウィリアム・テル』ではハプスブルグ家から無慈悲な統治者が送り込まれ、住民を過酷に取り扱ったかのように記されているが、現実は異なるようだ。統治者が送り込まれた形跡はなかったし、そもそもルードルフ1世の関心は、スイス中央高地よりもオーストリア・ボヘミアの諸地方への支配力強化に向けられていたという。スイス中央高地はとくに急がなくとも、現状維持しておけば他の有力家に渡ることはない、とも考えていたようだ（『ウィリアム・テル—ある英雄の虚実』宮下啓三　NHK出版）。

それではなぜ極悪統治者云々の記述になったか？だが、これはやはり『ウィリアム・テル』の文学的虚構だろう。歴史書でない以上、面白みを増すためにフィクションを加えるのは当然のことである。

1291年、ルードルフ1世が没する。ウーリ・シュヴィーツ・ウンターヴァルデンの3州が永久同盟を締結するのはその直後である。情勢が混沌たる以上、先手を打って立ち上がることこそ、身の安全の保証になると考えたのだろう。同盟の基本となったのは以下の3つの点であった。

○外敵には相互援助で対処する
○他の地域から派遣された裁判官の不承認
○最高の学識者による3州紛争解決

同盟にはこのあと、他の州も加わり、ハプスブルグ家との闘争を展開。最終的に1648年のウェストファリア条約で、スイスの独立が承認されるのである。

戯曲『ウィリアム・テル』は、このスイス独立運動にまつわる英雄伝説である。前述した如く史実と幾分異なる部分を含んでいるが、それはそれとして、以下、テルの名射手ぶりをみてみよう。

独立不羈の狩人ウィリアム・テル

　ウィリアム・テルはウーリ州のビュルクレン村の住人。抜群の弓の腕前を誇る、州内でも屈指の狩人である。身体は岩石の如くガッチリとし、意志も強固。独立不羈の精神の持ち主であり、常に油断なく目と耳を働かせ、「神とおのれの力を信じていればいかなる困難も乗り越えられる」と信じている。なお、テルが愛用している弓はクロスボウ（第3部参照）である。

　妻はヘートイッヒ。子どもは男の子がふたり。上はウィリアム。下はワルター。妻のヘートイッヒの父親はヒュルストといい、ウーリ州で人望を集める人格者だ。のちに永久同盟が取り決められる際、ウーリ州の人々はヒュルストのもとに集うことになる。ただ、義理の息子たるテルは同盟締結の集まりには参加しなかった。誘われなかったわけではない。議論が苦手なのである。しかし、いざ実行となったら真っ先に駆けつけることだけは確約している。テルもハプスブルグ家から派遣された領主の横暴は、腹に据えかねていたのである。

　ウーリ、シュビーツ、ウンターヴァルデン3州の間で同盟が結ばれてから10日ばかり経った頃、テルはヒュルストのもとに向かった。次男のワルターが同行をせがんだ。アルトドルフの町にきた。町中を歩いていると、1本の竿の先に帽子が乗っている。テルが通りすぎようとすると兵士が止めた。

「この帽子は恐れ多くも、お代官ゲスラー様の帽子なるぞ。なぜ敬礼せんか」
「はっ？」
「先日、帽子に敬礼するよう布告が出されておったろうが」
「左様ですか。知らなかったもので申しわけございませぬ。お見逃しくだされぃ」

　しかし、兵士は居丈高に拒否するばかり。集まった群衆は口々にテルを弁護する。するとウーリとシューピッツ両州を統治するゲスラーが狩りから帰ってきた。ゲスラーは状況を素早く理解し、心中で舌なめずりした。

ゲスラーの非情な命令

　話は少しさかのぼる。
　以前、ゲスラーとテルは山中の断崖絶壁の細道でバッタリ遭遇したことがあった。ゲスラーはテルをよく知っている。ウーリ州の有力者ヒュルストの娘婿であることも、弓の名手であることも……。最近では嫌がらせの意味も込めて、些細な罪で罰金を徴収した。

ゲスラーはテルと出会ったとき、今この場所で戦ったら……と考えた。足場の悪い山中の細道。山に慣れているテルのほうが圧倒的に有利だ。
〈俺は射殺されるか、谷底に叩き落とされるしかないな〉
　そう考えると、恐怖のあまり顔は青ざめ、身体はガタガタと震えた。しかし、テルは極めて紳士的に道を譲った。ゲスラーは自身の小ささを知ると同時に、テルに対して忸怩たる思いを抱くようになった。思いはいつしか憎悪の心へと変わっていった。
　話を戻そう。帽子に敬礼しない云々の罪で糾弾されているテルを見たとき、ゲスラーの心中でテルへの憎しみの思いが一気に弾けたのである。
　ゲスラーはテルに散々侮辱的な言葉を投げつけたうえで、ワルターの頭上に置いたリンゴを自慢の腕で射貫くように命じた。テルは必死で詫びた。しかし、ゲスラーは命令に従わない場合は、親子ともども処刑すると言い放った。その代わり、見事射貫けば命は取らないという。テルが愛する子どもに矢を向けることなどできないと確信したうえでの提案であった。あまりに執拗なゲスラーの態度にテルは明確な害意を読み取った。
〈ゲスラーは、いつぞやの山道でのことを逆恨みし、なにがなんでも恨みを晴らす気なのだ。拒めば確実に殺されてしまうだろう。生き延びるには……〉
　テルは決意して弓を取った。ワルターの頭上に真っ赤なリンゴが乗せられた。ワルターは父親の腕前を信じきっている。怖くないといえば嘘になるが、「悪い奴らに名人の腕を見せてやりなよ」といじらしいことをいう。テルは狙いを定めようとするが、心臓は踊り、手足は震える。テルはゲスラーに再度の許しを請うた。「矢を射ることはできない。剣で刺し殺してくれ」と。しかし、ゲスラーは聞く耳を持たない。テルは矢筒から2の矢を取り出すと、隠すように胴着の後ろに挟み、再度、ワルターの頭上のリンゴに狙いをつけた。だが、手足の震えはやまない。目もチラチラしてきた。「ダメだ……」と思った瞬間、思わぬ救いの神が飛び出した。

見事に射落としたリンゴ

　救いの神は若い騎士ルーデンツだった。ルーデンツは、ウンターヴァルデン州の有力者アッチングハウゼン男爵の甥。立身出世を夢みて、敵にも等しいゲスラーに志願して仕えていたのである。だから、ゲスラーの傍若無人な振る舞いを見ても、「出世のため……」と目をつぶってきた。しかし、今、眼前での行為はやりすぎだ。ルーデンツはゲスラーの前に出、言葉を尽くして諫めはじめたのである。群衆

の関心はテルから、ゲスラーとルーデンツのやり取りに移行した。

　群衆の視線から解放されたことで、テルの緊張感は和らぎ、狩人としての職人的勘が蘇ってきた。心臓の鼓動は平静になり、手足の震えは収まり、目の焦点もあった。

〈今だ〉

　テルは迷うことなく矢を放った。矢は見事にリンゴの真ん中を貫いた。拍手喝采する群衆たち。テルは駆けよってきたワルターをひたすら強く抱き締めた。しかし、ゲスラーはテルを見据えながら鋭く問うた。

「2本目の矢をなぜ胴着に挟んだ?」

「弓を射る者の慣わしでございます」

「納得できぬな。正直に申せ。さすれば命を取ることまでは致さぬ」

「命を保証してくださるなら申し上げます」

　テルは矢を取り出すと、恐ろしい目つきでゲスラーをにらみつけて言い放った。

「失敗して息子に矢を当ててしまったとき、この矢であなた胸を射貫くつもりでした。あなたが的なら外すことはありません」

「よう申した。わしも騎士である。命は取らぬという約束は守ろう。だが、貴様のような物騒な男は放っておけぬ。我が城に連れ帰り、日の光も月の光も差し込まぬところに監禁してやる。者ども召し捕れ」

　テルは捕縛され、ゲスラーの城であるキュスナハト城に連行された。

🌹 ゲスラーの胸を射貫く

　ウーリ州からキュスナハト城へ行くには、フィーアヴァルトシュテッテ湖を渡らなければならない。ゲスラーが湖に漕ぎ出した日、アルプスから降りる風により、湖は大荒れとなった。ゲスラーやテルを乗せた船は、湖の真ん中で木端のように揺れた。前代未聞の大嵐の前に船頭たちは腰抜け同然になり、オロオロするばかりだ。さすがのゲスラーも観念しかけたとき、家臣のひとりが告げた。

「閣下。船頭どもはもはや役に立ちません。今こそテルの戒めを解きなされませ」

「テルの? なにゆえか?」

「テルは船を操る腕も名人級ですぞ。ご存じなかったのですか?」

「初めて知ったぞ」

　ゲスラーは「船を操ることを承知するなら、戒めを解く」と告げた。テルは快く了承した。これこそ千載一遇のチャンスではないか。テルはいかにも船を安全な場

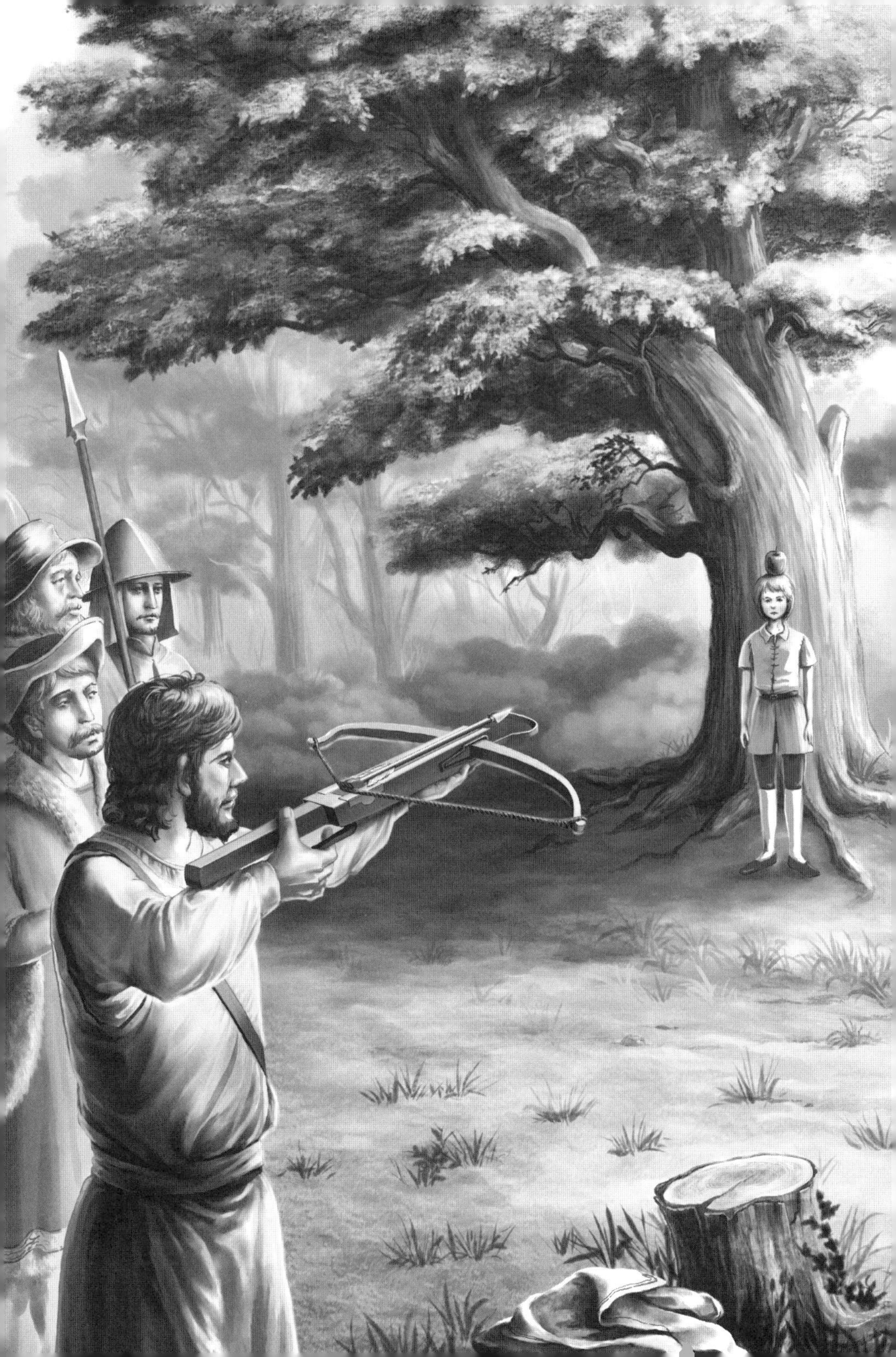

所に誘導しているように芝居をし、湖水に突き出している岩のところまで導いた。岩に手が届きそうになったとき、テルは船の角に置かれていた愛用の弓矢を手に取ると、岩に飛び移った。さらに行き掛けの駄賃とばかり、船を力まかせに後ろに蹴り、さかまく波の中に押し戻した。
　テルは荒れる波のなかを懸命に泳ぎ、なんとか湖岸に上陸。湖岸の漁師の助力を得て、キュスナハト城への近道をたどった。城にくるゲスラーを待ち伏せし、殺す算段なのだ。テルは城に通じる街道にある切り通し（山や丘などを切り開いて通した道路）を狙撃場所に選んだ。道が狭いため行列は一列になり、従者が邪魔になる確率も低くなる。狙撃場所としては最適である。
　やがてゲスラー一行がやってきた。切り通しにさしかかったとき、子どもを連れた百姓女がゲスラーの馬の前に飛び出した。何事ならんと仰天するゲスラー。女は「城に捕縛されている亭主を解き放ってください」と懇願した。ゲスラーは拒否するが、母子は承知しない。両者の間で激しいやり取りがなされている最中、テルの矢がゲスラーの胸を貫いた。テルは落馬して絶命寸前のゲスラーに対し、「これで私も私の家族も安全になった。罪のない人々が脅えながら暮らす必要はなくなったのだ。お前はもう永久に、私たちの国を荒らし、私たちを虐げることはできない」と大声で呼かけ、風のように消えた。
　このあと、ウーリ・シュヴィーツ・ウンターヴァルデンの3州の同志が決起し、ハプスブルグ家勢力をスイスから駆逐することになるのだが、テルの活躍はここまでであるから省略しよう。
　なお、ウィリアム・テルの物語について、スイス史に詳しい宮下啓三氏は、NHK出版刊行の『ウィリアム・テル―ある英雄の虚実』の中で、「今日では『テルの物語は、十五世紀にウーリの地に移植された外国の名射手伝説である』という見方が、当のスイスでもっとも穏当で常識的なものとなっている」と述べている。外国の名射手伝説とはP66で紹介しているデンマークの弓矢名人トコの伝説である。宮下氏によれば、両者の関連を否定する研究者は皆無に近いそうだ。ただ、トコ伝説がそのまま移植されたわけではなく、トコに欠けていた政治的イデオロギーが付与され、「スイス的国家イデオロギーを代弁する英雄にテルが成長するまでには、若干の段取りが必要であったように思われる」と宮下氏は指摘している。
　ウィアリム・テルは、スイス建国の歴史が育てあげたヒーローである。架空の人物とはいえ、彼が放った2本の矢は、今もスイス国民の心中に深く突き刺さっている。

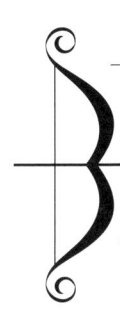

レゴラス *Legoras*

『指輪物語』で活躍する銀髪のアーチャー

◆地域：中つ国　◆時代：超古代　◆出典：『指輪物語』

シンダール族の王子

　レゴラスは、J.R.Rトールキン（1892年〜1973年）の小説『指輪物語（原題 THE LORD OF THE RING）』に登場するアーチャーである。同物語は映画化され世界的な人気を博している。本書お読みの方のなかにも、スマートで銀髪をたなびかせたレゴラスファンの方が多いのではないかと思う。レゴラスはエルフに属している。エルフとは中つ国で最初に生まれ、最初に言葉を話した種族である。姿形的には人間とほぼ同じだが、人間よりもはるかに容姿端麗であり、永遠の命と優れた知性を持ち、歌・詩を愛してやまない。生来の平和主義者で戦争嫌いであるが、五感は異様に鋭く、身のこなしも速く、脚力などの身体能力も備わっているため、戦闘能力はかなり高い。

　レゴラスは闇の森に住むシンダール族の王スランドゥイルの王子である。エルロンドの会議（指輪の処置をめぐる種族同士の話合い）の際、指輪を破壊する旅の一員にエルフを代表して加わった。一行はレゴラスを加えて、フロド、サム、ピピン、メリー（以上ホビット族）、アラゴルン、ボロミア（以上人間族）、ギムリ（ドワーフ族）、ガンダルフ（魔法使い）の9人。なお、ドワーフ族とエルフの間には種族間の歴史的対立があったが、レゴラスとギムリは旅を通じて対立を解消。無二の親友となっている。

卓越した弓射技術

　レゴラスは闇の森のエルフたちが使う弓と矢筒に加え、ベルトに細身の白い短剣を帯びて旅に出た。レゴラスの最初の名射手としての見せ場は、カラズラス山の峠越えに失敗した一行がモリアの坑道に向かう途中、ワーグ（霜ふり山脈の西に生息している凶暴な魔狼）の大群に襲われた際のことだ。ワーグの群れは二度襲撃をかけてきた。レゴラスは一度目の襲撃の際、最初に飛びかかってきた敵

を一射で仕留め、群れを後退させた。二度目の襲撃の際には、なんと飛翔しながら燃え上がる流星の如き矢を発射。群れの首領でひときわ体躯の大きいワーグの心臓をピンポイントで射貫き、群れを退散させている。

　次の見せ場は、ロスロリアン（霜ふり山脈の東にあるエルフの国。ロリアンとも呼ばれる）を経て、大河アンドゥインを航行し、サルン・ケビア（大河の急流域）に近づいたときのことだ。レゴラスは独特の鋭い感覚で前方に異変があることを察知し、船が岸に着くや否や、弓矢を手に土手をよじのぼる。手にしている弓矢は、旅立ちの際に手にしていた弓矢ではない。ロスロリアンでガラドリエル（ロスロリアンを治めるケレボルンの妻）から与えられた弓矢である。弓は闇の森のエルフが使うものよりも長く頑丈であり、弦はエルフの髪の毛で作られていた。

　レゴラスは弓に矢を番えると前方を凝視する。すると南方の空に大きな黒雲の塊がわき上がり、グングンと一行のもとに迫ってきた。黒雲は近づくにつれ、翼のある一個の生き物のような様相を呈し、夜空にあいた穴よりも黒々と見えた。レゴラスは弓を引き絞ると、黒い物体めがけて矢を放った。すると、不快なしわがれた悲鳴が響き渡り、黒い物体は東の暗がりへと落下した。漆黒の闇の中で見事に正体不明の敵を射止めたレゴラスの腕前を、ギムリは絶賛した。このときの敵の正体は後にガンダルフによって、ナズグル（指輪の幽鬼）とナズグルが乗った「翼を持った使者」であることが明かされる。ナズグルは矢では殺せないが、「翼を持った使者」は矢でも対処が可能だ。レゴラスは「翼を持った使者」を射ることで、ナズグルを間接的に射落としていたのである。

❀ 華麗なる魅力

　弓射の腕前以外にもレゴラスの魅力は多々ある。レゴラスのファンの方ならば、彼が短剣の使い手であることもご存じかと思う。ヘルム峡谷の戦いの際には、「俺は戦斧で21人の敵を倒したぞ」と自慢するギムリを称賛しつつも、「私のほうは24人だ」とさりげなく逆襲している。また、馬術に関しても卓越した才能がある。ローハンの騎士たちと合流した際には、アロドという名の悍馬が乗用に与えられた。レゴラスは騎士たちに頼んで鞍と手綱を外させた。相手は名うての荒馬である。ふり落される可能性が大きい。しかし、レゴラスがヒラリと飛び乗ると馬は喜々とし、口で命令するだけで思うほうに動いた。また、詩を愛する種族であるため、詩を朗々と語る姿をときに見せてくれる。

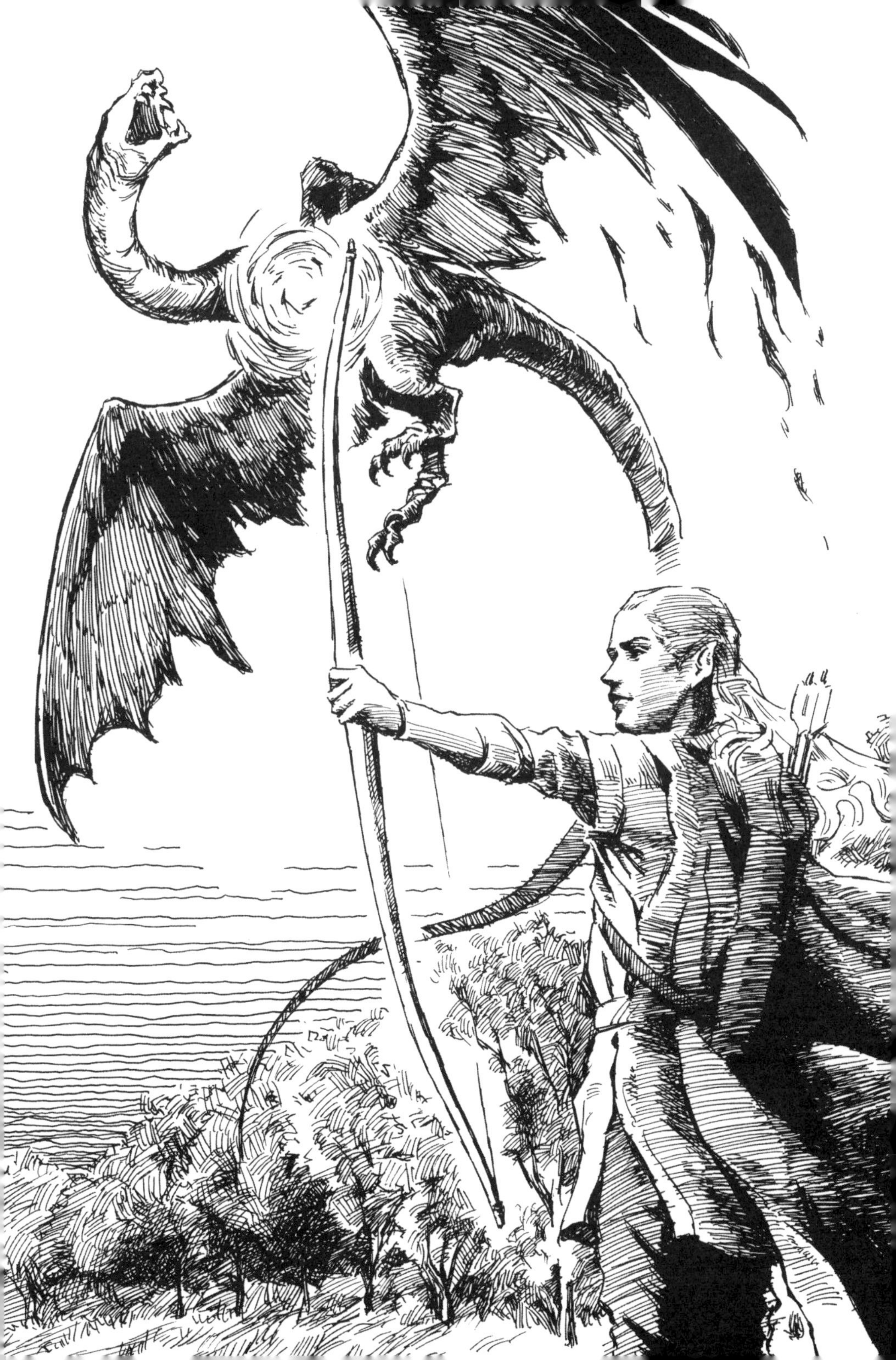

ラーマ *Rama*

インドを代表する神秘のアーチャー

◆地域:インド・セイロン島　　◆時代:古代インド　　◆出典:『ラーマーヤナ』

❀ ヴィシュヌ神の化身ラーマ

　『ラーマーヤナ』は、紀元2世紀頃の成立と推定される叙事詩である。作者はヴァールミーキ。紀元前から各地で伝承されていたラーマ王の物語を集大成する形で作られている。ラーマと妻のシーターとのラブロマンスも素敵だが、最大の見せ場は魔物との戦闘シーンである。物語中でラーマは名射手として描かれており、これでもか!という程に弓矢の腕前を披露してくれる。以下、『ラーマーヤナ』のストーリーを追いつつ、ラーマの活躍をみてみよう。
　——コーサラ国の都アヨーディヤーにひとりの名君がいた。名はダシャラタ王。ダシャラタ王は世継ぎができないことを悲しみ、男児の誕生を神々に祈願した。
　これとほぼ同じ頃、神々の世界ではラーヴァナの始末についての謀議が行われていた。ラーヴァナは10の頭と20本の腕を持ち、難行苦行の末に、とてつもない超能力を身につけた大魔神であり、神々を大いに苦しめていた。神々は激怒したが、ラーヴァナにはブラフマー神(創造神)との間に交わした、「神にも悪魔にも殺されない」という契約があった。神々も対処できなかったのである。だが、神々はラーヴァナが致命的な見落としをしていたことに気づいた。
「人間は契約対象外だぞ」
「ラーヴァナは人間を馬鹿にしていた」
「人間風情になど……」
「殺されるわけがないと考えていたんだろう」
「神・悪魔はラーヴァナを殺せないが……」
「人間ならラーヴァナを殺せるわけだ」
　神々は協議の末、ヴィシュヌ神(繁栄維持の神)に「地上に人間として降臨して、ラーヴァナを殺してほしい」と依頼した。ヴィシュヌ神は神々の頼みを承諾した。そんなとき、ダシャラタ王が世継ぎ誕生の祈願をしたのである。ヴィシュヌ神は、ダシャラタ王の王子に転生することを決意した。

それから間もなく、ダシャラタ王の3人の后は全員出産した。第1王妃はラーマを、第2王妃はバラタを、第3王妃はラクシュマナとシャトゥル・グナを生んだ。ヴィシュヌ神はラーマに転生した。他の王子たちもヴィシュヌ神の神性の一部を宿していた。

　ラーマは立派な若武者に成長した。馬・象を自在に乗りこなし、戦車操縦術にも長じていた。武術全般に優れていたが、弓術において非凡な才能を発揮した。人格的にも優れ、万人に愛された。ラーマには第3王妃が生んだラクシュマナが、常に影のように従った。狩猟に出た際には、敬愛するラーマを守るため護衛役を買って出る程であった。

　ある日、宮廷を名高いヴィシュヴァーミトラ聖仙が訪れた。聖仙はダシャラタ王に「長子ラーマをしばし余に委ねよ。聖なる犠牲の祭典の邪魔をするマーリーチャとスバーフなる2羅刹(鬼)を殺させるためじゃ」と要請した。

　ラーマはヴィシュヴァーミトラ聖仙に伴われて、羅刹退治の旅に出発した。ラクシュマナも随行した。武器は弓矢と剣である。途中、ラーマとラクシュマナは「ターラカーの森に住む鬼女を殺せ」と聖仙から命じられた。鬼女は魔法を使い石の雨を降らせた。ラーマは石の雨を矢の雨で防ぎ、両腕と胸を射貫いて鬼女を倒した。

　ラーマの奮闘を天上世界で見ていた闘神インドラは、聖仙を通じて天上世界の武器をラーマに与えた。車輪状の武器、槍、棍棒……。カンダルパ＝ダイタ(愛神の矢)。シーティシュ(冷酷な矢)という武器もあった。

　さらに旅を続けて、3人は犠牲の祭典を執り行う場所に到った。旅の目的地である。ラーマとラクシュマナは臨戦態勢で待ち構え、2羅刹が現れるや、天上から与えられた武器で迎撃した。マーリーチャは海に吹き飛ばされ、スバーフは神の矢で射殺された。

シヴァ神の弓とシーター姫との結婚

　羅刹退治を果たしたふたりは、ヴィシュヴァーミトラ聖仙や他の聖賢とともに、ミティラー国に向かった。国王ジャナカが、希有の宝弓を秘蔵しているとの話を聞いたからである。重さ・弦の張りの強さとも比類なく、神・悪魔・羅刹でも引けないらしい。破壊神のシヴァが、ジャナカ王の先祖に与えた弓であるという。ラーマ一行がジャナカ王のもとに到ると、王は次のような話をした。

　「私にはシーターという娘がおります。以前、大地を耕しているとき、土地の中か

ら得たので、『畝』の意でシーターと名づけました。シーターが成長すると、各地の王たちが『嫁に欲しい』と言ってきました。私は『武勇によってのみ得られる』とし、武勇を確認する方法として家宝であるシヴァの弓を引かせることにしました。しかし、誰ひとりとして引くことができません。持ち上げることすらできないのです。弓を見ることをお望みのご様子なのでお見せいたしましょう。もし、ラーマ王子が弓を引くことができるなら、シーターを嫁がせたく思います。母胎から生まれた娘ではございませぬが……」

　宮殿に弓が運ばれてきた。弓は屈強な兵士500人が引く巨大な鉄の箱に納められていた。箱の蓋を開ける。居合わせた人々は固唾を飲んで見つめている。神の弓を引けるのか？　持ち上げられるのか？

　ラーマは弓をヒョイと取り上げるや、弦を張ろうと弓に力を加えて曲げた。途端、弓は暴風雨が破裂したような大音響を発して折れた。巨大な宮殿は激震し、聖仙、ラーマ兄弟、ジャナカ国王を除いて、他の人々は失神した。ラーマとシーターの結婚が決まった。ラーマも弟たちも、ジャナカ王の親族の娘たちを娶った。

🌺 森に追放されるラーマと魔王カラの闘い

　至福のうちに時はすぎた。老齢のダシャラタ王はラーマへの王位継承を欲した。しかし、我が子バラタの即位を願う第2王妃カイケーイーは、王に策略を仕掛けた。

「王よ。私がかつて森の中で王の危急を救った際、『ふたつの願いを聞き届ける』との御約束を交わしたことを覚えておいでですか？」
「ウム……そのようなことがあったな」
「まだ、御約束は果たされておりません。今こそ、御願いいたしく思います」
「申してみよ」
「王位は我が子のバラタに継承させること。ラーマ王子を14年間、森に追放すること。以上のふたつが我が願いでございます」

　王は絶句し、カイケーイーを非難し、煩悶した。親思いのラーマは苦悩する父を見て、森に入ることを決意。妻のシーターと、弟のラクシュマナが随行した。ダシャラタ王は悲しみのうちに病没する。一方のバラタは母親の奸計に激怒して、王位継承を拒否。ラーマのもとに赴き、帰国と即位を要請した。しかし、ラーマの意志は堅い。バラタは仕方なく、ラーマのサンダルをもらい受けた。サンダルをラーマの身代わりとして玉座に据え、自身は摂政として政務を執ることにしたのである。

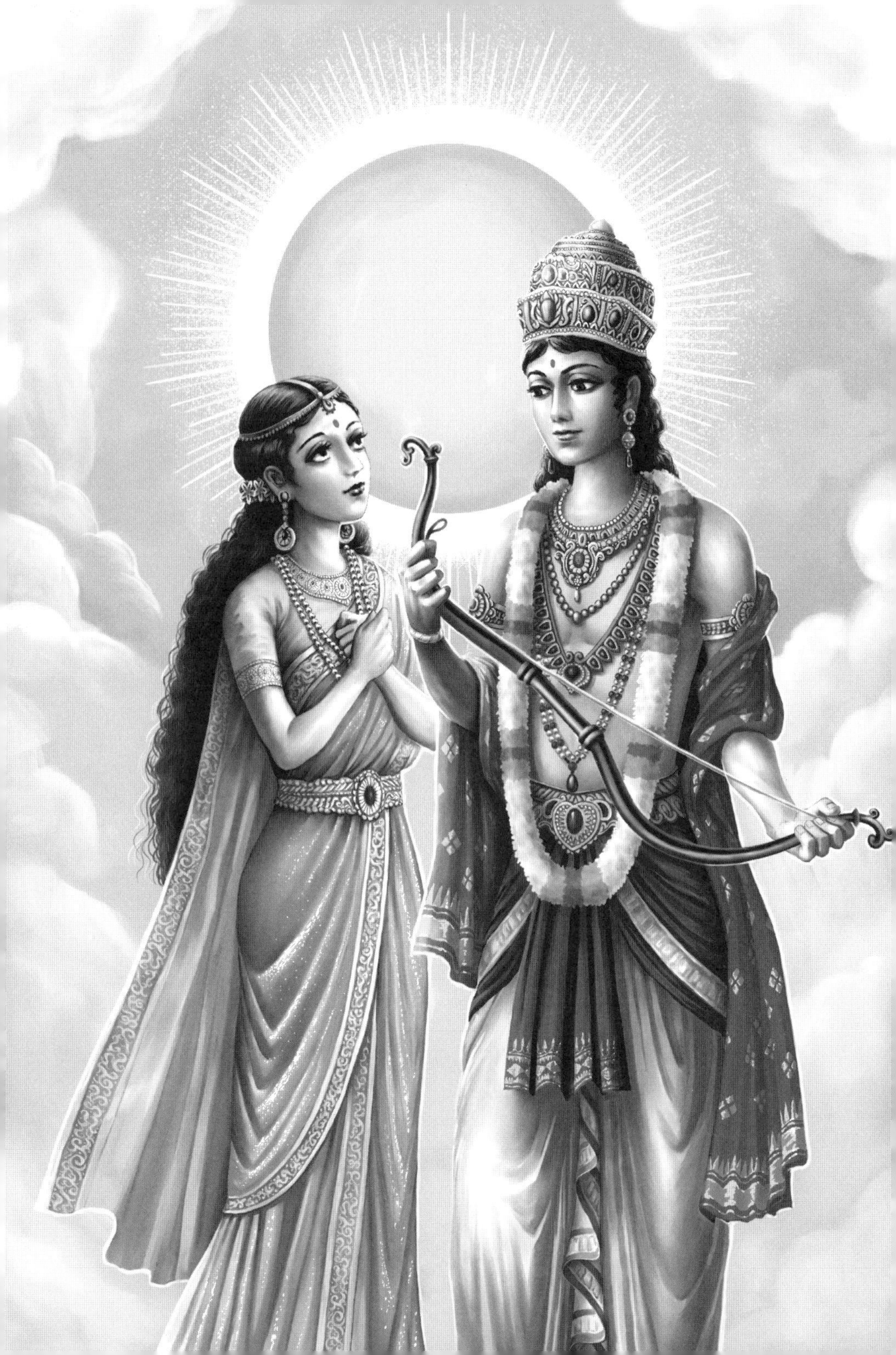

ラーマ、シーター、ラクシュマナの3人が入ったのは、コーサラ国の都アヨーディヤーの南にあるダンダカの森である。かつて闘神インドラと魔王阿修羅の戦場ともなった、魔界にも等しい場所であった。
　10年あまりたったある日、3人が住む庵に魔女がやってきた。3人とも息を飲んだ。凶悪も凶悪、いくら魔女でも、ここまで凶悪な顔も珍しい。魔女は「大魔神ラーヴァナの妹のシュールパナカー」と名乗り、ラーマに「結婚しよう」と告げた。
「結婚？　私はこれなる……シーターと結婚しているが……」
「シーターなんてどこが良い？　二目に見られぬ汚さではないか！　わしの兄はラーヴァナだけではないぞ。クンバルナ、ヴィーシャナ、カラ、ドゥーシャナなどの魔王もわしの兄だ。わしには神通力がある」
「……」
「美しいラーマよ。わしはお前に一目惚れしたのじゃ。これからシーターとラクシュマナを飲み込んでやるから、わしと森の中で仲良く暮らそうな」
　ラーマが拒否すると、シュールパナカーはシーターに襲いかかった。ラーマが魔女を抑えつけ、ラクシュマナが魔女の耳と鼻を切り落とした。シュールパナカーは兄の魔王カラのもとに行き、ラーマの仕打ちを涙ながらに訴えた。カラは配下の悪魔たちを総動員し、ラーマ討伐に向かった。悪魔軍の襲来を察したラーマは、ひとりで迎撃することを決意。ラクシュマナとシーターを安全な場所に非難させると、甲冑に身を固め、弓弦を鳴り響かせながら悪魔軍の襲来を待った。
　ラーマと悪魔軍の闘いがはじまった。ラーマの放つ矢は天上の神々の助力を得て、煌々たる光を発したり、火矢と化したりして悪魔たちをなぎ倒す。やがて魔王のひとりドゥーシャナが戦死。豪傑として名高い悪魔のトリシラも、ラーマの矢で首を落とされた。残ったカラはラーマに矢戦を挑んだ。ふたりの間で無数の矢が交わされた。矢戦に負けたカラは全身血まみれになりながらも、最後の力を振り絞り、抜いた大木を手にラーマに突進した。ラーマはインドラ神の矢でカラを倒した。

魔神ラーヴァナの登場

　悪魔軍のなかで辛うじて生き残った魔王アカンパナは、ランカー島（現在のセイロン島と考えられている）に逃げて大魔神ラーヴァナに事の子細を告げた。ラーヴァナは激怒し、ラーマ討伐を決意。マーリーチャに助力を要請した。マーリーチャはかつて聖なる犠牲の祭典を邪魔しようとしてラーマに迎撃され、海の彼方に吹き飛ばされた羅刹である。その後、もう一度闘いを挑んだが簡単に撃退され

ていた。ラーマの強さが身に染みているマーリーチャは、ラーヴァナに翻意を促した。ラーヴァナはラーマ討伐を諦め、ランカー島に帰った。

すると、ラーヴァナのもとにシュールパナカーがきた。魔女は泣きながら切々と訴える一方、ラーヴァナにシーターの美しさを吹き込んだ。

「そんな美しいのか？」
「この世の者とは思えぬ美しさじゃ」
「たまらぬのう」
「あれは兄様にこそふさわしい女じゃ」

ラーヴァナは再度、マーリーチャのもとを訪れ、助力を請う。しかし、マーリーチャは首をタテに振らない。ラーヴァナは怒り、「命に従わぬとあればお前を殺すまで」とわめき立てた。マーリーチャは運命から逃れ得ぬことを察し、助力を承諾した。

ダンダカの森に到ったマーリーチャは、世にも美しい鹿に変身し、森を行き来した。ラーマとシーターは鹿に魅せられたが、ラクシュマナは、鹿はマーリーチャの変身では？　と疑念を抱いた。ラーマはラクシュマナの進言を聞き入れ、「本当の鹿ならシーターのために獲物として手に入れよう。マーリーチャの変身ならこれを殺そう。君はシーターを守って、庵を動かないでくれ」と命じて、鹿を追跡するため森の奥へと入った。しばらくすると森の奥から、「ああシーター〜　ああラクシュマナ〜」という哀切な叫び声がした。

「あれは！　ラーマ様のお声」
「そのように聞こえました」
「ラーマ様の身にもしや……ラクシュマナよ。見てきなさい」
「お待ちを。マーリーチャの奸計の臭いが致します」
「なにを言うのです。臆したのですか？　この不忠者！」

シーターは半狂乱になり、ラクシュマナを散々に罵倒した。ラクシュマナは仕方なく、森の奥へと入った。ラクシュマナの不安は的中した。先の叫び声は、マーリーチャの声色だった。ラーマの矢を受けたマーリーチャは、最後の悪知恵を振り絞り、ラクシュマナとシーターを引き離したのである。ラクシュマナが森の奥に向かったあと、シーターはラーヴァナによって、ランカー島へと連れ去られた。

シーター探索の旅に出るふたり

ラーマとラクシュマナは、シーター探索の旅に出た。魔神ラーヴァナの仕業であることは突き止めたが、ラーヴァナの根城・魔力などは見当つかない。それでも手

がかりを求めてふたりは歩き続け、カバンダという森の怪物から、「パムパー湖畔に住む猿の王スグリーヴァを尋ねよ」という助言を得ることができた。ふたりはパムパー湖に急行した。

スグリーヴァはふたりを見つけるや、大きな不安にかられた。スグリーヴァは兄のヴァーリンに王位を奪われた挙げ句、追放された身である。ラーマとラクシュマナを「兄が放った暗殺者ではないか？」と疑ったのだ。スグリーヴァは腹心で参謀のハヌマーンをふたりのもとに派遣し、素性を探らせた。疑念はすぐに氷解した。ふたりはすぐにスグリーヴァのもとに案内された。

スグリーヴァとヴァーリンの確執を知ったラーマ兄弟は、ヴァーリン打倒の闘いに助力。スグリーヴァを復位させた。スグリーヴァはシーター探索と救出に協力することで、恩返しをすることを確約し、配下の猿たちを四方に放って情報を集めさせた。ラーヴァナの居場所を突き止めたのはハヌマーンだった。ハヌマーンはランカー島に潜入し、シーターと接触することに成功。ラーヴァナの息子インドラジッドに捕縛されるも、ラーマの意をラーヴァナに伝えて帰還した。ラーマは勇躍、ランカー島遠征の準備に取りかかった。

悪の大巨神クンバカルナ出陣

ラーマ兄弟は猿の軍団を率いて、ランカー島に上陸。ラーヴァナの城を包囲した。両軍の間で激しい戦闘がはじまった。闘いは一進一退の攻防となった。するとラーヴァナは一気に決着をつけるべく、弟のクンバカルナを闘いに投入することを決意する。クンバカルナは山の如き体躯を誇る魔神である。ブラフマーの神の呪いにより、6ヶ月間眠り続け、1日だけ起きるという生活を続けているが、その1日の間は無敵の強さを誇っていた。起きる日はまだ先であったが、ラーヴァナはむりやり起こし、闘いに参加させたのである。

戦場に出たクンバカルナは、巨大な棍棒を振るいながら暴れ回り、猿も悪魔も区別なくむさぼり食った。クンバカルナはラーマを認めると、地響きを立てつつ突進した。ラーマは狙いを定めて矢を射た。矢は心臓を貫いた。しかし、クンバカルナは倒れない。口から火炎を吐いて怒り狂い、巨岩を拾いあげるや、ラーマに投げつけた。ラーマは7本の黄金の矢で岩を砕いた。ラーマは「疾風」と名づけた矢を放った。矢はクンバカルナの片腕を射落とした。狂乱のクンバカルナは大木を引き抜いてラーマに襲いかかった。ラーマはインドラ神から与えられた武器でもう一方の腕を切り落とし、さらに両足をも切り落とした。

両手・両足を失ったクンバカルナは、大口を開いてラーマに突進した。ラーマを食いちぎるつもりである。ラーマは口腔に向けて雨の如く矢を射込んだ。クンバカルナは口に矢を詰め込まれて息絶えた。するとラーマは最後の仕上げとばかり、インドラ神から与えられた矢を射た。矢は流星の如き光を発して突き進み、クンバカルナの首を切り落とした。

　クンバカルナ戦死のあと、魔軍では有力な魔将たちが次々と討ち死にしていった。デーヴァーンダカ、ナラーンタカ、アティカーヤ、クンバ、ニクンバ。カラの子である巨眼のマカラークシャは、「ダンダカの森で倒された父の仇討ち」とばかり、ラーマに一騎打ちを挑み、胸を射貫かれて倒れた。マカラークシャ戦死の報が入るや、ラーヴァナは息子のインドラジットに出陣を命じた。闘神インドラに勝った経験を持つ最強の魔将である。

🌸 インドラジットとラクシュマナの死闘

　インドラジットは戦場に到るや、得意の幻術を駆使してラーマ軍を攻めたてた。見えない戦車から無数の矢を打ち出したのである。ラーマ兄弟にも次々と矢が刺さった。猿たちの戦死も相次いだ。しかし、ラーマ軍の闘志は衰えない。インドラジットはラーマ軍の戦意を喪失させることこそ効果的と考え、幻術でシーターを作るとハヌマーンの眼前で斬殺してみせた。ハヌマーンからの報告を受けたラーマは失神。正気に戻っても、茫然自失の状態である。ラクシュマナが復讐を誓い出陣しようとしたとき、ヴィビーシャナが側近とともに入ってきた。

　ヴィビーシャナはラーヴァナの弟である。生来思慮深く、今回の開戦については常に批判的な立場をとっていた。そのため追放の憂き目にあい、ラーマ陣営に身を寄せていたのである。ヴィビーィシャナは事の子細を聞くと、「インドラジットの幻術に相違ない」と断言した。ラーマはやや気力を取り戻し、ラクシュナにインドラジット打倒を命じた。

　闘いはラクシュマナとインドラジットの一騎打ちとなり、双方の間で激しい矢の応酬が交わされた。両者とも無数の矢を浴び、まるでハリネズミの様になったが、互いに攻撃の手は緩めない。ラクシュマナがインドラジットの胸に5本の矢を命中させると、インドラジットは3本の鋭利な矢をラクシュマナの頭に射込んだ。すると、ラクシュマナはお返しとばかり、インドラジットの顔を射た。

　インドラジットが勝負に出た。死を司る神ヤマから授けられた矢を弓に番えたのである。応じてラクシュマナも、クヴェーラ神から与えられた矢を番えた。同時に放

ヨーロッパ・オリエント世界のアーチャー　　61

たれた矢は空中で衝突し、巨大な火炎を発した。双方とも無念の表情を露にし、さらに神から与えられた矢を射あった。ラクシュマナはついに秘蔵の矢を取り出した。神から授けられた金光燦然たる矢である。ラクシュマナは矢を番えると力一杯引き絞り、「我が主君ラーマが高徳かつ無敵の人ならば、眼前の怨敵に勝たせよ」という祈願を高らかに唱えつつ矢を放った。矢は見事にインドラジットの頭部を切断した。一騎打ちはラクシュマナが勝ったのである。

山を持ち帰ったハヌマーン

　最強の魔将インドラジットを倒したことで、ラーマ軍の士気は俄然あがった。ラーマも気力を取り戻し、押し寄せる魔軍相手に存分に矢を振る舞った。ラーマの手練の技は冴え渡り、3時間ほどの間に1万の高速戦車、1万8000の戦象、1万4000の馬と騎手、20万の歩兵を撃滅した。

　ここに到ってラーヴァナは、全軍を率いて自らが出陣した。100万の戦車、300万の戦象、6000万の馬、6000万のロバとラクダという大軍勢である。闘いがはじまった。魔軍も必死だが、ラーマ軍のほうが波に乗っている。魔軍は奮闘するも、ヴィルーパークシャ、マホーダラ、マハーパールシュヴァなどの有力魔将が次々と戦死していった。ラーヴァナはラーマにのみ標的を絞り突進。ついにラーマとの一騎打ちにこぎつけた。

　闘いは激しい矢戦になり、矢の応酬で太陽の光が遮られ真っ暗になるほどであった。ラーヴァナが雷電の矢を放つと、ラーマは天神の矢を放って防いだ。ラーヴァナが日月の如く燃える円盤（宝輪）を弓から打ち出すと、ラーマは無数の矢を連射して円盤を打ち落とす。一進一退の攻防の中、ラーヴァナの投げた槍がラクシュマナを倒した。ラーマは激怒し、さらに激しくラーヴァナを射立てた。ラーヴァナはラーマの猛攻に耐えかね、一旦、戦場から離脱した。

　絶命寸前のラクシュマナを救ったのは、猿軍団の参謀ハヌマーンだった。ハヌマーンは天空を飛び、ヒマラヤのカイラーサ山に向かった。山頂に生えている4種の薬草があれば、ラクシュマナは助かるというが、どれが薬草かはわからない。

〈山頂そのものを持っていこう〉

　かくて山頂を揺さぶること3度。なんとか引き抜いて馳せ帰った。おかげで薬草は手に入り、ラクシュマナは死の淵から生還した。

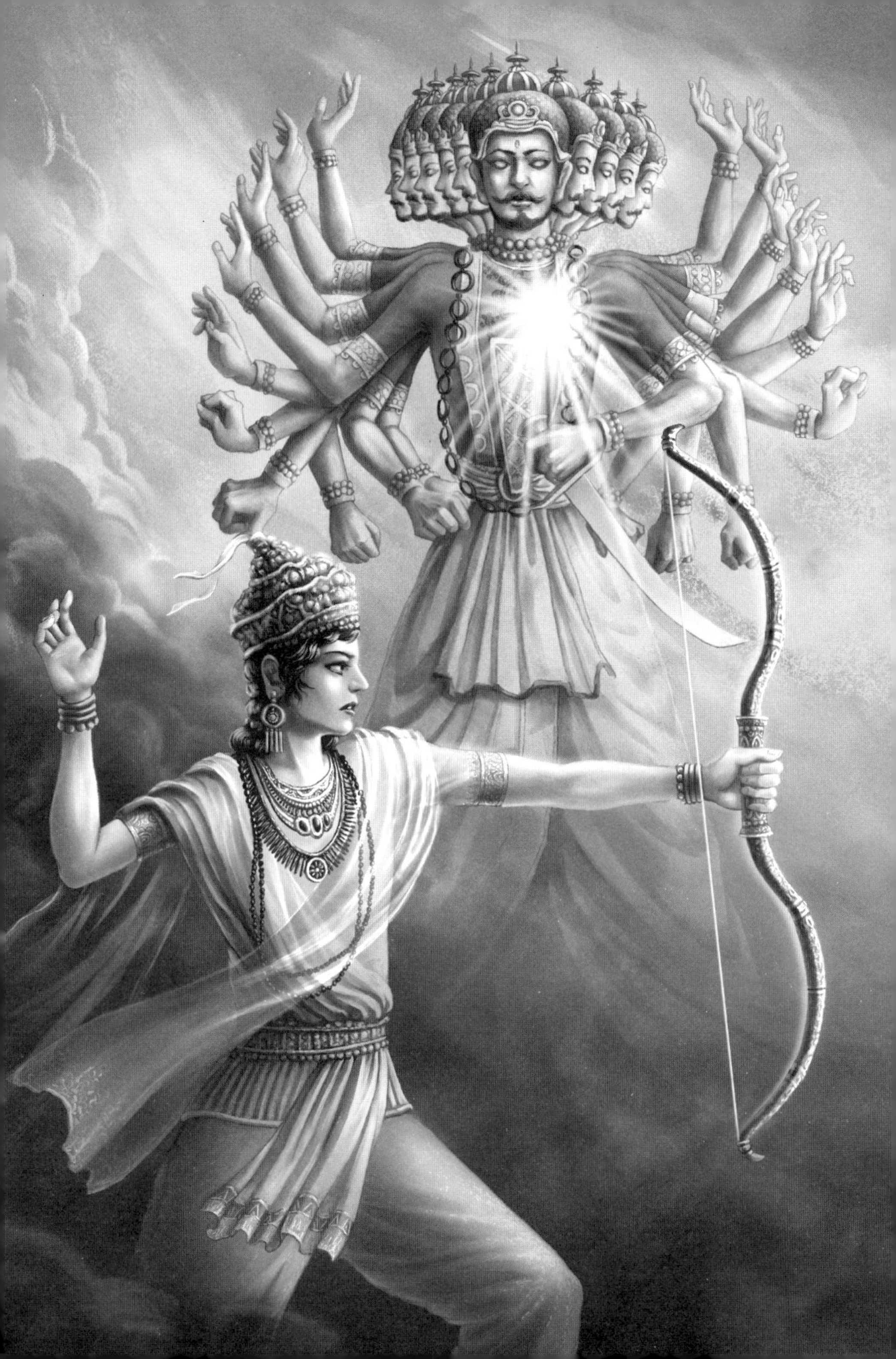

ラーヴァナの最後

　ラーヴァナが再び攻めてきた。ラーマが応戦していると、天上から戦車が舞い降りた。闘いの様子を見ていた天上の神々が、「ラーヴァナは空飛ぶ戦車に乗っているのに、ラーマが地上で応戦しているのは不公平」とし、ラーマに空飛ぶ戦車をあつらえたのである。双方同じ条件のもと、一騎打ちはさらに激しさを増した。ラーヴァナは傷ついたが、ラーマも満身創痍となった。

　ラーマは力を振り絞り、ラーヴァナをしのぐ連射で矢を射た。矢はラーヴァナの10の頭を次々と切り落とした。しかし、切るはじから頭が生えてきて埒があかない。するとラーマの戦車を操っている御者が、「今こそ神の矢をお使いになるべきときです」と告げた。ラーマの手元には神々から与えられた武器が数多くあったが、その中にブラフマー→インドラと経て、ラーマに与えられた矢があった。世界のあらゆる元素から作られており、矢の両翼には風が、刃には日輪と火が、柄には蒼天が宿っていた。金光燦然とし、どの金属よりも堅固で、脂と血に塗られ、轟々たる音を発していた。存在するすべてのものを打ち砕く威力を秘めた矢であった。

　ラーマは矢を弓に番えた。大地は恐怖のあまり激震した。矢が射られた。矢は力を込めて突進し、ラーヴァナの心臓を射貫くや、ブーメランのようにラーマのもとに戻った。ラーヴァナは死んだ。悪魔軍は恐慌を起こしてランカーの都城に逃亡した。猿軍団の大歓声が地上を覆い、天上世界でも神々の歓呼の声が響いた。

　長い闘いは終わった。ラーマはシーターと再会を果たしたが、ラーマは彼女を拒絶した。シーターの貞操を疑ったのである。シーターは薪を積ませて身を投じた。自身の身を焼いて潔白を証明しようとしたのである。このとき火神アグニが現れ、燃え盛る炎からシーターの身を守ると同時に、シーターが潔白であることをラーマに保証した。ラーマは「自分はシーターの潔白を信じていたが、周囲の者たちに納得させたかった」と答えた。こうしたラーマとシーターは、晴れて再び夫婦となることができた。

　ラーマはコーサラ国の都アヨーデイヤーに凱旋し、正式に王に即位。ラーマの治世は長く続き、国民は繁栄と平和を謳歌した——

　以上、『ラーマーナヤ』の大筋を紹介した。なお、現存の『ラーマーヤナ』には、このあとシーターの地中への埋没と、ラーマの引退・昇天が記されているが、後世の加筆と考えられており、射手としてのラーマとは直接関係がないので省略したい。

ヨウカハイネン *Joukahainen*

古代北欧神話が語る若きアーチャー

◆地域:フィンランド　　◆時代:古代北欧　　◆出典:『カレヴァラ』

🌹 魔の弓矢で英雄神を狙う

　『カレヴァラ』とは、フィンランド各地に伝わる古代の叙事詩を、エリアス・ロンルートという学者が19世紀後半から20世紀初頭にかけて採集・編纂し、集大成したものである。叙事詩の中心となるのは、英雄神のヴァイナモイネン。ヨウカハイネンは、ヴァイナモイネンに対抗心を抱いて勝負を挑んだ若者である。

　勝負は歌競べで行われたが、ヨウカハイネンは完敗。降参の証として妹のアイノをヴァイナモイネンに妻として差し出す。しかし、アイノは突然の話に驚愕し、ヴァイナモイネンと結婚する前に自殺してしまう。ヨウカハイネンは歌競べでの敗北と、最愛の妹を失った悲しみから、ヴァイナモイネン殺害を決意する。

　用意したのは魔力のこもった弓矢である。弓の本体は総鉄製。弓の背に銅をまぶし、全体を黄金で覆った。弦は森の悪霊ヒーシのヘラ鹿の腱で作り、鏃を蛇の毒液にたっぷりと浸して殺傷力を増した。準備万端整った。あとはヴァイナモイネンを見つけ次第、必殺の弓矢で射殺すだけである。

　ある日、ヨウカハイネンは、雄馬にまたがって移動しているヴァイナモイネンを見つけた。ヴァイナモイネンはヨウカハイネンの企みを露ほども知らない。実にのんびりとした風情を醸し出している。英雄神を前にして緊張があったのか、ヨウカハイネンは2本の矢を外し、3本目の矢でなんとかヴァイナモイネンの馬を射た。ヴァイナモイネンは馬から落ちて海に転落した。ヨウカハイネンは"仕留めた"と確信したが、ヴァイナモイネンは九死に一生を免れ、さらなる旅を続けた。

トコ

デンマークの伝説が語るアーチャー

◆地域:デンマーク　　◆時代:9世紀?　　◆出典:『デンマーク人の事績』

🌹 北欧のウィリアム・テル？

　12世紀から13世紀にかけて、デンマークにサクソ・グラマティクスという文法学者がいた（生年は不明。没年は1204年と1220年の2説がある）。グラマティクスが12世紀の末にまとめたのが『デンマーク人の事績』である。書名をみるといかにも歴史書だが、実際は民間に伝わる伝説の集大成である。この『デンマーク人の事績』のなかに、前出のウィリアム・テル（P44参照）のひな形と推定される弓の使い手、トコの話が記されている。以下、内容をザックリと紹介しよう。
　——トコはデンマークのハーラル王の家来。ある日、酔った勢いで「俺は弓の名人だから、リンゴなんか1矢で射貫ける」と豪語した。邪悪な心を持つ王はその話を耳にすると、「自分の息子の頭にリンゴを乗せて射よ。仕損じたら自惚れの罪で貴様を殺す」といった。トコは勇気を振り絞り、見事に息子の頭の上のリンゴを射貫いた。すると王はトコに尋ねた。「矢を筒から取り出す際、なぜ3本も取り出したのか？」と。トコは「失敗したら2の矢で王を射殺すつもりだった」と告げた。
　その場はそれで開放されたが、トコは以後、ハーラル王に無理難題を吹きかけられるようなった。「王のもとにいては命が危ない」と思ったトコは、王の息子のスヴェノに仕えることを決意する。トコばかりでなく、多く人々が傍若無人な王を嫌い、スヴェノに仕えたため、やがて両者の間で戦争がはじまった。
　戦争は容易に決着がつかず、講和が結ばれることとなった。しかし、王への怒りがやまないトコは、講和締結の前日、森の木陰で排便中のハーラル王を射殺した——

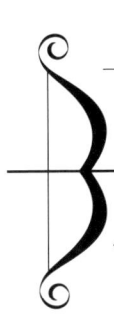

アルジュナ *arjuna*

『マハーバーラタ』に登場するアーチャー

◆地域:インド　　◆時代:古代インド　　◆出典:『マハーバーラタ』

❀ パーンダヴァ王家の名アーチャー

　『マハーバーラタ』は前出の『ラーマーヤナ』と並ぶインドの2大叙事詩であり、紀元4世紀頃の成立と推定されている。物語の舞台は紀元前10世紀頃に栄えていたバーラタ国。メインストーリーは、バーラタ国王ドリタラーシュトラの100人の王子と、国王の弟パーンドゥの5人の王子の確執と戦いである。本項でアーチャーとして取り上げているアルジュナは、パーンドゥの5人王子の三男になる。

　宮廷内の政争に身の危険を感じたパーンドゥ5王子は、苦行者に変装して宮廷から逃亡。各地を放浪した。パンチャーラ国に到ったとき、都では王女ドラウパディーの婿選びの競技が行われていた。聞けば、強弓を引き標的を射貫いた者が、王女と結婚する資格を与えられるという。並み居る挑戦者が失敗する中、アルジュナが見事に成功する。このあと、5人の王子たちは政敵の100王子のたび重なる迫害に激怒し、100王子との開戦に踏み切る。

　100王子側最強の勇者はビーシュマである。弓の腕前は飛鳥を射落とす程だ。アルジュナはビーシュマ打倒のため、参謀格のクリシュナの言を入れて一策を講じた。パンチャーラ国の王子シカンディンを先頭に立てて、突撃を敢行したのである。シカンディは前世ではアムバーという女性であり、ビーシュマと男女の契りを交わした仲であった。ビーシュマは、シカンディがアムバーの生まれ変わりであることを知っていた。

　シカンディを見て立ち尽くすビーシュマ。アルジュナはシカンディの肩越しに矢を放ち、ビーシュマを倒した。アルジュナはこのあと、敵の勇将のカルナも倒している。

カーマ *Kama*

インド神話に登場する愛のアーチャー

◆地域:インド　◆時代:古代インド　◆出典:『リグ・ヴェーダ』

🌹 インドのキューピッド

　ヒンドゥー教の神々のうち、最も美男子とされているのが愛の神カーマである。常にオウムに乗り、手には甘蔗(さとうきび)で作った弓と5本の花の矢を携えている。矢で射られた者は、激しい恋情に身を焦がすとされており、ギリシア神話に登場するエロス(P30参照)と同様の職能を持っている。マンマタ、マーラ、カンバルダとも呼ばれる。

　カーマはシヴァに焼き殺された神でもある。発端はターカラというアスラ(鬼)が難行苦行の末に絶大な神通力を獲得し、神々を苦しめたことにあった。神々は、「ターカラを倒せるのは、破壊の神シヴァと女神パールヴァティーの間に生まれた子どもだけ」と知るや、なんとかシヴァとパールヴァティーを結婚させようとした。しかし、シヴァは大の瞑想好きで色恋沙汰には関心を示さない。

　ここで派遣されたのが愛の神カーマである。カーマは妻のラティ(快楽の意)と、従者のヴァサンタ(春)を伴って、シヴァが瞑想にふけっているカイラーサ山に急行。パールヴァティーをシヴァに近づけさせたうえで、愛の矢を放った。矢は見事に命中した。シヴァは一瞬パールヴァティーに目を奪われたが、すぐにカーマの仕業と見破った。怒ったシヴァは額にある第三の目から光線を発射し、カーマを焼き殺してしまう。

　このあと、パールヴァティーの努力により、ふたりは結ばれ、ターカラを倒すことになるスカンダ(戦争の神)が生まれるが、カーマは肉体を失ったため、アナンガ(身体のない者)とも呼ばれるようになった。しかし、カーマはのちにクリシュナ(ヒンドゥーの神)の息子プラデュムナとして生まれ変わり、再び、ラティと一緒になっている。

アクハト　*Aqhat*

メソポタミアの悲劇のアーチャー

◆地域：北シリア　　◆時代：古代メソポタミア　　◆出典：ウガリット粘土版

「天の弓」の所有者

　ウガリットとは、北シリア方面にあった都市国家のことである。古代エジプトの象形文字の記録から存在は知られていたが、20世紀の考古学調査によって実在が確認された。本項で扱うアクハトは、出土した粘土版に刻まれていた神話文学に登場する弓の使い手である。以下、アクハトの「天の弓」について、物語の概要を紹介しよう。

　ハルナイムの王ダニルウは、跡継ぎが誕生しないことを悩み、男児誕生を神に祈る儀式をとり行った。その甲斐あってダニルウの妻は子を宿し、やがて男児が生まれた。王は大喜びし、アクハトと名づけた。すると喜びの女神コシャロットたちが現れた。ダニルウは7日間、女神たちを丁重にもてなした。

　アクハトは立派な若武者に成長した。ある日、アクハトは神の職人（コシャル・ハシス）から特別に作られた「天の弓」をもらった。弓を得たアクハトは狩人にして英雄となった。この様子を天上世界で見ていた戦の女神アナトは、猛烈に弓が欲しくなり、アクハトに金銀財宝での取引を持ちかけた。アクハトは首をタテに振らない。「不死をあげる」との提案も拒否された。

　アナトは激怒し、戦士ヤトパンにアクハト殺害を命令。ヤトパンは鳥に変身して任務を遂行した。ヤトパンは弓を奪ってアナトのもとに運ぼうとした。しかし、あろうことか途中で海に落としてしまう。事の子細を天上から見ていたアナトは自分の短慮を後悔したが、すべてはあとの祭であった。

　ヤトパンはのちに、アクハトの妹プガトに殺されている。以後は原文が欠損しているが、アクハトは蘇生したのではないか？　と研究者たちは推定している。

ケサル王

チベット高原の英雄神アーチャー

◆地域:チベット高原　　◆時代:不明　　◆出典:『ケサル王伝』

チベット族の英雄譚

　ケサル王は『ケサル王伝』という英雄神伝説の主人公である。伝承地域はチベット高原、青海・甘粛・四川・雲南省の各一部、パキスタン北部のバルティスタン地方、インド・ブータン北東部のラダック地方などであり、チベット族がチベット語で伝えてきた。また、チベット語以外でもレプチャ語(インド北東部のシッキム地方)、バルティ語(インド北東部ラダックとバルティスタンの一部地域)、ブルシャスキ語(インドのカシミール北西端のギルギット地方)の伝承がある。これらは、当該民族がチベット族と交流する過程で伝播し、以後、当該民族それぞれの言語で伝承されたものと推定されている。『ケサル王伝』伝説については現在も、中国を中心に研究が進められている最中であり、伝説の発生時期については一応、10世紀～13世紀頃とする説が有力視されている。伝説のルーツについては、

○吐蕃(とばん)(7世紀～9世紀にかけてチベットを支配した王朝。中国国内にもしばしば侵攻した)王の事績に擬したもの
○チベット内で伝承されてきたさまざまな英雄譚の集大成
○ローマのカエサルの事績がチベットに伝わった結果の発生

など諸説がある。
　さて、『ケサル王伝』についての説明はこのあたりまでとし、以下、射手としてのケサル王についてみていこう。なお、典拠は筑摩書房刊行の『ケサル大王物語―幻のチベット英雄伝』(君島久子)であることをあらかじめお断りしておく。

ケサル王の誕生

　大昔、人間世界には妖魔・悪党が跋扈(ばっこ)し、善良な人間たちは常に苦しめられていた。観音菩薩はこうした状態を愁い、天上世界に君臨する梵天王に相談を持ちかけた。話合いは、「天上世界の勇者を地上に降臨させ、妖魔・悪党を退治

させる」という方向で一致。梵天王（ぼんてん）の3人の息子のうち、最も優れた勇者を派遣することになった。選考は弓術・石投げ・サイコロで行われ、すべてに勝った三男のトンギュ・ガルポが行くことに決まった。

トンギュ・ガルポは、人間界に向かうに際し、妖魔・悪党と戦うために必要な道具を父親に所望。「赤い兎」という異名を持つ神馬、黄金の鞍、赤い毛織りの鞍当て、甲冑、剣、水晶製の刀、赤い神鳥の羽をつけた7本の矢、牛の角のように湾曲した強弓、金銀の弓袋と矢筒を与えられる。さらに馬の世話係、黄金と緑玉の蛙、おばのコンメンチェモも伴った。人間世界に降臨するには、人間の女性の胎内に宿り、赤ん坊として転生することになる。トンギュ・ガルポは、リン国のソンタンルチェ王の正妻カツァラモのもとに向かった。

ある日、カツァラモは天神の子が眼前に降り立つ光景を見て失神し、そのまま妊娠する。しかし、カツァラモの妊娠に嫉妬した第3夫人ナティメンが、チャオトンタ（ソンタンルチェ王の弟）と謀略をくわだて、王に「カツァラモの子は不義密通して宿した子」と嘘偽りを報告。ソンタンルチェ王は怒りと悲しみのあまり、カツァラモを人里離れた場所に軟禁した。

水蛇の年（1060年）4月15日。カツァラモはトンギュ・ガルポの転生である赤ん坊を生んだ。出産は実に異様だった。最初に生まれたのは真っ黒な毒蛇だ。毒蛇はカツァラモの体内から這い出るや、「梵天の友にして黒い毒蛇。お召しがあれば即参上」と口上を述べて消えた。続いて、黄金色の蛙、緑色の玉の蛙、7羽の鉄の鷹、人間の頭をした大鷲、赤銅色の犬が這い出た。いずれも生まれるや、毒蛇と同じ口上を述べて姿を消した。すべてトンギュ・ガルポの守護神である。最後に出てきたのは羊の胃袋の如き肉塊だ。妙なものが出てきたと思って切り開くと、赤ん坊がスクッと立ち上がり、弓を引くような格好をして「私はリン国の王になり、悪党たちをやっつける」と口上を述べた。

この様子を見たナティメンとチャオトンタは、「エライものが生まれた」とばかり、赤ん坊を土に埋めてしまう。しかし、赤ん坊は自力で土中から脱出し、母親のもとに駆けつけた。生後数時間なのに体格はすでに8歳ほど。赤ん坊は「私の名前はタイペタランです。あなたの子どもです」と自己紹介をした。

タイペタランはそれから懸命に働いた。軟禁状態の母親には財産はほとんどない。母子が食べるだけで精一杯だ。当然、身なりなど二の次、まるで乞食のようだった。それでも青年になると、リン国の山奥に住む部族長の長女チュモと結婚した。チュモの両親は「乞食のどこがいいの？」と絶句したが、チュモは女の勘でタイペタランがタダ者でないことを見抜き、両親の反対を押し切って結婚した。

チベット・中国大陸のアーチャー

新婚14日目の夜、タイペタランの前に不意に天界のおばコンメンチェモが現れ、「トンギュ・ガルポよ。時がきた」と告げた。覚醒したタイペンタランは、降臨する際に天上世界から持ってきた神器の封印を解くと、神馬「赤い兎」にまたがり、リン国の中央に向かった。中央にはすでに天上世界から降臨した軍団が終結し、「緑玉蛙大天幕」という名の本営が設営されていた。また、リン国の四方には、堅固で豪壮な砦も設けられていた。突如として出現した光景に度肝を抜かれたリン国の住人たちは、ひとり残らずタイペタランに臣従することを承諾。タイペタランは「ケサル王」を名乗ってリン国に君臨すること宣言し、さらにチュモを改めて王妃に迎えた。これよりリン国はケサル王が統治する国として繁栄することになる。

魔王ルツェン退治のために北へ

　リン国の北にヤルカンという悪魔の国があった。国を支配するのは悪魔界の雄ルツェン。山ほどの巨体に、2本ずつ角の生えた9つの頭を持ち、身体のあちこちに毒サソリ・毒蛇を飼っているという大魔王である。家来の妖魔どもも、人間の肉が大好物という凶暴な連中揃いである。ヤルカンにおいて、人間たちは妖魔の食料でしかなかった。
　このヤルカンに、ある日リン国からの密書が届いた。差出人はチャオトンタ。ケサルの叔父にあたる人物であり、ケサルが王となったあと、カツァモラを陥れた罪により王族から牛馬の放牧人に落とされていた。チャオトンタはそのことを逆恨みし、ルツェンにケサルを倒させるための奸計を吹き込んだのである。密書には、ケサルが悪魔退治の法を修めるため寺院にこもっている旨が記され、ケサルの第2夫人メイサを奪うようにそそのかしていた。ルツェンは直ちにリン国に飛び、メイサをさらった。ケサルが寺院に入って7日目のことである。
　ケサルは事態を知って仰天したが、コンメンチェモの「今は悪魔と戦うのに必要な法力を身につけよ」という助言に従い、修法に精進。修法完了後にメイサ救出へと向かった。留守を預かるのはギャツァシェーカル（ソンタンルチェ王の第2夫人カティメンの子。ケサルの腹違いの兄）を筆頭とする勇者たちだ。必死で随行を願い出る正妻チュモを納得させ、ケサルは北に向かった。愛馬はもちろん神馬の「赤い兎」。弓矢・剣などもすべて、降臨の際に父から与えられたものである。
　高い山、千仞の谷を越えてひたすら北に向かうと、やがて鉄製の四角な城が見えてきた。城主は天女かと見紛う美女だ。女は魔王ルツェンの妹アタラモと名乗り、「弓勝負をして私に勝ったら通してあげる」といった。生意気な言いぐさにケサ

ルは激怒し、アタラモを刺し殺そうとした。しかし、アタラモが懸命に命請いをするので許し、アタラモを妻としてしばらく城に滞在した。

　城を出てさらに北に行くと、やがて5本の指が並んでいるような山が見えてきた。麓の草原を抜けようとすると、5つの頭を持つ妖怪がケサルを呼び止めた。ヤルカン国の大臣チンエンである。チンエンは相手がケサルと知ると、石弓を取り出し、ケサルに向けて石を発射した。ケサルは石弾をかわすと、弓の腕比べでの勝負を提案した。チンエンは了承して的を立てた。的は羊・山羊・鎧・鍋・鞍の5種類。いずれも9つずつであり、計45の的である。ケサルは矢を弦に番えて目一杯引き絞ると、「矢よ。すべての的を射落としたあと、我が矢筒に戻りたまえ」と祈りの言葉を唱えてから矢を放った。矢はブーメランの如く、的を射落としたあと、ケサルの矢筒に戻った。

　チンエンはケサルの技量に度肝を抜かれ、さらに刺殺されそうになると、無条件降伏。ケサルの提案に従って友人となることを受け入れた。チンエンは友情の証としてケサルを歓待。さらに魔王の住む城に視察に出向き、ルツェンが領内視察に出て留守なこと、メイサが城にいることを告げ、出発を勧めた。ケサルは神馬「赤い兎」にまたがると、魔王の城へと急行。メイサと無事再会を果たした。

　メイサは大喜びし、ケサルに料理を作って御馳走したあと、「魔王は今夜戻り、明日の朝にはまた出かけると思います。私は今夜中に魔王の弱点を聞き出しておきます。大王様には一度、チンエンの城にお戻りになり、明日に再びお越しを……」と告げた。ケサルは了承し、一旦、チンエンの城へと引き上げた。

魔王の急所への一矢

　翌日、ケサルは再びルツェンの城に赴いた。メイサの首尾は上々だった。
「メイサよ。魔王の弱点はいかに？」
「命の源を破壊すること。急所を矢で射貫くことでございます」
「命の源とはなにか？」
「命の湖、命の樹、命の牛の3つです。これは魔王の生命力の源。この3つを破壊すれば、魔王の生命力は著しく低下します」
「命の源を破壊するにはどうすれば良い？」
「特別な方法でなければなりません。命の湖を破壊するには、蔵の奥に秘蔵している頭蓋骨の器に毒を入れ、湖に流し込みます。これで湖の水は涸れます。命の樹を破壊するには、蔵の奥に秘蔵してある金の斧で3度切りつける必要がありま

す。命の牛を殺すには、蔵の奥に秘蔵してある金の矢で射なければなりません。しかし、3つの命の源を破壊しても魔王は死ぬわけではありません」
「仕上げは……急所か」
「いかにも。ルツェンの額の真ん中についている水晶の魚。これを射貫かなければ止めとはなりません。ただし、普通に射ても射貫くことは適いません。ルツェンが最も深い眠りに入ったとき、額の水晶の魚が光を発します。射貫くタイミングはそのときでございます」

さすがに魔王の雄である。一朝一夕には倒せないようだ。ケサルはルツェンの城に隠れ住み、魔王退治に取り組むことにした。最初に取りかかったのは、命の湖の破壊だ。ケサルは蔵から頭蓋骨の器を探し出すと、神馬「赤い兎」に乗って湖に急行。毒液を流し込んで退散した。翌日は命の樹を切断した。

一方のルツェン。青息吐息になりながら、メイサに質した。「ケサルが侵入しているのではないか?」と。しかし、その度にメイサに言いくるめられていた。メイサのことを露ほども疑っていなかったのである。

命の牛を射殺した日の夜、メイサはケサルをルツェンの寝室に導いた。ルツェンは疲労困憊の態で横たわっている。間もなく深い眠りに入るに違いない。ケサルが矢筒から矢を取り出す。ルツェンはその微かな音に反応して身を起こした。
「メイサよ。今、矢を抜くような音がした」
「魔王様。私が糸巻をしている音ですよ。ご安心ください」
ルツェンが目を閉じると、ケサルは矢を弦に番えて弓を引き絞った。
「メイサ! 今、弓を引くような音がした」
「大魔王様。私が糸玉を落とした音ですのよ。どうぞご安心を」
ルツェンは再び目を閉じた。額に埋め込まれている水晶の魚が光を放ちはじめた。ケサルは白い麦粒を3粒空中に放り投げると、天神への祈りの言葉を唱えた。「天の神よ。守護神ケチョニンポよ。天のおばコンメンチェモよ。梵友の七兄弟たちよ。我が願いを聞き届けよ。我は今、3粒の麦を捧げん。麦の根が虫に巣食われることなからしめよ。麦の苗が霜に犯されることなからしめよ。我が神箭をして魔王の額に命中せしめよ」

祈り終わるや、ケサルは矢を射た。矢は寸分の狂いもなく、ルツェンの額に埋め込まれた水晶の魚を射貫いた。ルツェンが「メイサ! 騙したな」と悲痛な叫び声をあげた刹那、ケサルの剣がルツェンの首を切り落とした。

大魔王ルツェンは滅びた。ケサルはさらに凶悪な妖魔たちを倒して王に即位。

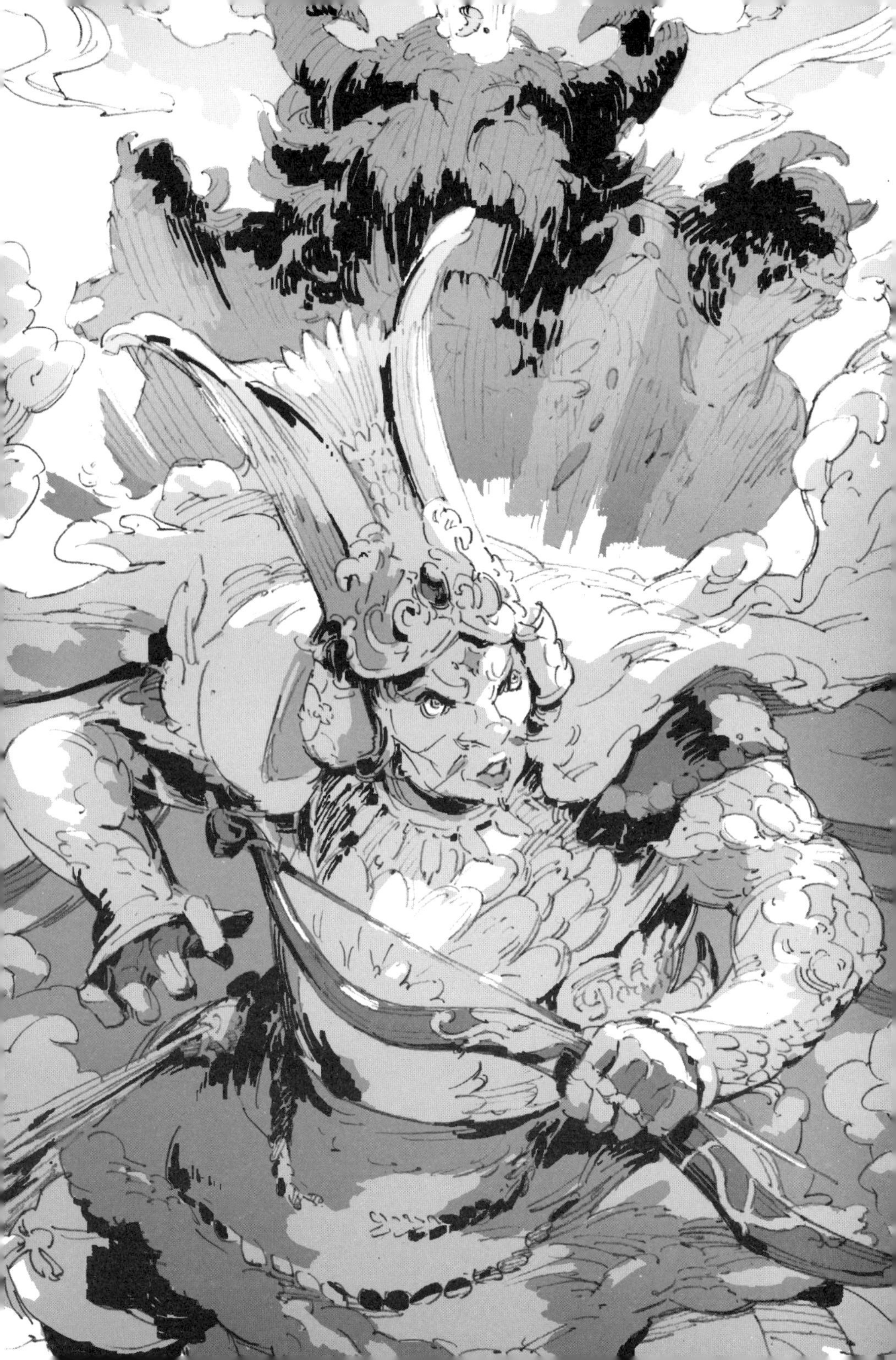

5つ頭の妖怪チンエンを摂政に任命して、ヤルカン国の再建を推し進めた。即位して3年目、ケサルはヤルカンが充分に立ち直ったと判断し、リン国に帰ろうとした。しかし、メイサは「帰国したら正妻のチュモもいる。私から愛は離れてしまう」と考え、一服盛った。すべてを忘れてしまう「忘れ薬」である。薬は見事に効いた。ケサルはリン国のことはきれいに忘れ、ヤルカンに腰を落ちつけた。

🌺 チュモを取り戻すためにホル族の国へ

　ところが、ケサルが留守の間、リン国では大変なことが起こっていた。パツァナンポ国との戦争が勃発していたのである。パツァナンポはホル族の国であり、リン国と隣接している。首都はアリチャツォン。黄色のテントの王、白いテントの王、黒いテントの王、と3人の王がいた。3人とも揃って強欲にして征服欲が強く、周辺地域に盛んに侵略戦争を仕掛けていた。なかでも黄色いテントの王の軍隊は最精鋭であった。

　パツァナンポがリン国に侵攻したのは、黄色いテントの王が、ケサルの正妻チュモに横恋慕したためである。戦いは当初、リン国側が有利に進めていた。しかし、例の邪なチャオトンタが敵側に寝返ったことで形勢が逆転した。捕虜となったチャオトンタは、命惜しさに「ケサルは留守です。首都のリンションへご案内いたします」とまくし立て、リンション総攻撃の道案内役となったのである。不意打ちにも等しい攻撃を受け、リン国軍では名だたる勇者が次々と戦死した。

　事を重くみたチュモは、劣勢挽回のために、仏法修行中のギャツァシェーカル（ケサルの腹違いの兄）に出陣を要請した。ケサルに勝るとも劣らない武勇の士であるギャツァシェーカルの活躍により、リン国軍は再び優位に立った。しかし、ギャツァシェーカルは敵将シェンパ・メルツの騙し討ちにより、額を射貫かれて絶命してしまう。これにより大勢は決し、チュモはパツァナンポ国に連行される。

　黄色いテントの王らは、万一、ケサルが戻ってきて追撃されることを警戒し、リン国からパツァナンポ国に到る道に9つの関門を築き、妖魔に守らせた。

　ケサルのリン国帰還は、戦争終結から3年後であった。ケサルは王に収まっているチャオトンタを半死半生の態にすると、タキャという辺地への追放刑に処し、直ちにパツァナンポ国に向かった。目的は正妻チュモの救出と、3人の王の討伐である。途中、黄色いテントの王らが築いた関門があり、妖魔たちが守っていたが、ケサルはこれを難なく突破した。

🌼 核兵器級の破壊力を示したケサル

　パツァナンポ国に入ったケサルは、乞食に変装して動静を探ったあと、鍛冶屋の住み込み弟子となった。常にケサルを導くおばのコンメンチェモが、「王城の城壁は極めて高い。よじ登るための長い鉄の縄が必要になる。王たちを倒すには、鍛冶屋の娘にして巫女のチェツォンイシが協力者になる」と告げていたからである。ケサルは昼間は鍛冶屋の弟子として働き、夜はひそかに鉄の縄作りに励んだ。また、チェツォンイシに正体を明かし、協力も取りつけた。

　ケサルはチェツォンイシの助言に従い、牛の群れから黄色い牛、黒い牛、白い牛を探し出して殺した。パツァナンポ国の3人の王たちもまた、魔王ルツェン同様の命の源を有していたのである。牛の死により、王たちは体調不良に落ち入った。牛の死など露ほども疑わない王たちは、チェツォンイシを呼んで卦を立てさせる。チェツォンイシは「城を守る神様のご機嫌を損ねただけ。お供物をたくさん捧げて、大声で神様を呼び戻してください。城門は開けておいてください。神様が宮殿に入ってこられるように」と嘘八百を並べた。ケサルが鉄の縄を使って城内に潜入したのは、その日の夜であった。

　ケサルは3人の王を次々と斬殺したあと、将来の禍根を断つためチュモが生んだ赤ん坊も殺した。そして、ケサルはシェンパ・メルツに、「貴様を殺す前に是非とも弓の腕競べをしたい」と申し込んだ。騙し討ちとはいえ、ギャツァシェーカルほどの武人を射殺した男である。腕前の程を見たかったのだ。まず、ケサルが腕前を披露。放った矢は岩を燃やし、天を焦がし、暴風を吹き起こし、土煙を天まで上げた。まさに核兵器級の破壊力であった。これを見たシェンパ・メルツはチュモにすがって、命請いをした。チュモは彼が有能であることを理由にケサルへ助命を請うた。パツァナンポ国の人民もいつしか集まり、シェンパ・メルツの助命を請うた。ケサルは人民の嘆願に心を動かされ、シェンパ・メルツを許すことにした。シェンパ・メルツは感謝し、パツァナンポの人民をまとめ、ケサルに無条件降伏を申し出た。

　ケサルはリン国に帰還すると、チェツォンイシを妻に迎え、シェンパ・メルツにはリン国の娘を妻として与えた。シェンパ・メルツはパツァナンポ帰国後、ケサルの偉大さを民衆に語り聞かせ、これよりのち、決してリン国との友好関係を破棄しないように言い聞かせた。以後、リン国とパツァナンポ国は末長く友好を深めあった─

　以上、ザックリと『ケサル王伝』の内容を紹介した。なお、モンゴル高原にも、この話とほぼ同様の英雄譚『ゲゼル・ハーン物語』がある。この物語のルーツは、チベットの『ケサル王伝』に求められるとの見方が、研究者の間で大勢を占める。

羿

中国神話に燦然と輝くNo.1アーチャー

◆地域:中国　　◆時代:堯帝の時代　　◆出典:『春秋』『楚辞』など

🌸 天空に輝く10個の太陽

　中国の神話時代に君臨した王を三皇五帝と呼ぶ。人選については諸説あるが、一般には燧人・伏羲・神農を三皇とし、黄帝・顓頊・帝嚳・堯・舜を五帝とする。本項で紹介する羿は、堯の御代の人である。以下、名射手である羿の活躍をみてみよう。

　太陽は、東方の天帝・帝俊と女神・羲和の子である。太陽の棲家は、東海の果ての海水中に生えている大木「扶桑」。母親の羲和の監督のもと、一日にひとりの割合で交互に天空にのぼっていた。

　ところが、ある日、すべての太陽が天空に上がり、地上は灼熱地獄に落ち入った。地上を治める堯帝は、天帝の帝俊に「太陽をどうにかしてほしい」旨の嘆願を奉上した。

　帝俊は嘆願を受けて地上世界を見下ろした。なるほど暑そうだ。それにしてもどうして一度に10人も……。考えた挙げ句、子どもの悪戯騒ぎと判断した。やんちゃで遊びたい盛りだから、母親の監督が煩わしくなったのだろう。帝俊は思わず、眼を細めた。子どもが元気なのはやはり嬉しい。

　しかし、喜んでばかりもいられない。現に地上世界では、人間の干物が量産されそうな勢いである。かといって厳しいお仕置も可哀想だ。なにしろ子どもの悪ふざけにしかすぎないのだから……。

〈軽くお灸を据える程度で良かろう〉

　帝俊は天界きっての弓の名人、羿を呼んだ。

「お召しにより参上いたしました」

「子どもたちが地上で悪ふざけをしている。朱塗りの弓と一束の矢を与えるから、少し脅かしてくれ。射る真似をする程度で良かろう。それでも聞き分けなければ軽くお灸を据えてやってくれんか。あくまで軽くだぞ」

「承知つかまつりました」

羿は地上へと向かった。妻の嫦娥が夫に随行した、天界きっての美女である。

太陽を射落とす

羿を迎えた堯帝は窮状を切々と訴えた。状況は帝俊の話よりはるかにひどかった。大地は焼け焦げ、作物は軒並み枯死し、生物の多くが干乾びて死んでいた。なんとか生きていても、皆、骨と皮ばかりだ。

ただ、溌溂としているものもいる。異常な暑さによって出現した怪物どもだ。猰貐、鑿歯、九嬰、大風、封豨、脩蛇……。暴れまくり、手あたり次第に人を食いまくり、元気満点である。

〈帝俊様はお灸を据える程度でよいとの仰せだが……〉

羿は断固たる態度で臨むことに決めた。子どもの悪ふざけの域を完全に越えていたからだ。羿は早速、帝俊から与えられた弓に矢を番え、天空に向かって引き絞った。人々はいつしか羿のもとに集まっている。皆、祈るような面持ちで羿を見守っている。射た。反応がない。堯帝や群衆が落胆しかけた刹那、太陽のひとつが音もなく破裂し、地上に真っ赤なものが落ちてきた。見ると黄金色で3本足の鳥が矢で射貫かれていた。天空を見上げた。10個の太陽が9つになっている。人々は一斉に歓声をあげた。

羿は矢を番えると次なる標的に狙いを定めた。太陽は意外な展開に仰天したのか、天空を右往左往している。しかし、相手は天界きっての弓の名手だ。逃れられるはずもない。羿が矢を射る度に太陽は破裂し、3本足の黄金の鳥が落ちてきた。堯帝は有頂天になって羿を見ていたが、不意に太陽の有益さにも思い当たった。

〈全部射落とされたら……大変なことになる。〉

堯は羿には気づかれないように、矢の入った袋から1本を抜いた。天空には太陽がひとつだけ残った。暑熱は急激に去り、水蒸気が厚い黒雲を作り、大粒の雨を降らせた。河川・湖沼に水が戻り、枯れていた木々は芽吹いた。

地上世界に生気が戻った。堯帝と民衆たちは歓喜に酔った。しかし、羿の表情には緩みはなかった。まだ、仕事があった。異変に応じて出現した怪物どもの掃討である。

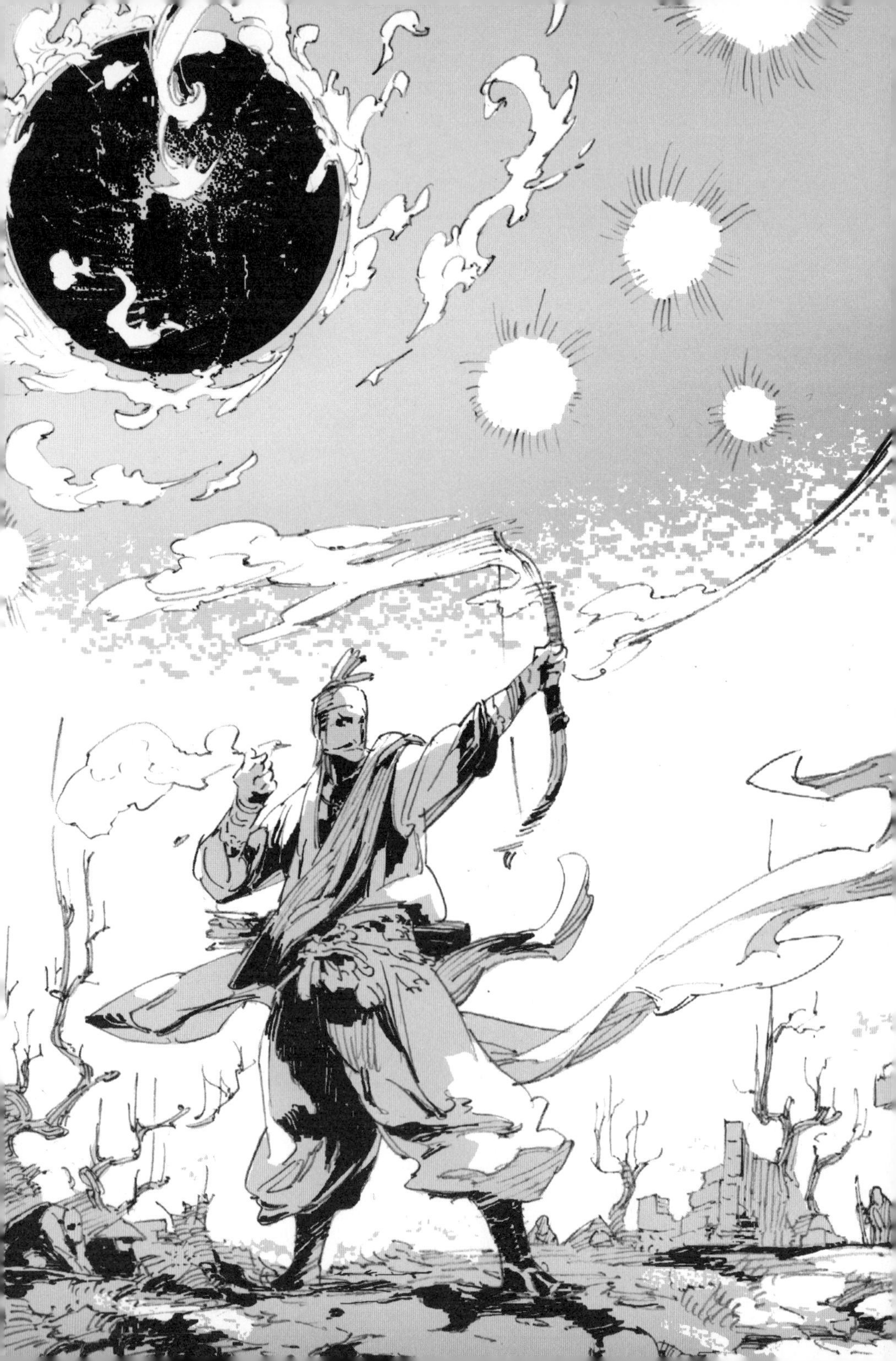

怪物掃討作戦を推し進める羿

　羿はまず、中原(中国の中央部)で猛威を振るう猰貐を標的とした。猰貐はもともと天界に住む人面蛇身の神であったが、危と弐負という2神に殺されてしまう。黄帝の治療によって蘇生するものの、その際に性質と容貌が一変した。心は邪になり、容貌は真っ赤で牛のよう。大好物は人間の肉になった。羿は猰貐をたちまち退治すると、直ちに南下した。

　次なる標的は、南方の沼沢地「寿華の野」にいる鑿歯である。鑿歯は獣頭人身の怪物であり、名前の通り、口に鑿のような鋭い牙があった。羿と対するや、鑿歯は戈で攻めたてた。羿は巧みに戈を避けて矢を射る。鑿歯は盾をかざしつつ羿を攻めたが、最後は射貫かれた。

　3番目の標的は北の凶水に住む九嬰である。9頭の怪物であり、水と火の両方を噴き出して暴れていた。九嬰は羿相手に猛烈な抵抗を試みたが、最後は射貫かれて凶水に沈んだ。

　羿が次の標的としたのは大風である。といっても台風のことではない。人や家畜をさらっては食いまくる獰猛な巨鳥で、羽ばたくときに暴風を巻き起こすので大風と呼ばれていた。巨大な相手に矢を当てるのは簡単だが、一矢で射落とすのは難しい。落とせないとなると厄介だ。矢を受けたまま飛び去り、二度と自分の前には現れないかもしれない。羿は思案の末、矢に工夫を凝らした。矢筈(矢を弦に番える部分)に頑丈な青い糸で編んだヒモを結びつけたのである。これで大風を足止めし、落下するまで矢を見舞い続ける作戦である。

　羿は準備を整えると、林のなかに身をひそめて大風が頭上を飛ぶのを待ち、飛来するや矢を放った。命中した。案の定、落下はしない。だが、飛び去ることもできない。羿は矢継ぎ早に矢を放ち、大風を仕留めた。

　猰貐、鑿歯、九嬰、大風と4つの怪物は倒した。残るは封豨と脩蛇である。

帝俊は羿の功績を認めず

　大風を仕留めた羿は、次に南方の洞庭湖へ向かった。湖では巨大な蟒(脩蛇)が暴れていた。身体は黒く、頭部は青く、大きな象もペロリと飲むほどの巨体である。湖内を行き交う漁船を転覆させては漁師の男女を飲み込んでいた。

　羿は小船で湖中に漕ぎ出した。自身を餌として蟒を誘い出す作戦である。果たして漕ぐこと半日、蟒が出現した。噂に違わずデカイ。水中から頭を持ち上げ、

チベット・中国大陸のアーチャー　　81

真っ赤な舌をチラチラと出し、山のような波を起こした。羿は矢を連射した。数本が急所に命中したものの、絶命しない。剣で切り刻んでなんとか倒した。

最後の怪物は猪の封豨（ほうき）である。猪といっても体躯は巨大であり、力は牛以上。農作物ばかりでなく、人間も大好物であった。羿が封豨の足を狙って速射した矢はすべて命中し、封豨は生け捕りにされた。怪物たちは羿によって残らず退治された。人間界に平穏な生活が戻った。堯帝も民衆も羿を英雄と讃えた。

羿は封豨を屠（ほふ）ってひき肉にすると、蒸し料理して帝俊に献上した。任務完了祝いをかねての手土産である。羿は労（ねぎら）いと称賛の言葉を待った。

ところが、羿にくだされたのは天界追放の裁定だった。帝俊は羿が太陽（つまりは天俊の子）にお灸を据えるどころか、9人も射殺したことに激怒していたのである。羿は帝俊の裁定を受け入れた。

西王母が持つ不死の薬を求めて

天界追放を知った妻の嫦娥は、夫のヘマを責めた。
「追放の意味がわかってる？　神じゃなくなったあたしたちはいつか死ぬのよ」
「そういうことになるな」
「平気な顔でいわないで！　死んだらどうなると思ってるの」
「死んだら……それは」

答えに詰まるのも無理はない。死せば幽魂となり、暗く淋しい地下の冥界での暮らしを余儀なくされるのである。羿は人間界での生活にはさして不満はない。しかし、死後の冥界行きが嫌という点では、妻と同じである。

そんなとき、羿のもとに崑崙山（こんろんさん）の女仙・西王母（せいおうぼ）が不死の秘薬を所有している、との情報がもたらされた。不死の秘薬があれば問題は解決だ。死なないなら冥界行きを免れる。

だが、事は容易ではない。第一、山があるのは西の果てだ。山が見えても簡単にはたどりつけない。山は、活火山と燃える樹木群に囲まれている。そこをクリアしても、今度は弱水（じゃくすい）（註1）の深淵が山を囲んでいる。弱水は髪の毛1本さえ浮かべられない。そんな水の上をどうやって渡れば良いのか、見当がつかない。

弱水をクリアしても、山は海抜1万1千余里（約6336km）と異様に高く、西王母の宮殿は山頂にある。加えて西王母は多忙だから、訪ねても不在の可能性がある。羿は思い悩むが、結局、崑崙山に行く決意を固めた。不死の肉体を手に入れるには、西王母から秘薬をもらうしかなかった。

羿は辛うじて残っていた神通力と不屈の勇気を駆使して、数々の難関をクリアし、なんとか崑崙山頂上の西王母の宮殿に到達した。運良く西王母は宮殿にいた。羿が用向きを伝えると、西王母は快く応じた。彼女は羿の功績と悲運に同情していたのだ。ただ、薬を与えるに際し、ひとつだけ注意を与えた。
　「この薬をひとりで全部飲めば天に昇ることができます。でも、望みは不死でしょう。ならふたりで薬を仲良く分けて飲みなさい。それから手持ちの薬はこれが最後なの。決してなくさないようにね。なくしたら手に入るのは1000年後ですよ」
　羿は秘薬を手に喜び勇んで帰宅し、西王母の言葉を嫦娥に告げると薬を保管させた。吉日を選んで一緒に飲もうと思ったのである。

❀ 薬をひとりで飲んだ嫦娥

　人間界での生活に不満のない羿とは異なり、嫦娥は天界に未練があった。だから、夫婦で仲良く云々よりも、「ひとりで全部飲めば天に」云々の言葉のほうが記憶に残った。嫦娥は決意した。全部いただいてしまおう。
　嫦娥は羿が狩りに出た隙に計画を実行した。果たして身体は軽くなり、自然と足が地面から離れ、上空に舞い上がりはじめた。さあ、懐かしい天界へと思ったが、月に向かった。このまま天界に帰還したら、夫を捨てた不義の妻云々の評判を立てられそうである。月でしばらくほとぼりをさまそうと思ったのだ。ところが、月にたどりつくや、嫦娥の身体に変化が起こった。変化は止まらず、あれよあれよという間に蝦蟇蛙(がまがえる)に変身した。もうどうにもならなかった。蝦蟇蛙となった嫦娥は、地球を淋しげに見つめ、悲しみの声をあげた。グエッグェッゲェーッという哀切かつ不気味な声が咽喉から漏れた。
　狩りから帰った羿は、空になった薬の容器を見て、すべてを悟った。失望、悲しみ、怒り、虚脱感……。容赦なく突き上げてくる感情に身を委ねるしかなかった。

❀ 羿は弟子の逢蒙に殺される

　嫦娥を失って以後、羿の性格は一変した。寛容さは消えうせて苛烈なだけの男になり、奉公人たちを容赦なく罵倒した。奉公人たちは事情をよく知っていた。しかし、事は夫婦間の問題であり、奉公人たちは無関係である。彼らの心は次第に主から離れていった。
　自暴自棄の生活を送ってはいたが、羿の弓の腕はいささかも鈍っていなかっ

た。それに羿には弓の弟子もいた。奉公人のひとりで名は逢蒙。頭の良さと度胸を気に入り、羿が特別に弓矢の技を仕込んだのである。素質があったのか、逢蒙はメキメキと腕をあげた。羿は優秀な弟子の誕生を素直に喜んだ。だが、羿は大事な点を見落としていた。逢蒙の了見の狭さである。

　狭量な者に限って、お山の大将になりたがるが、逢蒙もご他聞に漏れなかった。逢蒙は次第に師に対して対抗心を抱きはじめた。だが、資格を剥奪されたとはいえ、相手はもと神様である。人間風情、逆立ちしても敵うはずがない。羿の技の冴えを見てもそのことはよくわかる。だが、逢蒙はそれを屈辱的に考え、憎しみを募らせた。

　ある日、逢蒙は羿を待ち伏せして矢を射た。羿は素早く反応し、飛来する矢に向かって矢を射た。矢と矢は空中で衝突し、地面に落ちた。何度か射かけあいが続いたあと、羿の矢が尽きた。逢蒙はしてやったり！　とばかり姿を見せ、羿に矢を放った。矢は羿の唇に命中した。逢蒙がニヤリと笑みを浮かべながら近づくと、羿はサッと立ち上がった。

「馬鹿な！　当たったのに」

　青ざめる逢蒙の前で、羿は鏃を吐き出してみせた。秘技中の秘技、「嚙鏃法」を使ったのである。羿は許しを請う逢蒙を軽く叱り、家に戻った。元来、性格が鷹揚なのだ。また、武勇では遅れを取らない自信が、羿をして寛容な態度を取らせた。逢蒙は羿の後ろ姿を見ながら、正面きっての対決では勝てないことを悟った。ならば……。

　羿はそれからも逢蒙を伴って狩りに出た。逢蒙はいつしか桃の木製の太い棍棒を持ち歩くようになっていた。羿が問うと、「獲物を運ぶのに便利ですから」と答えた。だが、棍棒は紛れもなく凶器だった。ある日の狩りの際、逢蒙は羿の頭に棍棒を振りおろした。羿は頭を打ち砕かれ絶命した。

　以上が羿にまつわる伝説である。ところで、この伝説について中国の思想家・孟子（紀元前372年頃〜紀元前289年頃）は、次のような判定をくだしている。

「羿が逢蒙に殺されたのは、逢蒙がすべて悪いわけではない。逢蒙のような邪な人間を弟子とした羿にも責任はある」

『孟子』の「離婁章句下」で展開されている論である。

註1：弱水
　　西方海上のほうりん州という陸地をめぐる河。間隔は30万里。

Column

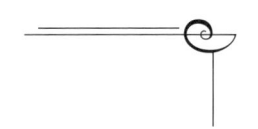

中国の少数民族に伝わるアーチャー伝説と弓矢崇拝

　中国の貴州省東部の施秉県(きしゅうしょう)から約50kmほど西南の黄平県に、少数民族グージャー族の居住地域がある。村は棚田の広がる山の斜面に位置する典型的な農村である。近年、観光事業の拡大に力を入れる中国政府の意向もあり、国内外に名を知られた観光スポットとなりつつある。

　グージャー族は弓矢崇拝でも有名である。民家の祭壇には「天地君親師」の位牌とともに、小さな弓矢が祭られている。弓の幹の材質は桃の木。弦は木綿糸。矢は竹の矢であり、位牌の右上にかけている。赤と緑の木綿糸でグルグル巻にした弓矢は実に鮮やかだ。グージャー族は弓矢＝祖先の魂であり、邪気を払い、祟りを鎮め、家族を守る霊的パワーを宿していると考えている。そのため祭壇で祀るのみでなく、服飾のうえにも弓矢を象った紋様を表現することが多い。

　このグージャー族の弓矢崇拝のルーツをたどると、部族に伝わるアーチャー伝説へとたどりつく。略述すると以下の通りである。

—大昔、大空に7つの太陽が現れた。地上は太陽の熱であぶられた。水は干上がり、人間・動物・植物のすべてが暑熱に苦しんだ。ときにグージャー族に弓の名人がいた。名人は巨大な矢を携えて山に登り、2本の樹木を藤ツルをつないで矢を番えて引き絞った。名人の力で樹木がたわむ。十二分に引き絞ったところで矢を放った。太陽は射落とされた。名人が6つ太陽を射落とすと、残った太陽は山の中に逃げ込んだ。太陽が消えたため、世界は暗黒に包まれた。人々は太陽の叔父にあたる雄鳥に頼み、1日に3回、高々と鳴いてもらった。鳴き声に応じて太陽が現れ、世界は昼と夜が交互に訪れるようになった—

　以上がグージャー族に伝わるアーチャー伝説である。羿の項を読んだ方ならば、羿伝説と酷似していることに気がつかれたかと思う。

　祭壇の弓矢は2～3年に一度は作りかえる。新しい弓矢を作る日は大安吉日が選ばれ、弓矢が出来上がると厳かな供養をしたうえで祭壇に祀られる。

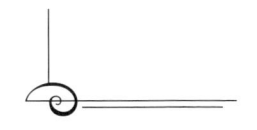

后羿

百発百中の技量を誇った有窮国の国王

◆地域:中国　◆時代:夏王朝中期　◆出典:『春秋左氏伝』など

🌸 山中で猟師に拾われ弓射を磨く

　トップの座の継承にはふたつの方法がある。ひとつは禅譲。ひとつは世襲。禅譲とは、人格・能力とも優れた人が、血縁の有無に関係なくトップの座を継承すること。世襲とは、人格・能力とは関係なく、血縁者がトップの座を継承することである。主に父から子という直系でなされることが多い。

　三皇五帝（前項参照）の時代、王位継承は禅譲でなされていた。しかし、舜のあとに王となった禹は、王位継承に際して子の啓を王に指名した。世襲による王位継承の開始であり、王朝（同じ王家の系統が国を統治する形式）の誕生である。禹を始祖とする王朝を歴史上「夏」と呼ぶ。夏王朝の存在を裏づける決定的物証はない。だが、河南省登封県の王城崗遺跡など、有力候補とされる遺跡は複数確認されており、存在はほぼ確実視されている。

　本項で紹介する后羿は、夏王朝の初期に存在したとされる弓の名手である。啓王（夏王朝の2代目君主）没後に政治混乱が高じた際、鉏（現在の河南省滑県）に割拠したあと、政権を奪取。有窮国を建てた。后は王の意。『春秋左氏伝』などに「有窮の后羿」とあるのは、有窮国の王の羿という意味である。以下、后羿の事跡を追ってみよう。

　后羿は農民の子である。幼少より弓矢に才能があり、羿（P78参照）に憧れ、ミニサイズの弓矢で蠅を射て遊んでいた。

　ある夏の年、幼い后羿は両親に連れられ、薬草採りのため山中に入った。最初はおとなしく歩いていたが、次第に歩くことに飽き、とある大木の下で寝入った。両親は「薬草採りが終わるまで寝かしておこう」と相談し、山中奥深くに分け入った。しばらくして后羿は目覚めた。周囲に両親はいないが、山中に響き渡るセミの鳴き声が恐怖心を消した。

　〈こんなにすごい鳴き声は……〉

聞いたことがない。后羿は眼をランランと輝かせ山中を走り回った。我に返ったのは夕暮れどきである。今いる場所がわからない。家の方向などもっとわからない。后羿は大声をあげて泣きはじめた。すると男が現れた。名は楚狐父。山中に独居する猟師であり、弓の名人である。
「どうしてこんなところに?」
后羿はただ泣く。
「家はどこだ? お父さん、お母さんは?」
后羿はさらに泣く。
楚狐父は思案の末、后羿を連れ帰って育てることにした。山中に放っておいたら、確実に虎の胃袋行きになってしまうのと、后羿の面構えに感ずるところがあったからだ。后羿は楚狐父と深山幽谷（しんざんゆうこく）のなかで暮らしはじめた。楚狐父が弓の技を教えると、后羿は砂が水を吸うように吸収。技量は瞬く間に楚狐父をしのいだ。

有窮国を建国する

后羿が20歳のとき楚狐父が病死した。いつしか天下への志を抱きはじめていた后羿は、深山幽谷を出ることを決意。まず、両親のもとに戻ることにした。しかし、家の場所はわからない。后羿はある山の高台に立った。矢を弦に番え、弓を目一杯引き絞り、祈願の言葉を唱えた。
「我が弓の腕前を駆使して天下に立てるなら、矢を我が家の門前に立てしめよ」
射た。矢は飛ばずに眼前に落ちた。途端、矢は蛇に変身。猛スピードで這い出した。后羿は不思議に思いながら。蛇の這い跡を追って山を下った。這い跡は麓のとある廃屋の前で消えていた。替わりに矢が門前に刺さっていた。
〈ここが懐かしき我が家か……〉
そういえば見覚えがある。しかし、なんという荒れ方だ。父は? 母は? 后羿は近くの家の人に尋ねた。
「ここに住んでいた人はどうなりました?」
「その家には老夫婦が住んでおったな。なんでも20年近く前、山中に薬草採りに行ったとき、子どもを見失ったとかで……毎日悲しみつつ暮らしていたがの。2、3年前に相次いで死んでしまったぞい」
后羿は大いに嘆き悲しみ、廃屋で両親を供養したあと、放浪の旅に出た。
旅の最中、后羿は呉賀という若き弓の名手と出会った。后羿は呉賀の腕前に惚れ込み、呉賀に私淑した。ある日、呉賀が飛び回る雀を指差し、「左目を射てみ

たまえ」と言った。后羿が射ると矢は右目に命中した。呉賀は「命中は命中」と称賛したが、后羿はこれを大いに恥じ、さらに精進。やがて狙った的は寸分の狂いもなく射貫くようになった。

ときに夏王朝内での政治混乱により、治安は大いに乱れていた。后羿は弓術を駆使して悪党退治を行った。人望を集めた后羿は鉏(しょ)(河南省滑県)に割拠するようになり、王室で仲康が没した際に軍勢を進め、政権を奪取して有窮国を建てた。

大方の諸侯が后羿と有窮国に帰順するなか、伯封(はくほう)という諸侯のみが反旗を翻し続けた。伯封は別名を大野猪(だいやちょ)。デップリと太り、醜く、性格も残忍だったことによる異名である。

后羿は伯封討伐の軍勢を出した。伯封はかなりの豪傑であったが、神技の域に達している后羿の弓の腕には適うはずもなく、たった一矢で射貫かれ絶命した。伯封の財産を没収するなか、后羿は周囲の制止を振り切って、伯封の母親・玄妻(げんさい)を愛妾とした。息子は醜男だったが、母親は絶世の美女だった。若い女性にはない熟した色香に、さすがの弓の名人も参ってしまったようだ。玄妻も「隙あらば息子の仇を」と思い、涙を飲んで后羿を受け入れた。

伯封討伐から帰還する途中、寒浞(かんさく)という若者が后羿のもとを訪れた。寒浞は希代の偽善者である。寒国の貴人だが、策を労し、人をペテンにかけ、バレると屁理屈を駆使して言い逃れをするのが日常なので、国内での信頼を完全に失っていた。これではいけないと思った寒浞は、偽善者特有の嗅覚を働かせ、后羿陣営に身を投じたのである。

得意の絶頂にある后羿は、「用心」という言葉を完全に忘れていた。寒浞の巧みだが、内容のない弁舌を信じ込み、「寒浞こそ無二の腹心」と考えるようになった。そして、こともあろうに伯困(はくこん)・武羅(ぶら)といった賢臣を退け、寒浞を宰相に任命してしまったのである。いつしか、后羿自身も慢心が高じ、狩猟に明け暮れ、政務などまったく顧みないようになってしまった。

🌸 后羿の死と有窮国の滅亡

事態が期待通りに動きはじめると、寒浞は玄妻と通じ、共に后羿打倒の策を練るようになった。玄妻は息子伯封の仇討ちをしたかったし、寒浞は王位が欲しかった。目的は違うが、后羿を倒すことによる利害は一致する。寒浞は「玄妻が二心を抱いている」と、盛んに后羿に吹聴した。后羿は玄妻に参っており、信頼もし

ている。二心云々といわれて愉快なはずがない。次第に感情は猛々しくなり、事あるごとに度をすぎた叱責をした。周囲の人々の心は后羿から離れた。

　寒浞はかような工作をするのと並行して、有窮国家臣団を味方に引き込む工作も進めた。皮相的な善人ぶりを発揮して歓心を買い、大量の金品をばらまいて、「宰相は道理のわかる人」との評判を得たのである。寒浞の評判が上がるにつれ、后羿は孤立の度合いを深めていった。機が熟したとみるや、寒浞は動いた。狩猟中の后羿を闇討ちにしたのである。后羿は全身に矢を受けて倒れた。

　寒浞は「暴君后羿をやむにやまれず討った」と発表し、王位に就いた。国名はやはり有窮国である。しかし、王となるや専横を募らせ民衆を苦しめた。ここに到って中小の諸侯や民衆は、寒浞こそ真の悪党と気づくに到った。彼らは国外に逃亡していた啓王の孫・少康(しょうこう)を王に戴き、寒浞と有窮国に対して戦いを挑んだ。当初は、勢力に勝る有窮国側が有利に戦いを進めた。だが、次第に少康側は勢いを増し、寒浞を倒して有窮国を滅ぼし、夏王朝を復興した。

　以上が、后羿と有窮国に関する物語である。后羿は羿に憧れて弓矢の腕を磨き、羿の再来かと思われるほどの技量を誇った。しかし、皮肉なことに、羿が信頼していた逢蒙に殺されたのと同じように、無二の腹心と信じていた寒浞によって殺された。羿同様、悲劇的なアーチャーといえよう。

李広

石に矢を突き刺した前漢時代の名アーチャー

◆地域:中国　　◆時代:前漢時代中期　　◆出典:『漢書』李広蘇建伝

弓術の名家に生まれた名将

　李広は前漢(紀元前202年～紀元後8年)の人である。生年は不明。北方の遊牧騎馬民族・匈奴との戦いで活躍し、「漢の飛将軍」として恐れられた。

　李広の出自について『漢書』李広蘇建伝は、「李広は、隴西成紀の人なり。……世々射を受く」と記している。隴西成紀とは、現在の甘粛省天水市のこと。代々、弓術を伝える家に生まれた。李広の初陣は文帝の14年(紀元前166年)。匈奴の大軍が蕭関(現在の寧夏回族自治区にあった関門)に侵入した際、良家の子弟として迎撃軍に参加した。この戦いで李広は得意の弓術の腕前を遺憾なく発揮し、匈奴の勇士の多くを射殺した。李広はこの武功により、皇帝の側用人ともいうべき騎常侍という役職についた。文帝の狩りに同行することもあり、猛獣を徒手格闘の末に生け捕る離れ業も演じている。景帝(在位:紀元前157年～紀元前141年)が即位すると、正式に軍勢の指揮官となり、呉楚七国の乱(註1)の際には、反乱軍の鎮圧に大きな働きをした。以後、李広は隴西・北地・雁門・雲中など辺境の地の太守を歴任。対匈奴戦に抜群の強みを発揮した。

匈奴に捕縛され、のちに釈放される

　紀元前141年に即位した武帝は、かねてから武名の高さが噂されていた李広を都に呼び、未央宮(皇帝の御座所)の守衛長官に任命した。このとき長楽宮(皇太后の御座所)の守衛長官に任命されたのが、同じく対匈奴戦で名を馳せた程不識である。同じ匈奴戦のスペシャリストでありながら、軍勢の運用に関しては正反対のふたりだった。

　李広は自由主義となろうか。隊列を組んで行軍することはなく、草地や湖水では自由行動を取らせた。軍中での記録・帳簿の類も簡略化していた。駐屯の際にも警戒網は敷かない。しかし、偵察部隊を遠方まで出していたので、不意打ちを

食らうことはなかった。一方、程不識は厳格主義である。行軍の際には隊列を組ませ、駐屯の際には陣形を組んで厳重な警戒網を敷いた。軍中の書類・記録の類も厳密に記させた。いずれ劣らぬ名将であったが、匈奴はどちらかといえば李広を恐れた。兵士もまた、李広のもとで戦うことを喜んだ。

虎と思って矢を射た先には……

　李広の体格について『漢書』は、「背が高くて、腕が長かった」と記す。腕が長ければ弓を大きく引くことができ、必然的に射程距離は長く、矢の威力も増す。李広の身体は射手向きだったようだ。加えて、同書は「友人との遊びでも、地面に陣形を描いて戦術を研究していたし、弓の腕を競いあって負けたほうが酒を飲むようなことをしていた。弓だけが唯一の娯楽であり友であった」と記している。李広を語る際、決まって引き合いに出されるのが次のエピソードである。
　——李広は虎狩りを好んだ。ある日、草むらに虎を見つけて矢を射た。矢は命中した。仕留めたと思い近寄ってみると、なんと岩である。李広は仰天し、後日に再度試みた。しかし、何度射ても矢は岩に刺さらなかった——
　虎と信じて射たからこそ矢は刺さったのだろう。信じることの怖さと強さを物語るエピソードと捉えることもできよう。
　ところで、李広の弓の射方にはひとつの特徴があった。相手をギリギリまで引きつけ、必中の距離まで間合いが煮詰まったとき、矢を射るのである。李広は戦争においてはもちろん、虎狩りの際にもこの射方を採った。だが、この戦術は両刃の剣だった。矢を放てば必ず相手を倒せる反面、相手の射程圏内に身をさらし続けることになるため、敵の攻撃力が強いと味方に甚大な被害が出た。戦果は華々しいが、犠牲者の数もおびただしかったため、論功行賞では恵まれず悲劇の将軍と評価されることもある。
　紀元前119年、李広は衛青・霍去病を大将とする匈奴征伐軍に参加する。李広は老齢であり、軍人としての全盛期をすぎていた。この戦役で李広は作戦行動中、本隊との合流遅参という大失態を演じてしまう。李広は、遅参の理由を質されることを潔しとせず、自害して果てた。

註1：呉楚七国の乱
　　景帝が推進した諸侯の領土削減政策に対する反乱。呉王を中心とする7人の王族が武装蜂起したが、約3ヶ月で鎮圧された。

紀昌

日本の小説の題材にもなったアーチャー

◆地域:中国　　◆時代:春秋戦国時代?　　◆出典:『列子』

弓の名人、飛衛の門に入る

　『列子』は列禦寇による著作と伝えられる。列禦寇の実在については疑う声もあるが、一応紀元前400年頃の人とされている。『列子』を彼の著作とするなら、紀昌は紀元前400年代以前の人となるだろう。紀昌についての記述は、746年（唐代の中期）に成立した『蒙求』にも、「列子に曰く……」という形で紹介されている。以下、『列子』と『蒙求』の記述によりながら紀昌についてみてみよう。

虱を射貫く

　──昔、甘蠅という弓の名人がいた。彼が弓の弦を張ると獣たちは伏し、鳥は地面に降りてしまった。逃げたところで逃れきれぬと悟るからである。飛衛は甘蠅から弓術を学び、師以上の腕前となった。

　紀昌なる男が飛衛の門を叩いた。飛衛は紀昌に「瞬きせぬことを学べ」と教えた。紀昌は訓練をはじめた。方法は一風変わっていた。妻が機織をしている最中、機の下に仰向けに伏すのである。眼は踏み棒を凝視した。妻が機を踏む度に棒が上下し、紀昌の眼前まで迫る。棒の先は当たらない距離にある。しかし、たいていの場合、反射的に眼を閉じてしまうものだ。だが、紀昌は眼をつぶらないようにジッと凝視した。かような訓練の甲斐もあり、2年も経つと、錐の切っ先が眼前に迫っても瞬きをしないようになった。

　紀昌は飛衛にそのことを告げた。しかし、飛衛は「視力を養え。微細なるものが大きく見えるようになったら報告せよ」と教えた。紀昌は思案の末、やはり変わった訓練をはじめた。牛の尻尾の毛で虱を縛って、南側にある明るい窓に吊るして凝視するのである。最初のうちはなんの変化もなかったが、10日もすると虱が大きく見えるような気がしてきた。虱はそれから次第に大きさを増し、3年も経つ頃には、車輪ほどの大きさに見えるようになった。他のものを見ても、皆、山か丘のようだっ

た。紀昌は燕の国で採れた獣の角で弓を作り、北方の地で採れる蓬で矢柄を作り、虱を射てみた。矢は虱の心臓を寸分の狂いもなく射貫いていた。

師の殺害という挙に出た紀昌

紀昌は飛衛の弟子となるや、瞬く間に師の技を習得した。すると紀昌の心中で「天下に弓術名人はひとりのみ」という思いが抑えきれなくなった。紀昌は飛衛殺害を実行。ふたりは野原で矢を射あった。矢と矢の切っ先が衝突して地面に落ちる。そんなことが何度か続くうちに、飛衛の矢が尽きた。紀昌は最後の1本を師に向けて放った。しかし、飛衛は荊のトゲ先で飛来する矢を防いだ。紀昌は愕然とした。師の技は極め尽くしたと思っていたが、未知の奥義があったのである。紀昌・飛衛とも泣きながら弓を投げ出し、路上で親子の縁を結んだ。その際、臂を傷つけて血を流し、「他人に弓術を教えない」という誓いを立てた—
『列子』の記述はここで終わっている。

『列子』に取材した中島敦の『名人伝』

ところで、多少なりとも文学に関心のある方なら、中島敦という名を聞いたことがあるだろう。彼が著わした『名人伝』は、それからの紀昌を描いた作品として有名である。『名人伝』で中島は、紀昌を趙の都・邯鄲の人とし、飛衛との腕比べ後、西のほうの霍山に隠棲している甘蠅のところに行かせている。飛衛は「甘蠅老師に比べたら、我らの技量は児戯に等しい」と言って霍山行きを勧めた。甘蠅は紀昌の技を「射之射」と断じ、「不射之射を知らぬ」と笑った。不射之射とは、弓も矢も手にせず、弓を射る格好だけで飛ぶ鳥を落とす凄絶なものであった。紀昌は、9年間甘蠅について学び、邯鄲に戻った。いかなる修業を積んだか定かではないが、かつての精悍さは影をひそめ、まるで木偶のような様相になっていた。紀昌は弓の射方について語らず、技も披露しなかった。それでも「盗人が紀昌の屋敷に忍び込もうとした途端、凄まじい気に撃たれて転倒した」などの噂が飛び交い、人々は紀昌を古今無双の名人と信じて疑わなかった。老境に到ると、紀昌から一切の表情が消えた。ばかりか、弓矢を見ても名前も用途も思い出せなくなっていた。中島は「その後、当分の間、邯鄲の都では、画家は絵筆を隠し、楽人は瑟の弦を断ち、工匠は規矩を手にするのを恥じたということである」と同作品を締めくくっている。

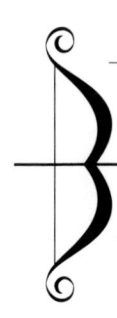

孔子

儒学の創始者は弓の達人であった

◆地域:中国　　◆時代:春秋戦国時代　　◆出典:『論語』『礼記』

御を執らんか？　射を執らんか？

　孔子(きがし)(紀元前551年頃～紀元前479年)は古代中国を代表する思想家であり、儒学の創始者である。この孔子が優れた弓の使い手だったといったら驚く方がいらっしゃるかもしれない。しかし、孔子は名アーチャーなのである。
　春秋戦国時代(しゅんじゅうせんごくじだい)(紀元前770年～紀元前221年)、士君子(立派な身分の男子)には修めるべき6つの教養があった。礼楽射御書数。礼とは礼儀、楽は音楽、射は弓射、御は馬術、書は書道、数は算術。孔子はこのいずれにも精通していた。
　『論語』「子罕第九」は孔子のこんな言葉を紹介している。
　――達巷という村の人が孔子を「孔子様はすごい。博学で万事に通じているので、一芸をもって名づけることができない」と称賛した。すると孔子は弟子たちに向かい、「それでは、自分もなにかひとつの道で名をなしてみるか。礼と楽は難しいから嫌だな。書と数は面倒臭そうだ。御をやろうかな？　それとも射をやろうかな？　御を専門にやってみることにするかな」と言った――
　「御」云々の個所を原文で紹介すると、「御を執(と)らんか、射を執らんか、吾は御を執(と)らん」となる。謙遜混じりながら、馬術と弓術に並々ならぬ自信を持っている様がうかがわれる。
　実際、『論語』の「述而第七」(じゅつじ)に「(孔子は)いぐるみの矢(矢筈に糸をつけた狩猟用の矢)で飛鳥を射た」旨の記述があり、腕前の程が察せられる。
　孔子はかなりの大男である。両手で城門を持ち上げる怪力の持ち主であり、片足で大虎を蹴り飛ばすことができた、と伝えられる。筋力はかなり強かったようだから、相当の強弓を引けたと推察される。

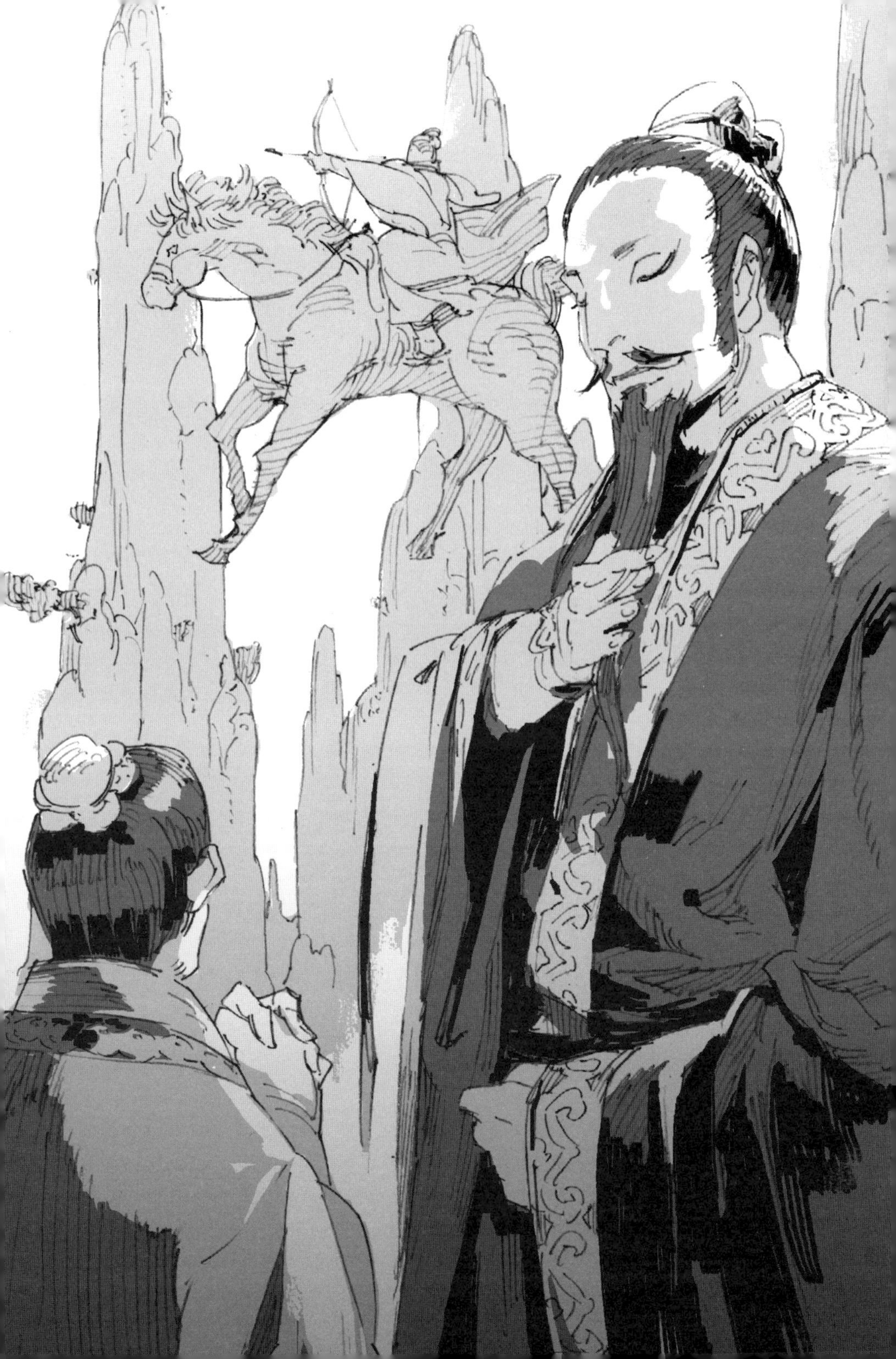

養由基

春秋戦国時代に楚が誇った不世出のアーチャー

◆地域:中国　◆時代:春秋戦国時代　◆出典:『春秋左氏伝』『淮南子』『蒙求』

楚の共王に仕えた弓の名手

　養由基（ようゆうき）は春秋戦国時代（しゅんじゅうせんごくじだい）（紀元前770年～紀元前221年）に、楚の荘王（そうおう）（第6代／在位:紀元前641年～紀元前591年）と共王（きょうおう）（第7代／在位:紀元前591年～紀元前560年）に仕えた武人である。生没年は不明。弓の名手として名高かった。

　『春秋左氏伝』（しゅんじゅうさしでん）の魯（ろ）の成公16年（紀元前575年）の項には、1本の矢で7重ねの鎧を射貫いたとあるから、かなりの強弓の使い手だったのだろう。

　魯の成公16年は、中国史上にいう鄢陵（えんりょう）の戦いが行われた年である。この戦いは、鄭国の帰属問題に絡んで発生した軍事衝突であり、楚と中原（ちゅうげん）（中国中央部）の強国・晋（しん）が戦った。

　戦いは激戦となり、楚の共王は晋の大夫・呂錡（りょき）に片目を射られてしまう。激怒した共王は養由基を呼び、2本の矢を与えて呂錡を射殺すように命じた。養由基の放った矢は、呂錡の首に命中。養由基は残った1本の矢を携えて首尾を共王に報告している。この戦いは楚軍の敗北に終わるが、養由基は殿軍に所属して弓の腕前を存分に発揮。晋軍の追撃を阻止することに成功している。

　以上は、『春秋左氏伝』に記された養由基の事績であるが、最も有名なのは、『淮南子』（えなんじ）『蒙求』（もうぎゅう）の記述であろう。

　「楚王は白い猿を飼っていた。王が射ようとしても矢を手にして戯れていたが、養由基が弓に弦を張り、矢を点検しはじめるや、猿は柱の陰に隠れて泣き叫んだ。必中の気配を察したのである」

　この他にも、カゲロウの羽根を射貫いた、100歩離れて柳の葉を射貫いたなどのエピソードが各書に散見される。

第1部　世界のアーチャー　―伝説と実在の名射手物語―

陳音

越王句践の弓弩専門部隊を創設した

◆地域:中国　　◆時代:春秋戦国時代　　◆出典:『呉越春秋』

宰相范蠡の招聘で句践陣営に参加

　春秋戦国時代（紀元前770年〜紀元前221年）を代表する抗争のひとつに呉と越の対立がある。両国は、中国大陸南方の国家である。呉の王は夫差。宰相は伍子胥。越の王は句践。宰相は范蠡。抗争は当初、呉が優勢であり、越は呉の軍門に降った。だが、句践を助命したことが呉の命取りになった。

　越は范蠡の為政のもと勢力を回復し、形成は逆転。呉王・夫差は自害し、越は呉の併呑に成功する。本項で取り上げる陳音は楚の人であり、越の宰相・范蠡が対呉戦の準備を進める際、句践に推挙した弩（第3部参照）のエキスパートであった。

　陳音は范蠡の招聘により越王句践に謁見。まず、弩の起源について、「弩は弓から発展し、弓は弾から発展いたしました。弾とは土を丸めた玉を発射する弓をいいます。なぜ、かようなものが作られたかと申しますと、親孝行な人が死した父母の死体に寄ってくる鳥や獣を追い払うためだったと聞き及んでおります」と説いたあと、操作方法について詳細な説明をした。

　句践は微に入り細に入る説明に感嘆し、「そなたの持つ技のすべてをわが国の国民に伝授してほしい」と要請した。

　陳音は「承知いたしました。弓弩の技が身につくか否かは錬磨次第。厳しい稽古にはなりますが、倦まず休まず励めば、必ずや一射必中の技を得られます」と応じた。訓練は厳格を極めた。その甲斐あって3ヶ月後、越軍の兵士全員が弓弩を自在に使えるようになっていた。しかし、陳音は間もなく病死してしまう。越王句踐は陳音の死をひどく悲しみ、丁重に埋葬したと伝えられる。

呂布

後漢時代末期を彷徨した孤高のアーチャー

◆地域:中国　　◆時代:後漢時代末期　　◆出典:『三国志』『三国志演義』

🏵 弓を駆使して劉備と袁術を仲裁

　呂布。字は奉先。北の辺境五原郡九原県(現在の内蒙古自治区)の人である。生年は不明。没年は198年。生来、武勇に優れ、ことに弓術・馬術の腕前は卓越していた。最初、并州(現在の山西省)の刺史(知事)丁原に仕えたが、丁原を殺害して涼州(現在の甘粛省から青海省の一部)の董卓に鞍替えした。しかし、のちに董卓も殺害する。以後、呂布は群雄として自立すべく、根拠地と同盟者を求めて彷徨。袁術、袁紹、張邈を経て、徐州(現在の山東省南東部と江蘇省の長江以北)を支配する劉備のもとに転がり込んだ。

　劉備は呂布を客分として遇したが、呂布は策謀をめぐらせ、劉備から徐州を乗っ取った。劉備は徐州内に留まってしばらく呂布と敵対していたが、やがて曹操のもとに逃亡した。のちに呂布は再び曹操と敵対するが、結局、敗北して処刑された。

　名射手としての呂布を語るとき、決まって引き合いに出されるのが、劉備と袁術の対立を仲裁したエピソードである。

　—呂布が徐州を劉備から乗っ取ってしばらくすると、袁術配下の紀霊が軍勢を進めてきた。呂布は袁術の勢力が強大化するのを警戒し、今回ばかりは劉備を救うことにした。

　和議斡旋の際、呂布は門に戟(先端が枝分かれした槍)を立て、「今からあの戟を矢で射てみせる。首尾よく命中したら戦闘は中止。外れたら続行だ」と言い放った。しかし、距離は遠い。戟など小枝に見える。誰もが当たるはずない、と考えた。だが、呂布の放った矢は見事に命中した。翌日、和議締結の酒宴が開かれ、双方とも武装を解除した。

夏侯淵

『三国志演義』では曹操軍のNo.1アーチャー

◆地域:中国　　◆時代:後漢時代末期　　◆出典:『三国志』『三国志演義』

曹操の信頼が厚かった猛将

　夏侯淵。字は妙才。生年不明。没年は219年。曹操とは縁者であり、旗上げ時から幕下として東奔西走し、曹操の覇業を助けた。片目の猛将・夏侯惇は従兄にあたる。前線での戦闘指揮はもちろん、後方での兵站維持にも卓越した手腕を発揮した。行動の迅速なことは曹操軍団中でも屈指であり、「三日で五百里。六日で千里」と称賛された。

　知略もかなりのものであり、214年の韓遂撃破は最も特筆される。韓遂は関中（函谷関以西を漠然と指す呼称）一帯を根拠地とする群雄である。韓遂を中心とする関中諸侯連合軍は211年、曹操軍と戦って敗北する。

　だが、韓遂は西に逃亡し、反曹操の旗印をあげ続けた。この韓遂の掃討にあたったのが、夏侯淵である。この戦いで夏侯淵は、韓遂の立てこもる略陽城（現在の陝西省略陽市）を放置し、韓遂に同盟している羌族（遊牧民族）の駐屯地を攻撃した。韓遂軍の主力が羌族の部隊だったからである。

　果たして、韓遂は慌てて救援に向かった。しかし、これは夏侯淵の作戦だった。夏侯淵は待ってました！　とばかり韓遂軍を迎撃。散々に打ち破っている。

　215年、夏侯淵は征西将軍として漢中郡（現在の陝西省）の守将となる。219年、劉備軍が漢中に侵攻すると迎撃にあたるが、劉備配下の黄忠によって斬殺された。

　夏侯淵は『三国志演義』では、屈指の弓の使い手として登場。210年に銅雀台（曹操の新宮殿）が完成した際には、完成を祝う余興の席上、的に当たった4本の矢の真ん中を射るという離れ業を披露している。

黄忠

『三国志演義』には老アーチャーとして登場

◆地域:中国　　◆時代:後漢時代末期　　◆出典:『三国志』『三国志演義』

🌸 関羽との一騎打ちが最大の名場面

　黄忠。字は漢升。生年不明。没年は220年。荊州の南陽郡(現在の河南省南陽市)の人。最初、荊州牧(総督)の劉表に仕え、長沙(現在の湖南省長沙市)の守備にあたった。208年に荊州を支配下に置いた曹操は、黄忠を従来の任務に据えたまま、長沙太守(知事)の韓玄の管轄下に置いた。

　210年、劉備が荊州の数郡を勢力下に組み入れた際に臣従。劉備の蜀平定戦にも従軍し、数々の武勲をあげて、討虜将軍に任命されている。

　黄忠の最大の戦功は、219年の定軍山攻略である。定軍山は漢中郡(現在の陝西省)の要衝であり、劉備軍の漢中進出を阻むため、曹操幕下でも名将の誉れ高い夏侯淵が守っていた。劉備軍は奇襲に近い形で定軍山を急襲。黄忠の部隊が見事に夏侯淵を打ち破った。

　これにより黄忠は征西将軍に昇進。同年、劉備が漢中王を称すると後将軍となった。黄忠はこの翌年に病没。剛侯と諡されている。

　以上は、『三国志』による記述だが、後世に著わされた『三国志演義』では、黄忠は60歳の高齢にしてかくしゃくたる名将であり、無類の弓の使い手として登場。劉備配下の猛将・関羽との壮絶な一騎打ちを行っている。

　一騎打ちは、劉備が荊州数郡の平定を進めている最中に行われた設定になっている。関羽と黄忠は一歩も譲らず打ち合うが、黄忠の馬がつまずいて倒れてしまった。しかし、関羽はこのチャンスを敢えて見逃し、「馬を替えてこい」と言うのみであった。恩義に感じた黄忠は、翌日の一騎打ちの際、百発百中の矢をわざと外し、前日の返礼としている。

冒頓単于

匈奴の強大化を促した冷徹非情のアーチャー

◆地域：モンゴル高原　　◆時代：紀元前2世紀　　◆出典：『史記』

父王の頭曼単于を射殺して頂点に

　紀元前期にモンゴル高原に蟠踞（ばんきょ）していた遊牧民族を匈奴（きょうど）と呼ぶ。匈奴は当初、弱小集団であった。しかし、紀元前4世紀頃から、急速に遊牧騎馬軍団化した。要因は騎馬・騎射技術と遊牧社会システムの発達である。

　匈奴は冒頓（ぼくとつ）（？〜紀元前174年）が単于（君主の意）となったとき、最も強大化した。冒頓は頭曼（とうまん）の先妻の子。頭曼は後妻が子を生むと、後妻の子を次期単于にしたいと思い、冒頓を月氏（げっし）（西方の遊牧民族）に人質に出し、そのうえで月氏を襲った。月氏を怒らせ、月氏に冒頓を殺させるためだ。

　しかし、冒頓は機敏に脱出。さらに月氏の善馬を奪う功績まで立てた。頭曼は仕方なく、冒頓を1万騎のリーダーに取り立てた。

　冒頓は鏑矢（かぶらや）（大きな音を発しながら飛ぶ矢）を作り、麾下の部下たちを動員して騎射の訓練をした。タダの訓練でない。

　「我が矢を射たところに射ないものは、たちどころに斬る」との厳命つきである。

　最初は鳥・獣相手に騎射を行い、少しでも行動が遅れたものは斬刑とした。しばらくすると愛馬を射、また、しばらくすると愛妻を射た。射ないものはすべて斬殺した。ややあって、父の頭曼の馬を射た。全員が冒頓に倣った。冒頓は確信した。部下たちは必ず命令を実行する、と。

　父親と狩猟に出た際、冒頓は頭曼を射た。部下たちはすべて同じ行動をとり、頭曼は全身に矢を浴びて倒れた。

　以上は司馬遷（しばせん）の『史記（しき）』が語る冒頓即位のてん末である。ときに209年。秦の始皇帝（しこうてい）が没し、腑抜けの二世皇帝が即位した翌年のことであった。

朱蒙

弓矢の名手だった高句麗建国の英雄

◆地域:朝鮮半島　　◆時代:紀元前後　　◆出典:朝鮮半島の神話

🌸 卵から生まれた神の子

　紀元前37年、中国東北地方の南部に住む扶余系民族により高句麗が建国される。同国は3世紀半ば頃から朝鮮半島北部に勢力を伸ばし、668年に中国の唐と朝鮮半島の新興国家・新羅の連合軍に滅ぼされるまで、朝鮮半島北部から中国東北地方南部を支配した。

　高句麗建国神話は建国者の「朱蒙」を天帝の子・解慕漱と河伯（河川の神）の神の娘・柳花との間の子であり、母親が産み落とした大きな卵から誕生した、と記す。生まれながらにして容貌魁偉であり、7歳のときには自身で弓矢を作り、百発百中の腕前を示した。当時、弓矢の技に優れた人を朱蒙と呼んだため、朱蒙と名づけられた。

　朱蒙は母親とともに東扶余の金蛙王のもとに身を寄せて世話になっていた。母親の柳花は「我が子は余りに超人的である。金蛙王はいずれ殺意を抱くに違いない」と考え、朱蒙に東扶余の脱出を促した。

　朱蒙は陝父・烏伊・摩離の3人の友を連れて故郷脱出を試みたが、南の淹水という河で立ち往生してしまった。朱蒙は「我は神の子である。今、国を逃れて他国に行くところだが、水が深すぎる。天よ。地よ。船を与えるか。さもなくば橋をかけたまえ」と言って、弓で水面を打った。

　すると大量の魚と亀が浮上。連なって橋を作った。橋を渡りはじめたとき、金蛙王の放った追跡部隊が追いすがってきた。追跡部隊が橋を渡ろうとすると、魚と亀は一斉に水中に退散。追跡部隊は全員溺死した。朱蒙と3人の盟友は卒本州の沸流水（現在の遼寧省本渓市桓仁満族自治県）の地に王都を開くことを決定。国名を高句麗とした。

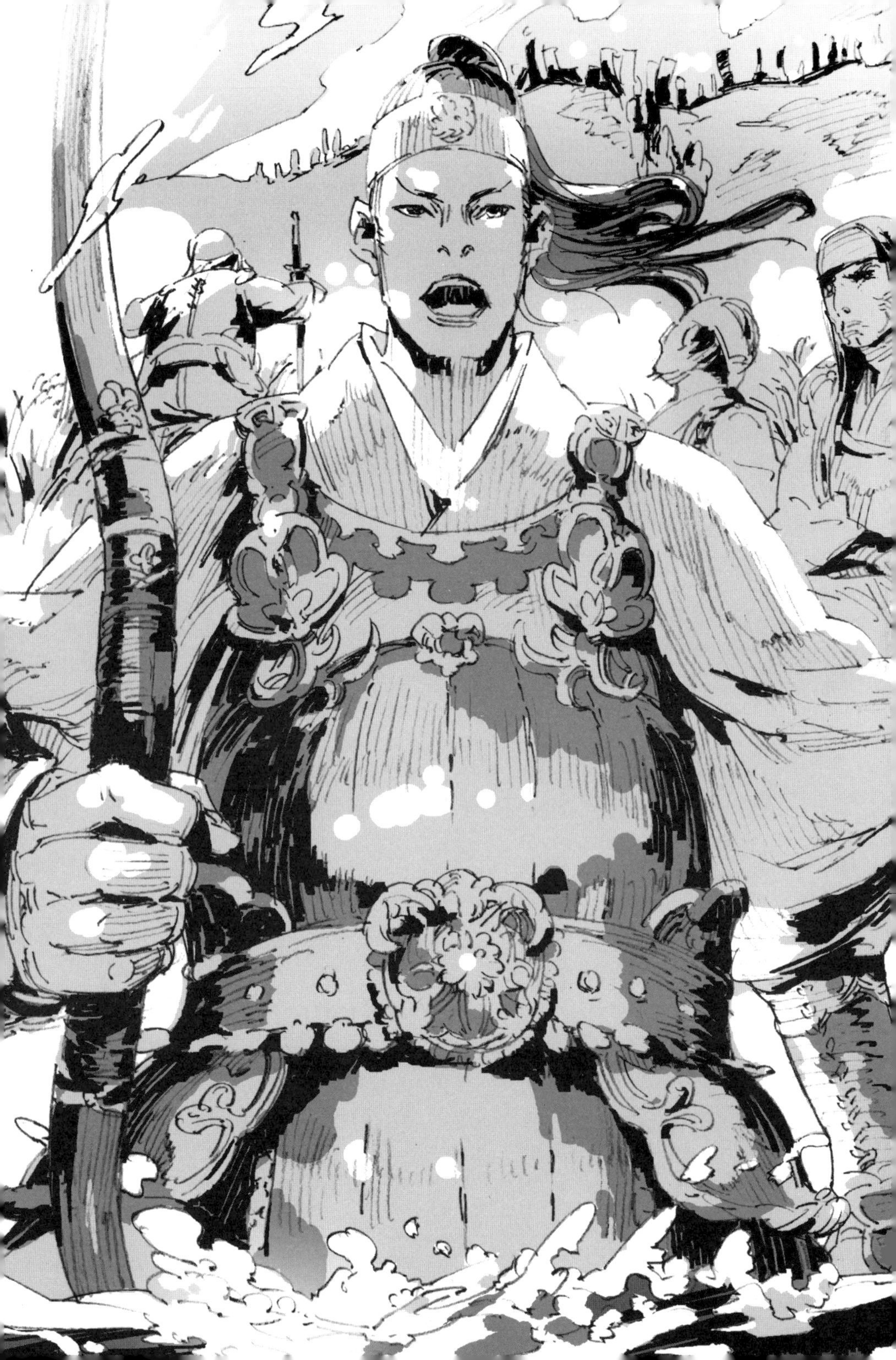

薛仁貴

「三箭を以て天山を定む」と称賛された

◆地域:中国　　◆時代:7世紀(唐の時代初期)　　◆出典:『旧唐書』『新唐書』

🌸 唐代初期に活躍した武将

　薛仁貴って誰? という読者の方が大方かもしれないが、中国では『三国志』や『水滸伝』の英雄・豪傑と並んで、人気のある人物である。生年は614年。没年は683年。その生涯は、唐王朝の建国から唐王朝が中央集権体制を確立するまでという時期にあたっている。

　薛仁貴は絳州竜門(現在の山西省稷山県西)の農家に生まれた。武人として身を立てんと志し、太宗(2代目皇帝／在位:626年～649年)の軍事遠征に従軍して武功を立て、右領軍中郎将に任命されている。高宗(3代目皇帝／在位:649年～683年)の時代にも活躍した。トレードマークは白い戦闘着。戟を手に、弓を腰に携え、大音声をあげつつ戦場を駆けめぐると敵はことごとく逃げ散った。「向かう所に前む無く」と『旧唐書』薛仁貴伝は記している。

　薛仁貴の射手としての武勲を語るとき、決まって引き合いに出されるのが、突厥(テュルク)の9部族との戦いである。662年、モンゴル高原の鉄勒族と突厥の9つの部族が武装蜂起をした。兵力はおよそ10万。唐はこれに対して薛仁貴と鄭仁泰の2将を派遣した。薛仁貴は天山(西域のある山脈)において、突厥軍と対した。戦闘がはじまるや突厥軍側は、とくに武勇に優れた数10人を先頭に押し立てて突撃してきた。薛仁貴は3本の矢を連射した。一矢一殺。勇者3人は射貫かれた。

　これを見た突厥側では投降者が相次いだが、薛仁貴は後難を恐れて、投降者を生き埋めにして殺した。唐軍兵士たちは薛仁貴の武勇を賛え、「三箭を以て天山を定む」と歌いつつ、帰国の途についた。以上は『旧唐書』の「薛仁貴伝」にみられるエピソードである。

高仙芝

騎射に秀でた高句麗出身の武将

◆地域:中国　　◆時代:8世紀(唐の時代中期)　　◆出典:『旧唐書』『新唐書』

軍勢を率いての高地越え世界記録保持者

　高仙芝(こうせんし)は唐(とう)の将軍である。といっても、中国人ではない。668年に唐によって滅ぼされた高句麗(こうくり)(朝鮮半島にあった国家)の人だ。高句麗滅亡の際、多くの高句麗人が唐に連行された。高仙芝の父親もそのひとりであり、唐王朝に軍人として仕えた。高仙芝も父親と一緒に戦陣にあった。『旧唐書』の「高仙芝伝」には、「容姿が美しかった。また、騎射に巧みであった。決断力に富み勇敢だった(くとうじょ)」と記されている。元来、軍事的才能に恵まれていたのだろう。20歳あまりで将軍に抜擢された。

　高仙芝の武名を高めたのは、747年のギルギット遠征である。ギルギットとは、ヒンドゥー・クシ山脈とカラコルム山脈に挟まれた位置にある小都市である。当時、ギルギットは小勃律(しょうぼつりつ)と呼ばれ、一応、唐に帰属していた。しかし、勢力を強大化させていた吐蕃(とばん)(チベット)の画策により、小勃律は帰属先を唐から吐蕃に変更してしまう。結果、小勃律から西北の小国家も軒並み吐蕃に帰順した。

　時の唐皇帝・玄宗(げんそう)(在位712年～756年)は事態を重く見、小勃律遠征を決定。高仙芝を遠征群の総司令官とした。747年、高仙芝は1万の軍勢を率いてカシュガルからパミール高原を越え、ヒンドゥー・クシ山脈に入り、標高4575mのダルコット峠を越えて小勃律に侵攻。同国を再び、唐に帰属させた。

　なお、ヨーロッパアルプスのマッターホルンが標高4478m。高仙芝はそれより97mも高いところを通過したことになる。軍隊を率いての高所越えは、ハンニバルやナポレオンのアルプス越えが有名だが、歴代No.1の栄冠は文句なく、高仙芝の頭上に輝く。

チベット・中国大陸のアーチャー

燕青

川弩を操らせたら抜群の腕前

◆地域:中国　　◆時代:12世紀(北宋時代)　　◆出典:『水滸伝』

🌸 盧俊義の忠実な腹心で弩の使い手

　『水滸伝』は中国の明代(1368年〜1644年)に著わされた長編小説である。民間で人気の高かった、北宋時代の末期に起こった民衆反乱と北方の異民族侵攻にまつわる講談を施耐庵(羅貫中とも)が集大成して創作した。ストーリーを簡潔に記せば、「政治腐敗著しい北宋時代末期、世の中から弾き出された豪傑や好漢108人が梁山泊に集い、侵略者から国を守り、政治腐敗を正す」とでもなろうか。本項で取り上げている燕青は、川弩(四川地方のクロスボウ)の使い手として描かれる。

　燕青は北京の大名府の生まれ。幼い頃に両親と死に分かれ、北京一の豪商・盧俊義によって養育された。ときに梁山泊では、財力・人望とも兼ね備えた盧俊義を一党に加えたいと思い、策をめぐらして盧俊義を泰山参拝に誘い出すことに成功する。燕青は「梁山泊の連中の陰謀の匂いがする」と止めたが、盧俊義はこれを無視して出発。果たして、途中で梁山泊に軟禁されてしまう。

　この事件がきっかけとなって、盧俊義は豪商としての地位を失い、梁山泊に入ることを余儀なくされる。盧俊義が梁山泊で得た地位は副首領。燕青は盧俊義の腹心となり、戦闘ともなると得意の弓術を駆使して大活躍する。彼の技の冴えが最も発揮されたのは、盧俊義が指揮した東昌府攻めにおいてである。敵将の張清の馬を射たり、丁得孫の乗った馬の蹄をピンポイントで射貫き、丁得孫を落馬させている。また、十数羽の雁を瞬く間に射落としたエピソードも記されている。梁山泊の男たちの多くが戦死するなか、燕青は生き残り、最後は金銀財宝を奪って行方をくらました。

花栄

『水滸伝』の英雄豪傑中のNo.1アーチャー

◆地域:中国　◆時代:12世紀(北宋時代)　◆出典:『水滸伝』

小李広とあだ名される弓の名手

　花栄は小李広(李広は前漢時代の弓の名手。P90参照)とあだ名される弓の名手である。歴とした役人であったが、殺人罪で追われている宋江を匿ったことがきっかけとなり、梁山泊に身を投じた。

　仲間入りの酒宴の際、花栄は早速、神技的腕前を披露している。花栄の弓の名手ぶりが話題に上がった際、首領の晁蓋らがまったく信じなかったからだ。花栄は弓と矢をとり、大空を飛ぶ雁の隊列を指して「先頭から三番目を射落とす」と宣言して矢を放った。矢は三番目の雁に見事に命中。晁蓋をはじめとする梁山泊の面々は仰天し、神箭将軍と称賛した。

　梁山泊加入以降も、花栄の弓の腕前は随所で発揮された。たとえば、梁山泊討伐をくわだてていた祝家荘一党を攻めた際のこと。梁山泊の先制攻撃部隊は第一次攻撃に失敗し、一旦後退した。しかし、夜間にもかかわらず、敵は梁山泊軍の逃げる方向に誤りなく集まる。包囲殲滅の危機に落ち入ったとき、花栄は敵が提灯の合図で部隊の操作をしていることを看破。矢で提灯を射落とし、味方を安全に退却させている。

　また、北京の豪商・盧俊義を軟禁する際には、盧俊義のかぶった笠の赤い房に矢を命中させて、盧俊義を観念させている。さらに、梁山泊最後の戦いとなった方臘の乱平定戦では、王勣・晁中などの将を射殺した。

　方臘の乱平定後、武節将軍の称号を授かり、応天府兵馬都統制の役職に任じられるが、盟友の宋江が毒殺されたことを知ると、妻と幼子を残して自殺した。なお、陳忱の『水滸後伝』では、花栄の子・花逢春が、父親譲りの弓の腕前で大活躍している。

チベット・中国大陸のアーチャー

ジョチ＝カサル

チンギス＝ハーンの弟にして最強のアーチャー

◆地域：モンゴル　◆時代：13世紀　◆出典：『元朝秘史』

強弓を引く勇猛なる弟

　ジョチ＝カサルは、チンギス＝ハーンのすぐ下の弟である。ジョチは名前だが、カサルは「勇猛な」という意味である。体形は胸部の筋肉が異様に発達し、腹部は異様なほど引き締まっていたという。恐らく、今日のボディビルダーのような体形だったかと思われる。体形が体形だから、パワーもすごい。人を両手で捕まえると、矢をへし折るが如く、相手の背骨を折ってしまったという。

　ジョチ＝カサルはまた、弓の名手として名高かった。ジョチの活躍を『元朝秘史』からみてみよう。場面はチンギス＝ハーンとタヤン＝ハーン（ナイマン族の族長）が、モンゴル高原の覇権を賭けて戦うに先立ち、チンギスのかつての盟友で、今は敵対しているジャムカが、タヤンの質問に答える形でチンギス軍団の戦力を紹介するくだりである。タヤンは「厚き身作り（筋骨隆々の様の形容と推定される）」の男を見、あいつは誰だ？　と尋ねた。するとジャカムは応じている。

　「（あいつは）怒って矢を放てば、山の向こうにいる10人や20人は串刺しで射殺す男ぞ。敵が荒野の向こうにいるならば、数珠つなぎのように射殺すぞ。大きく射れば900尋の地まで射通すし、小さく射ても500尋の地は射通すぞ。並み男など足元にも及ばぬ、クレグル山の怪物と人は呼ぶ。ジョチ＝カサルとはあいつのことなのだ」

　当時の尺貫法は残念ながら不明だが、現在の尺貫法でも1尋は約1.8mである。誇張はあるにしても、ジョチが並み外れた強弓を引くことのできる、超規格外の射手であったことの証左にはなろう。

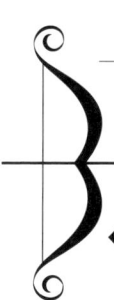

ジェベ

チンギス=ハーンを死の淵に追い込んだ

◆地域:モンゴル　　◆時代:13世紀　　◆出典:『元朝秘史』

名アーチャーはタイチゥト族の下人

　1201年、モンゴル高原でコテインの戦いと呼ばれる大会戦が行われる。一方はテムジン(1206年からチンギス=ハーン)率いるモンゴル族の軍団。もう一方は、ナイマン・メルキド・タタールなどの諸部族連合軍。

　戦いはモンゴル族軍団の勝利に終わった。テムジンは追撃をかけタイチュート族と激突する。戦いは一進一退の攻防となったが、テムジンは戦闘中、頸動脈を射られてしまう。出血が止まらず生命の危機に落ち入ったが、夜半になってなんとか蘇生した。合戦が終わって数日後、モンゴル族軍団の陣営にふたりの男が投降してきた。両方ともタイチュート族の隷民である。

　テムジンは自身が首を射られたのを隠し、「コテインの地で戦ったとき、何者かが山上より我が馬の上顎をクザリと射た」と言った。するとひとりが「射たのは私です」と応じた。チンギスは大いに感じ入り、「通常は、自身が敵対したことを隠したがるものであるが、この男は敵対したことばかりか、自身が矢を射た張本人であることを包み隠さず申しよった。正直にしておのれが任務に忠実な者は、我が友たるべき人である。我が馬の頸骨を射たゆえ『矢尖(ジェベ)』と名づけて先鋒としよう」と言った。

　こうしてモンゴル軍団の斬り込み隊長ともいうべきジェベが誕生した。ジェベは以後、モンゴル軍団の「四狗」のひとりとして征服活動に東奔西走することになる。四狗とは、他部族からモンゴル軍団に身を投じた4人の精強な将のこと。ジェベ、クビライ、ジェルメ、スブタイの4名である。

坂上田村麻呂

史実上の将軍から伝説のアーチャーへ

◆地域:日本　　◆時代:平安時代（9世紀）　　◆出典:『信府統記』『田村三代記』など

🌸 実在の武将から伝説上の武将へ

　坂上田村麻呂は平安時代初期に活躍した武将である。死後、存在は脚色され、伝説世界の住人となった。日本人に古くから親しまれているという点では、史実上の田村麻呂よりも、伝説上の田村麻呂のほうに軍配が上がろう。史実上の田村麻呂が優れた弓の使い手だったかどうかは残念ながらよくわからない。しかし、伝説上の田村麻呂は弓術の腕を駆使して難敵と対決している。本項では伝説上の田村麻呂に焦点を絞り紹介してみたい。とはいっても、坂上田村麻呂ってどんな人？　という方もいるかと思うので、まずは、歴史人物としての坂上田村麻呂についてザックリと紹介しよう。

　坂上田村麻呂は百済（朝鮮半島にあった国家。346年～660年）系渡来人の子孫である。父親は坂上苅田麻呂。田村麻呂は758年（天平宝字2）に生まれ、811年（弘仁2）没している。身の丈6尺（約180cm）もあり、胸板は分厚く、赤ら顔で、ヒゲは金色に光っていた。眼光は極めて鋭く、キッと睨むと猛獣でも平伏した。しかし、ニコッと微笑むと赤ん坊でもなついたと伝えられる。

　797年（延暦16）田村麻呂は桓武天皇（在位780年～806年）の命により征夷大将軍に就任した。朝廷政府が以前から推進している東北平定事業の総責任者である。4年後、田村麻呂は4万の大軍勢を率いて東北に向かった。

　田村麻呂以前にも東北平定の軍勢は何度か派遣されている。しかし、完全なる武力制圧というやり方が、東北に居住する「蝦夷」と呼ばれる人々の反感を買い、レジスタンスを誘発、平定事業は思うように進んでいなかった。田村麻呂はこれまでの反省に立ち、武力と懐柔を併用する作戦を進めた。抵抗勢力は討つが、降伏者に対しては財産・地位・生命の保証をしたのである。この作戦は成功した。蝦夷の実力者たちは、次々と田村麻呂に投降。徹底抗戦派であった阿弖流為と母礼なども、最終的には田村麻呂の軍門に下った。これにより京都の朝廷政府による東北平定事業は、一応の完結をみる。

810年（弘仁元）には、藤原薬子（平城天皇の義母）と藤原仲成（薬子の兄）が仕組んだクーデターを察知。未発のうちに鎮圧した。日本史上「薬子の変」と呼ばれる事件である。この翌年に田村麻呂は病没。遺骸は山城国（京都府）来栖野に葬られた。甲冑を帯び、剣を身につけ、弓矢などの武器を副葬品とし、京の都のほうを向いて葬られたという。
　以上が歴史上の人物としての坂上田村麻呂の人物像である。この田村麻呂が、時代を経るごとに超人的武人へと変貌していき、単に東北を平定したばかりでなく、悪鬼・妖魔退治にも貢献した人物となっていく。世阿弥（室町時代の能楽大成者）の謡曲「田村」に「坂の上の田村丸（麻呂）、東夷を平らげ悪魔を鎮め、天下泰平の忠勤たり」とあるのはその典型といえよう。以下、それらの悪鬼・妖魔退治譚から、坂上田村麻呂が弓矢を駆使した話をみていきたいと思う。

信州の伝説が語る名射手田村麻呂

　まず、信州の中央部、安曇野に古くから伝わる八面大王退治譚を紹介する。伝承の発生時期は明らかではないが、松本藩が享保年間（1716年～1735年）に編纂した『信府統記』には、「(田村)将軍(安曇)逗留ノ間ニ当郡三年ノ貢(年貢)ヲ赦サル。是人民彼ノ賊(八面大王)ノ為ニ悩マサレ困窮セシガ故ナリ」とある。少なくとも江戸時代中期以前には、伝承が定着していたことがうかがえる。以下、同伝承の梗概を述べていこう。
――桓武天皇の御代、魏石鬼という悪鬼がいた。空を飛び、雲・霧を起こし、澄んだ水をたちまち濁らせ、加えて、出没自在の魔力を持つ鬼である。魏石鬼は多数の鬼を引き連れて永住すべき場所を探した結果、有明山（安曇野にある山）に到った。山腹に湧く中房温泉に魅了されたのである。魏石鬼は、ここで「八面大王」を称した。八面大王は多くの手下の鬼とともに、平地に出没。人々の蓄えを奪い、婦女子をさらうなどの悪逆非道を繰り返した。人々は鬼たちの所業を激しく憎んだ。しかし、抗すべき術はなかった。
　延暦10年、八面大王の暴れぶりを耳にした坂上田村麻呂は、大王退治を決意。東北平定へと向かう途中、信州へと向かった。八面大王は田村麻呂の動静を知ると直ちに迎撃態勢を敷き、田村麻呂の軍勢と対した。両軍の間では激しい戦闘が交わされた。田村麻呂率いる朝廷軍は盛んに大王と鬼たちを攻めたてるが、鬼どもも強い。ことに八面大王は矢を浴びても平気であり、魔力を駆使して、田村麻呂軍の兵士を多数討ち殺した。

このままでは埒があかないとみた田村麻呂は、信濃国中の主だった神々に鬼賊退散を念じ、さらに諏訪郡の諏訪大社、筑摩郡束間の里の八幡社（現在の松本市の筑摩神社）に詣でて、鬼退治の祈願を込めた。するとある夜、田村麻呂の夢枕に束間の八幡神が立ち、「八面大王の魔力を打ち破るには、山雉の尾の羽根を矢羽とした矢を使うべし」と告げた。

　田村麻呂は早速、山中で大々的な狩りを行い山雉の尾を得、尾の羽を矢羽とした矢を大量に作り、将兵に分け与えた。本陣を満願寺（安曇野に古くからある寺）に移した田村麻呂軍は、鬼軍団に決戦を挑んだ。田村麻呂と将兵は、山雉の矢羽の矢を八面大王に射た。矢は次々と突き刺さり、さしもの八面大王も絶命した。田村麻呂は大王の配下の鬼たちを捕縛し、主だった鬼30ばかりを斬首。束間の里の八幡社の前にさらしたあと、同社境内に埋めた。また、小者の鬼どもは耳削ぎの刑とし、耳は有明山の麓に埋めた——

　以上、坂上田村麻呂による八面大王退治伝説譚である。遠征の年代など史実と比較できない部分もあるが、『信府統記』には「光仁天皇ノ御宇、中房山（有明山のこと）ノ悪賊、此辺ヲ暴乱、神社仏閣ヲ破却ス」とあるのは注目される。光仁天皇は桓武天皇の前代の天皇である。同記の記述を全面的に信ずるなら、奈良時代の末期から平安時代の初期にかけて、信州の中部で反朝廷勢力が割拠した可能性がある。伝説発生の背景には、反朝廷勢力と鎮圧軍の武力衝突があるのではなかろうか。もちろん推論に過ぎないから確証はない。ただ、鬼たちの首を埋めたとされる筑摩神社の境内には、「首塚」と呼ばれる塚があるし、有明山の麓には「耳塚」という地名が残っていることだけは明記しておく。

『田村三代記』にみる名射手田村麻呂

　続いて『田村三代記』から、田村麻呂の活躍をみてみたい。『田村三代記』とは、奥浄瑠璃（東北地方で伝承された浄瑠璃）のなかの一作品であり、田村丸利仁を主人公としている。田村丸利仁は、坂上田村麻呂と藤原利仁（奥州鎮守府将軍。生没年は不明）を合体させた人物である。厳密にいえば坂上田村麻呂とは別人なのであるが、田村麻呂の東北における伝承が作品の下敷きになっているのを考慮し、坂上田村麻呂の妖魔退治譚の一環として扱いたいと思う。以下、『田村三代記』を要約する形でみていこう。

　——仁明天皇の御代、京の都で光輝く物体が昼夜を問わずに飛び交い、米俵・金銀・天皇への貢物まで奪い取られる事件が起こる。朝廷が陰陽師の博士に占わ

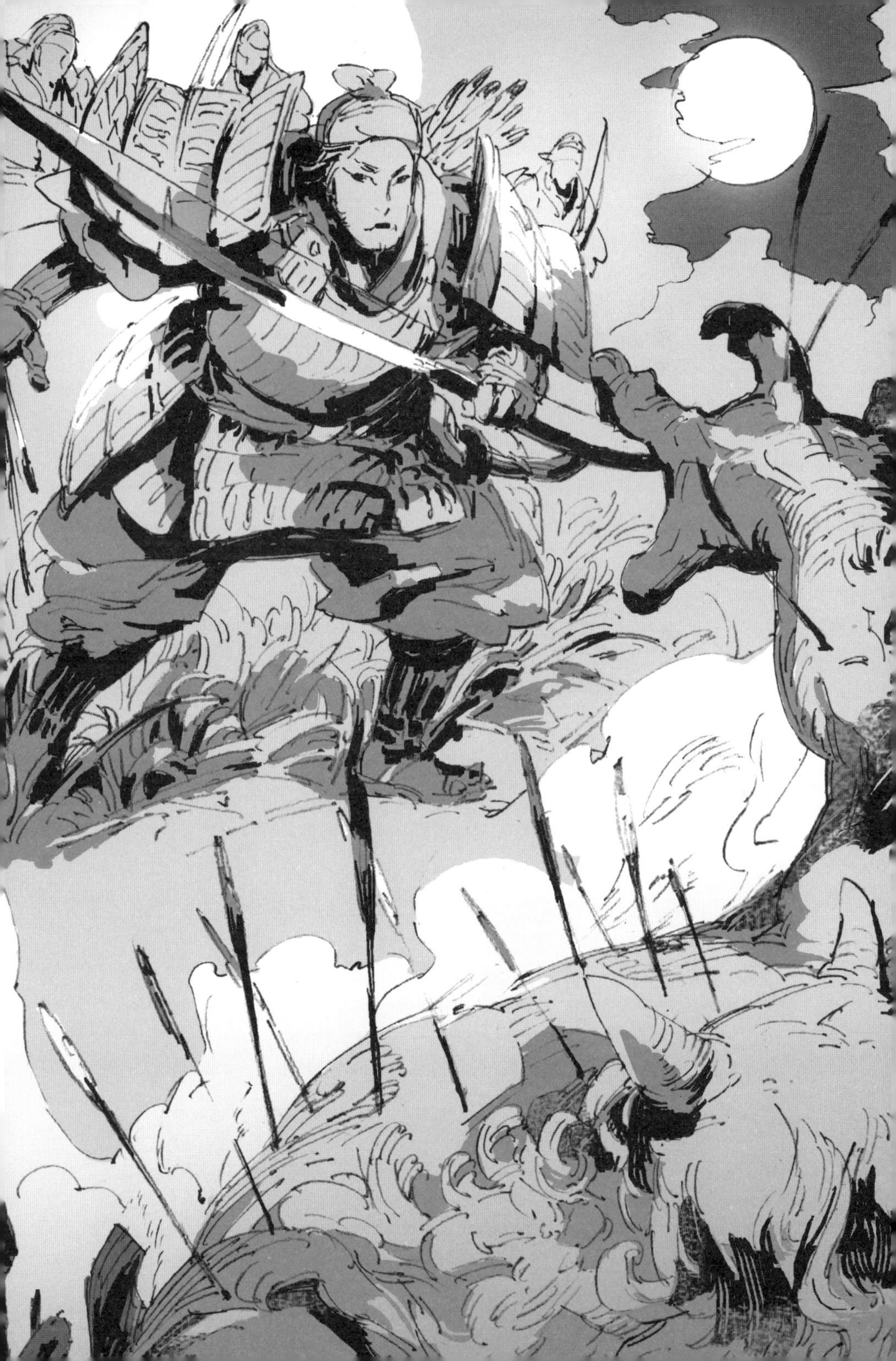

せると、伊勢国(三重県)鈴鹿山に天竺からきた魔王の娘・立烏帽子なる者が住みつき、日本転覆を計画しているという。しかも、日本には蝦夷の大嶽丸という立烏帽子に勝るとも劣らぬ魔神がいて、放っておくとふたり一緒に攻めてくる危険性が極めて強いという。

朝廷では直ちに立烏帽子討伐を決定。刈田丸利光の嫡男・田村丸利仁を討伐軍司令官に任命すると、2万の軍勢を与えた。田村丸率いる討伐軍は、鈴鹿山で大々的山狩りを敢行した。しかし、探せども探せども立烏帽子は見つからない。田村丸は思案の末、父の刈田丸利光の言葉にハタッと思い当たる。

「魔物探索に大人数は禁物なり」

田村丸は単騎での立烏帽子探索を決意。軍勢をすべて返し、ただひとり鈴鹿山中に残った。それからの田村丸の行動は、探索というよりも山中彷徨に近かった。山中で起居する様は、将軍というより世捨て人である。そうこうして3年が経過したとき、ようやく目当ての立烏帽子の隠れ家を見つけた。清らかな清水の流れの奥にある壮大な屋敷だ。黄金の築地に黄金の門。屋形は金銀がちりばめられている。屋敷の敷地内に踏みいった。あちこちに美女がいる。琴・琵琶をつま弾く美女。詩作を楽しんでいる美女。双六に興じている美女……。馥郁たる香木の芳香も鼻をくすぐった。魔物の隠れ家というよりも、極楽浄土の有様ではないか。さらに仰天させる出来事が起こった。当の立烏帽子が現れたのだ。紅の袴を着た16～17歳の美しい女の子であった。

田村丸の心に迷いが生じた。悪鬼羅刹ならまだしも、かような美少女を討つのも……できるなら懇ろの仲に……と。

しかし、勅命を思い出し、家伝の名刀「そはや丸」を抜きざまに投げつけた。立烏帽子は少しも騒がず、大通連という剣を抜いて投げた。両剣は空中でぶつかりあった。不思議なことが起こった。そはや丸は烏に、大通連は鷹に姿を変え、空中戦をはじめたのだ。呆然とする田村丸。すると、立烏帽子はカラカラと笑い、田村丸の出自を語り出した。

立烏帽子によれば、田村丸の祖父は星の子であり、祖父と竜が交わって生まれたのが刈田丸であった。刈田丸は長ずるに及び、奥州の悪玉姫と交わる。この交わりによって生まれたのが田村丸であった。立烏帽子は、「田村三代は日本の悪魔を鎮めるための観音菩薩の再来」と告げる。立烏帽子はこのあと、「自分は天竺の4天魔王の娘であり、奥州の大嶽丸と組んで日本転覆をするためはるばるやってきた。ところが、大嶽丸に何度手紙を出してもなしのつぶて。でも、自分も女の身。男がいないのはとにかく辛い。大嶽丸のことはスッパリと諦めて、悪心を善

料金受取人払

神田局承認

3032

差出有効期間
平成21年2月
19日まで

郵便はがき

101-8791

513

（受取人）

東京都千代田区
神田錦町3−19
楠本第3ビル4F

株式会社 新紀元社 行

● お手数ですが、本書のタイトルをご記入ください。

● この本をお読みになってのご意見、ご感想をお書きください。

愛読者アンケート

小社の書籍をご購入いただきありがとうございます。
今後の企画の参考にさせていただきますので、下記の設問にお答えください。

●**本書を知ったきっかけは？**
　□書店で見て　□（　　　　　　　　　　　　　）の紹介記事、書評
　□小社HP　□人にすすめられて　□その他（　　　　　　　　　）

●**本書を購入された理由は？**
　□著者が好き　□内容が面白そう　□タイトルが良い　□表紙が良い
　□資料として　□その他（　　　　　　　　　　　　　　　　　）

●**本書の評価をお教えください。**
　内容：□大変良い　□良い　□普通　□悪い　□大変悪い
　表紙：□大変良い　□良い　□普通　□悪い　□大変悪い
　価格：□安い　□やや安い　□普通　□やや高い　□高い
　総合：□大変満足　□満足　□普通　□やや不満　□不満

●**定期購読新聞および定期購読雑誌をお教えください。**
　新聞（　　　　　　　　　　　）　月刊誌（　　　　　　　　　）
　週刊誌（　　　　　　　　　　）　その他（　　　　　　　　　）

●**あなたの好きな本・雑誌・映画・音楽・ゲーム等をお教えください。**

●**その他のご意見、ご要望があればお書きください。**

ご住所		都道府県	男女	年齢	歳	ご職業（学校名）	
お買上げ書店名							

新刊情報などはメール配信サービスでもご案内しております。
登録をご希望される方は、新紀元社ホームページよりお申し込みください。

http://www.shinkigensha.co.jp/

心に改め、あなたと一緒になって日本の悪魔を滅ぼすことにした」と田村丸を口説いた。

田村丸は立烏帽子の申し出を承諾。ふたりは晴れて夫婦となり、のちにふたりの仲は朝廷からも公認されることになる。

❀ 高丸退治に魔法の矢を用いる

田村丸はこのあと、高丸という鬼神と戦うことになる。しかし、高丸はなかなか強い。田村丸は苦戦した挙げ句、高丸を取り逃がしてしまう。高丸は秘密の隠れ家にこもったらしく行方は杳として知れない。苦慮する田村丸。このとき、妻の立烏帽子が助け船を出した。

魔王の娘だけあって立烏帽子は、妖魔たちの事情には精通しており、高丸の隠れ家の見当もつけていた。立烏帽子は、天駆ける乗り物に夫を乗せると、高丸の隠れ家である大りんか窟へと向かった。大りんか窟とは海に浮かぶ岩屋であり、戸口まで高波が打ち寄せ、船が近寄れない絶好の隠れ家であった。

立烏帽子は大りんか窟に到ると、虚空に向けて呪文を唱えた。すると12の星が舞い降り、妙なる調べを響かせて美しく舞いはじめた。岩屋のなかでは高丸の娘が調べを聞きつけ、「父上様。星の舞いじゃ」と告げた。高丸は「田村丸の作戦じゃ。童かなにかに舞いを舞わせておるのよ。外に出ると殺されるぞ」と注意したが、娘は「星の舞いじゃ」の一点張り。やがて「見たい」と泣きはじめた。

悪鬼の高丸とて親である。泣きじゃくる娘を放っておけず、少しばかり窟の戸を開けた。確かに星の舞いである。高丸は危険も忘れて窟から這い出、舞いにみとれた。

立烏帽子がすかさず田村丸に告げた。

「暗闇のなかでも眼の光る者こそ高丸でございますよ。さあ、今こそ一矢、馳走して差し上げなさいまし」

田村丸は鏑矢を弓に番えると、観音菩薩に「高丸を討たせたまえ」と祈願しつつ矢を射た。矢は途端、千本に分かれ、矢の雨となって大りんか窟に注いだ。高丸はもちろん、大りんか窟にこもっていた鬼たちのすべてが、全身に矢を浴びて息絶えた。

このあと、田村丸と立烏帽子の夫婦は、奥州最強の魔神・大嶽丸と戦い、見事に勝利。日本を悪魔の手から救うことになる。『田村三代記』は、「千秋万年万々歳。目出度吉中々申し計りなかりけり」という一文で終わっている。

百合若

幸若舞が伝えし最強のアーチャー

◆地域:日本　　◆時代:平安時代初期　　◆出典:『百合若大臣』など

❦ 室町時代に創始された芸能・幸若舞

　百合若は幸若舞が伝える想像上のヒーローである。幸若舞とはなに？　百合若って誰？　という方も多いかと思うので、まず、それらについて簡潔に説明をしてから、名射手としての百合若についてみていきたい。

　幸若舞は室町時代に創始された芸能であり、曲舞（久世舞とも）のひとつである。曲舞とは叙事的な詞章を鼓にあわせて舞い歌うものであり、歴史的事柄を題材としている。本項で紹介している「百合若大臣」は、平安時代初期に時代設定をし、鎌倉時代に起こった元寇を題材として作られている。

　幸若舞の創始者と起源については、次のような伝承が長い間信じられてきた。「源義家（P140参照）の末裔で足利一族の武将・桃井直常は、足利尊氏（室町幕府初代将軍）と戦って滅びたが、その孫の直詮（幼名は幸若丸）は比叡山に入って学問に励んだ。生来、歌舞音曲に才能があり、あるとき、『屋島軍』という語りものに節をつけて舞い歌ったところ、その素晴らしさが天皇の耳にも届いた。直詮は天皇の命により参内し、一曲を披露した。これが幸若舞の起こりである」

　"信じられてきた"と過去形にしたことでも察せられるように、上記の伝承を史実と考える研究者は現在では皆無に近い。

　ならば、誰が？　どこで？　いつ？　となるが、越前（現在の福井県）に歌舞の座が多数あり、幸若はその座のひとつであったことがほぼ確実視されている。つまり、幸若という座で創始された新興の歌舞が幸若舞というわけだ。幸若舞は民衆の圧倒的支持を得る一方、新興の戦国大名たちにも歓迎された。とくに織田信長が「人間五十年」の詞ではじまる『敦盛』を好んだのは有名である。

　次は百合若について説明しよう。百合若はいうまでもなく、幸若舞「百合若大臣」の主人公である。しかし、幸若舞の創造によるものではない。幸若舞流布以前から、百合若に関する伝説はすでに人口に膾炙していた。

　百合若伝説の流布を考証しているスペースはないので結論からいうと、八幡

信仰の説経(註1)がルーツではないかとする説が有力視されている。実際、百合若伝説では八幡神の神威が語られることが多いし、「百合若大臣」でも、百合若が裏切った家臣たちの前で正体を現す際、宇佐八幡宮の宝物殿に安置されていた鉄の弓を手に名乗りをあげる場面がある。

さて、百合若伝説と八幡信仰との関連の指摘はこの位にして、幸若舞『百合若大臣』から、百合若の活躍をみていこう。

百合若の出陣

――嵯峨天皇の御代のとき、蒙古の大軍勢が日本に攻めてきた。蒙古軍の大将は両蔵・火水・飛ぶ雲・走る雲の4人。軍船の数は4万艘。将兵の数はとても数えきれないほどである。蒙古軍は筑紫(北九州)の博多に上陸。太鼓を打ち鳴らし、毒矢を放ち、狼煙を上げて暴れ回る。九州の武士たちは決死に奮戦するが、蒙古軍の勢いの前に敗退の連続。ついに博多を放棄して、中国地方に後退してしまった。

京都の朝廷では、事態の収拾をめぐって公卿たちの間で激論が交わされた。しかし、結論はなかなか出ない。仕方なく、伊勢神宮の御託宣を仰ぐこととした。伊勢神宮は天照大神を祭る護国の社である。御託宣は「百合若大臣を防衛軍の大将として差し向けるべし。その際、鉄製の弓を持たせよ。事態は急なり。急ぐべし」というものであった。

百合若は、賢臣として誉れの高い左大臣公満の子。かつて跡継ぎのできないことを憂いた公満が、泊瀬岡寺(奈良県桜井市初瀬)に33度の参詣をした末に得た男児である。百合若は「寝る子は育つ」を地でいく健康優良児であり、立派な若者に成長。17歳で右大臣となり、三条壬生の大納言顕頼卿の姫君と結婚。政務に新婚生活に充実の日々を送っていた。

朝廷から正式に防衛軍大将に任命された百合若は、直ちに出発の準備に取りかかった。一方、御託宣にあった弓作りも並行して進められた。弓製作にあたったのは、都でも屈指の鍛冶職人である。弓と矢が完成した。弓は全長が8尺5寸(約255cm)。太さは胴回り6寸2分(約19cm)。御託宣での指定通り総鉄製だ。矢は3尺6寸(約108cm)の鏑矢が363本も作られた。こちらも総鉄製である。弓矢を手にした百合若は816年(弘仁7) 2月8日に都を進発した。従う武者たちは総勢30万騎。いずれも諸国から馳せ参じた一騎当千の荒武者たちである。また、軍兵たちをあわせると、防衛軍は100万ほどにもなった。

防衛軍は、2月8日に石清水(いわしみず)八幡宮で陣取ると、翌日には伊勢に軍勢を進め、やがて博多に到った。蒙古の軍勢はすでにいなかった。防衛軍の到着に先立って日本の神々が神風を吹かせたため、蒙古軍は引き上げていたのである。百合若は蒙古軍撤退済みの由を朝廷に報告した。すると折り返し、百合若を筑紫国の守護に任ずる旨の命がもたらされた。百合若は豊後(ぶんご)(大分県)の国府に壮麗な屋敷を建て、新妻を呼び寄せた。

蒙古討伐の遠征に向かう

しばらくすると朝廷から百合若のもとに、「蒙古討伐の遠征軍指揮を命ず」との命令がもたらされた。遠征準備が直ちにはじまり、大中小取り混ぜて8万艘の船が動員された。翌年の1月半ば、百合若は総司令官の座乗する御座船に乗り込んだ。新妻が「わららも乗せてたも」と同行をせがんだが、戦場への新妻同伴など言語道断である。百合若は言下に却下した。

一方、蒙古側は日本側の動きを機敏に察知。先制攻撃に出てきた。日本軍も直ちに迎撃態勢を整えた。ここに日本軍船団8万艘と、蒙古軍船団4万艘が睨み合う形となった。

対峙が3年に及んだとき、蒙古軍が動いた。大将の両蔵が麒麟(きりん)国(東南インドにあった国)の大将に妖術を使わせ、霧を発生させたのである。霧は想像を絶する濃さで、月の光はおろか日光も遮断。日本軍船団が浮かぶ海域一帯は、墨を流したような闇に包まれた。

日本軍将兵は恐慌に落ち入った。これでは合戦はおろか、操船さえできない。嵐でも起これば一巻の終わりである。さすがの百合若も狼狽し、一心に神仏に祈念した。「天照大神よ。日本国中の数多の神々よ。我に力を与えたまえ。霧を晴れさせたまえ」

神仏の霊験は即座に現れた。強い風が吹き、霧が晴れたのである。百合若は時を移さず勝負に出た。小船に乗り、わずか18人の兵卒を連れて蒙古軍船団に突撃をかけたのである。蒙古軍は矛・槍を投げ、矢を射かけて攻めた。しかし、百合若には神々が援軍としてついていた。神威は剣となり矢となり、蒙古軍将兵を続々と打ち殺した。百合若も鉄の弓を駆使し、鉄の矢を存分に振る舞った。蒙古軍の大将のうち、両蔵は射殺され、火水は腹を切って果て、飛ぶ雲と走る水は捕虜となった。蒙古軍の軍船も3万艘が沈没。海戦は百合若と18名の大勝利に終わった。

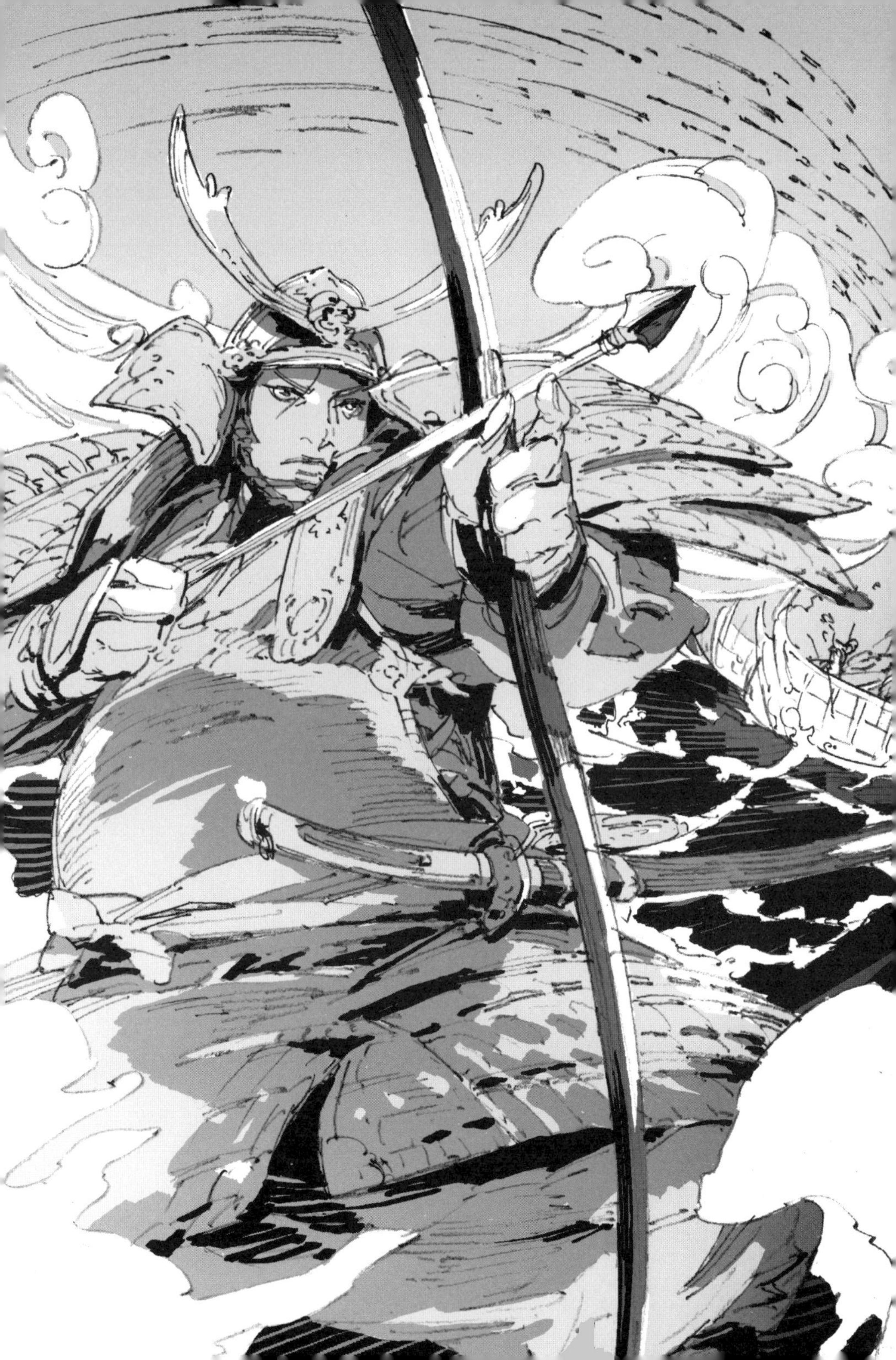

百合若は側近の別府兄弟に命じた。
「精も根も使い果たした。しばし、身体を休めたい。近くの島に連れていけ」
別府兄弟は小船に百合若を乗せ、玄界が島（博多湾口にある円形の小島。現在は玄界島と書く）へと連れていった。

別府兄弟の奸計にはめられた百合若

百合若は島につくや、岩を枕に眠り込んだ。子どもの頃から眠るのが大好きなうえに、一度眠り込んだら容易に目を覚まさない性癖の持ち主である。眠りが3日3晩に及んだとき、側で控えている別府兄弟が良くない企み事を話しはじめた。
「御主君は果報者とは思わぬか。兄者よ。蒙古の軍勢を破り、今や国の英雄だ。それに引替え我らときたら……」
「朽ちた果てたとて、誰も気にかけぬわ。口惜しいのう」
兄は百合若をこの場で殺すことを主張した。しかし、弟は「それはひどすぎる」と反対。相談の末、島に置き去りにすることに決めた。食料も水もない小島のこと。10日もすれば餓死すると考えたのである。兄弟は小船で船団に戻ると将兵たちに、「御主君は戦闘での負傷がもとで身まからられた。御遺骸は海中に沈めた」と告げ、帰還を命じた。
8万艘の船が一斉に帆を上げる音が海域に鳴り響いた。さしもの百合若も眼を覚ました。「誰かある」と叫んだ。応じるものはいない。百合若は別府兄弟に謀られたことを悟った。
博多に到着した別府兄弟は、まず、豊後に到り、御台所に百合若の戦死を報告した。御台所は兄弟の報告に不信感を抱き、拷問にかけて洗いざらい吐かせようか……、と考えた。しかし、女の身ではどうしようもできない。
御台所に虚偽の報告をした兄弟は、朝廷でも同様の報告をした。朝廷は「百合若凱旋の折りには日本国60余州を与えようと思っていたが……戦死では」と百合若の死を悼み、別府兄弟を筑紫国の国司に任命した。
一方の百合若。海藻などを食べながら、露命を懸命につないでいた。そうするうちに奇跡が起こった。釣人の乗った船が、大嵐で玄界が島に吹き寄せられたのだ。百合若は「かつての蒙古軍との戦の際、舟夫として徴発されたが、帰還の船に乗り遅れた」と作り話をし、釣人の船に乗って博多に到った。孤島での生活は百合若の風貌を完全に変えていた。ガリガリに痩せた身体。苔色の顔と手足。まるで地獄からきた餓鬼であった。

🌸 鉄の弓を引き絞り名乗りをあげる

「壱岐の釣人が餓鬼の如き男を連れ帰った」との噂は、国司たる別府兄弟の耳に入った。興味を抱いた兄弟は早速引見した。見れば見るほど餓鬼である。兄弟は「都へのぼる際に連れていき、都人を驚かせてやろう」と考え、苔丸と名づけて召し抱えることにした。

年が改まった。国司の庁舎では、毎年恒例の弓を射る催しが行われた。別府兄弟は苔丸（百合若）に矢を拾う仕事を与えた。千載一遇の好機がきた。百合若は弓を射る人を見ては、わざと辛辣な批評を加えた。別府兄弟は聞きとがめ、「人の射るのが気に入らぬなら、自分で一矢を射てみよ」と命じた。

「射るのは構いませぬが、引くべき弓が〜ございませぬな〜」
「苔丸風情が生意気な。強い弓が良いか？　弱い弓が良いか？」
「強い〜弓が〜良うございますな〜」

別府兄弟は面白がり、筑紫の国でも音に聞こえた強弓を並べた。百合若はそれらを引き折るとさらに強い弓を所望した。兄弟はかつて百合若が愛用していた鉄の弓を宇佐八幡の宝殿から持ち出してきた。百合若を島に置き去りにした際、遺品として持ち帰っていたのである。百合若は鉄の弓をたやすく弦を張ると、ついに名乗りをあげた。「我こそは百合若である」と。

凛とした名乗りの前に、庁舎に詰めかけていた役人たちは一斉に畏まり、百合若のもとに駆けよった。別府兄弟も走りより、「降参です」と手を合わせた。しかし、怒りに燃える百合若は止められない。まず、兄に天誅をくだした。舌を素手で引き抜くと、首を7日7晩に渡って鋸引きにしたのである。次いで弟のほうにも同様の罰を課そうとしたが、島での子細を知ると壱岐への島流し処分とした。

百合若はこのあと、御台所と涙の再会をし、さらに7000余騎の軍勢を率いて上洛。父母とも涙の再会を果たした—

以上、幸若舞の『百合若大臣』の内容を急ぎ足で紹介した。百合若の物語は、江戸時代には浄瑠璃でも盛んに作られた。なかでも近松門左衛門作の『百合若大臣野守鏡』は、百合若と周囲の人々の人情の機微を余すところなく描いた作品として名高い。

註1：八幡信仰の説経
　　八幡とは誉田別尊（応神天皇）を祭る神社の総称。一般に息長帯姫命（神功皇后）と比売神をあわせ祭っている。総本社は大分県の宇佐八幡宮。京都の石清水八幡宮、鎌倉の鶴岡八幡宮が有名である。平安時代中期以降、身分の上下を問わず厚い信仰を集めた。説経とは、人々を信仰へと導く目的で説かれる説法のこと。唱導ともいう。

俵藤太

室町時代の物語が描く、大百足退治の名アーチャー

◆地域:日本　　◆時代:平安時代(9世紀)　　◆出典:『俵藤太物語』など

🌹 瀬田の橋の大蛇を踏みつける

　俵藤太=藤原秀郷は、平安時代初期〜中期に実在した関東の豪族である。生没年は不明。最初、下野国(栃木県)に一定の勢力を保有していたが、罪を得て配流されたあと、許されて下野国に戻った(異説もある)。

　935年(承平5)に平将門の乱が勃発すると、平貞盛と共闘して将門を打倒。功績によって下野と武蔵(埼玉県)の国守になり、さらに東北支配の要である鎮守府将軍も兼任し、大いに勢力を伸ばした。秀郷が俵藤太とも呼ばれる理由については諸説があり、確定した説はない。

　本項で取り上げる『俵藤太物語』は、室町時代の成立である。作者は不明。『俵藤太草子』『たはら藤太秀郷』との異称もある。以下、『俵藤太物語』から、俵藤太こと藤原秀郷の射手としての活躍をみていこう。

　—田原の郷は近江国にある。領主は代々、田原の姓を冠して呼ばれていたが、本来は藤原姓。祖先はいわずと知れた藤原鎌足であった。朱雀天皇の御代、田原の郷には田原藤太秀郷という武勇の士がいた。

　秀郷はあるとき、父の藤原村雄(従五位の上)から、鎌足公以来伝わる霊剣を譲られた。長さは約3尺(約180cm)。束・鞘の金属部は黄金で作られている。村雄は自身の老齢に加え、秀郷が起居振舞・風采とも常人離れし、気力・体力も人並み以上なのを見込み、「さらなる武功を……」と願って、太刀を譲ったのだ。太刀を所持して以降、秀郷の気力・体力は益々充実、武芸の技も飛躍的に伸びた。ことに弓術が目覚ましかった。

　ある日、秀郷は怪しい話を耳にした。近江の瀬田の唐橋(琵琶湖から流れ出る瀬田川にかかる橋)に大蛇が横たわり、橋を行き来する人を難儀させているという。秀郷は奇異に思い、瀬田の唐橋に赴いた。

　居る。デカい。20丈(約60m)はある。眼をランランと輝かせ、真っ赤な舌をチロチロと出入りさせている。頭には12本の角。口には上向きの牙と、下向きの牙。し

かし、秀郷は怯まない。「なんだ！　大蛇くらいこの通りだ！」とばかり、蛇の背中を踏みつけて橋を渡った。蛇は暴れ出す様子もなく、ただ、秀郷の背中を眺め続けていた。

秀郷はそのまま東海道に入り、とある家を一夜の宿とした。真夜中、主がただならぬ顔で部屋に入ってきた。怪しい女が門前に訪ねてきて、秀郷と会いたがっているという。女？　心当たりはない。それでも一応、話だけは聞くことにし、外に出た。女は門の手前に佇んでいた。美しい。かような美女は見たことがない。秀郷は「どこのどなたかは存ぜぬが……かような夜更けの来訪。いかなる御用か？」と尋ねた。語尾が少しばかり震えている。女の美しさに圧倒されているのだ。

女はスルスルと近寄ってきて、「見知らぬも道理。わらわは人間の女ではございませぬ。昼間、お目にかかりました瀬田の唐橋の大蛇でございます。お目通りいたしたく、人間の女に化身してまかり越しました」とささやき、秀郷のもとを訪れた理由を次のように述べた。

女の話をまとめると次のようになる。

女は竜神族のひとり。竜神族は天地開闢以来、琵琶湖の湖底を棲家としてきた。だが、湖のほとりの三上山に巨大な百足が住みつき、生命の危機にさらされるようになった。百足をなんとか退治したいが、自分たちの力ではいかんともしがたく、人間の力を借りるよりほかに手立てがない。しかし、相手は巨大な怪物。並みの人間では無理だ。そこで百足を退治するに足る胆力を備えた人間を探すため、大蛇に身をやつして瀬田の唐橋に横たわった。本日やっと竜神族の命運を託せる人間と出会うことができ、こうした頼みにきた。

話を聞き終えるや秀郷は、熟考の末に承諾した。竜神が「この男なら……」と見込んで頼みにきたのである。断るわけにはいかない。秀郷も善は急げとばかり、今夜、百足退治を決行する旨を竜神女に告げた。

強力な弓と矢を使った秀郷

秀郷は弓矢を手に瀬田の唐橋へと向かった。弓は5人がかりで弦を張る「しげ籐の弓」（日本の弓の歴史の項参照）。反発力はかなり強い。

矢は「十五束三つ伏ある三年竹の大矢のやじりなかば過ぎたる」ものを携えた。束・伏とも矢の長さの単位である。束は拳ひとつ分、伏は指1本分。矢の長さは十二束（2尺7寸5分。約83cm）が標準だから、十五束三つ伏は結構長い。「三年竹」とは、生えて3年が経過した竹を矢柄（矢の本体）としている意だ。

3年竹は最も強靱であり、矢柄としては理想的だった。「やじりなかば過ぎたるを」とは、鏃が矢柄の半分近くまで埋め込まれているとの意だ。ただでさえ長い矢に、矢柄半分近くまで鉄製の鏃が埋め込まれているのだから、かなりの重さになる。

　この矢を「しげ籘の弓の五人張り」で射るのである。破壊力・貫通力・射程距離とも、普通の弓矢とは比較ならないほど強力なものであったことは違いない。

　尋常でない反発力を有する弓と、尋常でない長さと重さを持つ矢。秀郷が大百足退治に使用した弓矢は、一般的な弓矢に比べれば図抜けた威力を持っていた。

秀郷VS大百足

　さて、話を物語に戻そう。秀郷は弓矢を携えて大百足の出現を待った。ややあって雷が鳴り響き、暴風雨が起こり、三上山が鳴動。大百足が現れた。とにかくデカい。まるで山全体がこちらに向かってくるようだ。無数の足がガチャガチャ鳴る音は、千の雷鳴が一度に鳴るかのようである。

　秀郷は矢を手にとった。所持する矢は3本。この3本で化物百足を倒さなければならない。秀郷は矢を弦に番えると、弓を満月の如くに引き絞り、眉間の真ん中と覚しき場所に射た。鉄板に当たったような音が響いた。失敗だ。矢が途中で逆転し、矢筈（矢を弦に番える部分）が当たってしまった。秀郷は2本目を射た。だが、これも失敗。途中で矢が上向いてしまった。残る矢は1本。これを射損じたらあとがない。

　秀郷は鏃にツバを吐きかけた。百足はツバが苦手なことを思い出したのである。秀郷は矢を番えると、心中で「南無八幡大菩薩」と唱えて矢を放った。手応えがあった。ガチャガチャ鳴っていた音は一斉にやみ、静寂が訪れた。家来に松明を灯させた。見ると、牛鬼（牛のような顔形の鬼）のような頭部を持った巨大百足である。矢は眉間を寸分の狂いもなく貫いていた。完全に絶命している様子だが、相手は化物である。生き返っては大変だ。秀郷は太刀で百足をズタズタに斬り離し、湖水に流した。

　無事に巨大百足を退治した秀郷は、次いで湖底にある竜神族の宮殿に招かれ、大歓待を受けることになる。

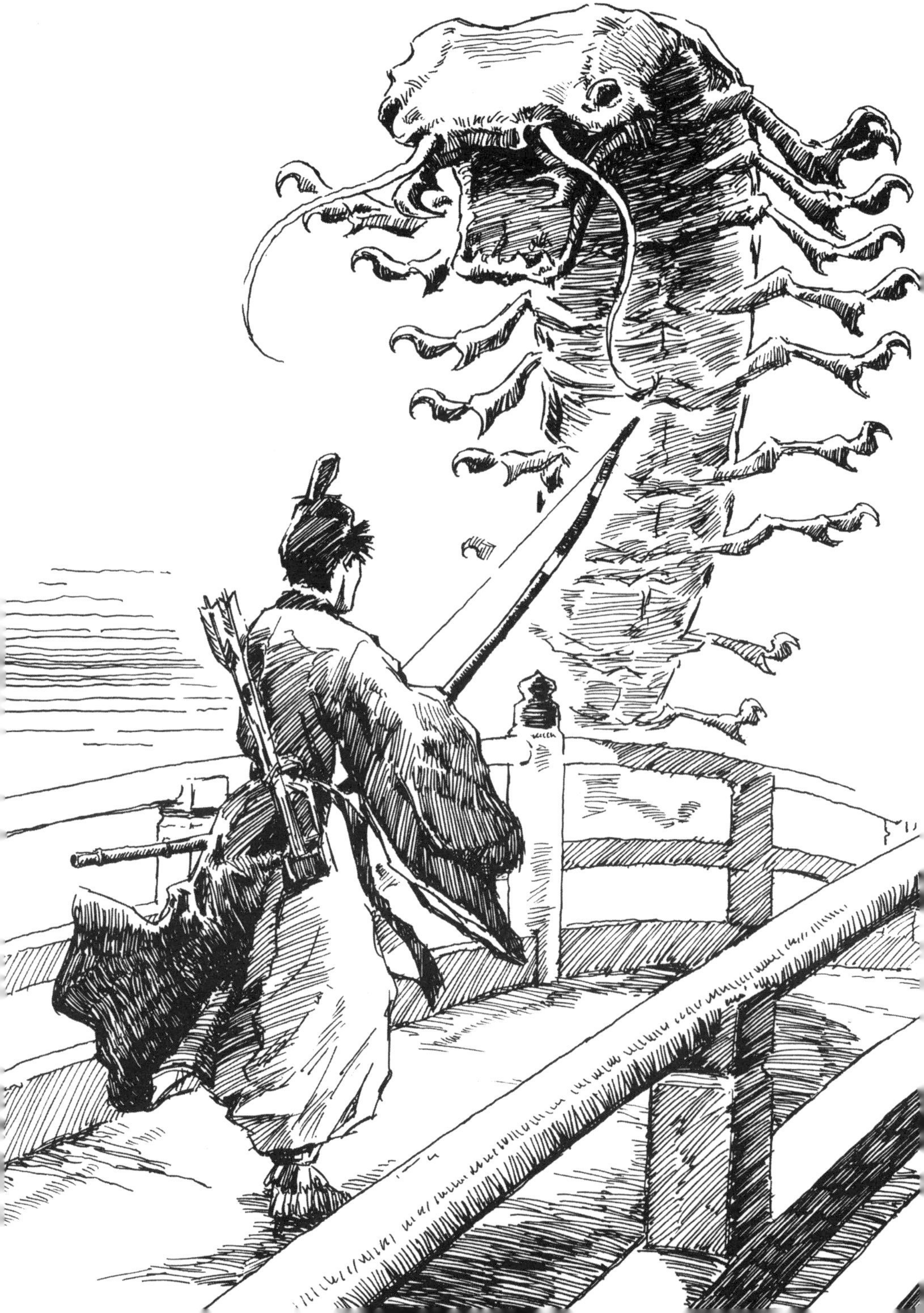

🌸 平将門の反乱が勃発

　百足退治からしばらくしたあと、俵藤太こと藤原秀郷は、下野国（現在の栃木県）に土地を拝領して赴任した。善政を敷き、名は近隣に響いた。ときに下総国（現在の茨城県南西部から千葉県北西部）では、豪族の平将門が大いに勢力を伸ばしていた。聞けば、大軍勢を組織して都に攻めのぼり、日本国の主になる志があるという。秀郷は気宇壮大な野望に興味を抱き、「将門と協力して天下を取り、日本を二分するのも悪くないな」と考え、将門のもとを訪れた。

　来意を告げると、将門自らが門まで迎えた。しかし、髪はボサボサ。服は袴もつけずに普段着のまま。加えて、饗応の席では飯粒をばらまきながら食っている。来客に対する礼も敬意も感じられない。まったくの野人である。

　〈かような有様では……〉

　とても人事を共にすべき人ではない。秀郷は将門の器量を見限り、直ちに都に上がった。かくなるうえは朝廷に将門の企みを報告し、将門を討伐して武功を立てるほうがましである。朝廷は秀郷の報告を受けると大いに動揺し、将門討伐軍の派遣を決定。秀郷は討伐軍の先遣部隊長に任じられ、関東に馳せ戻った。

　やがて、平貞盛指揮の将門討伐軍本隊が関東に到着。将門軍との戦闘に入った。両軍一進一退の攻防が続くなか、反乱軍では御大将の将門自らが出陣した。将門は身の丈7尺（約2.1m）もあり、全身は鉄作り。しかも、左の眼には瞳がふたつあった。加えて、そっくり同じ姿態の武者が6人もおり、誰が真の将門か見分けがつかない。御大将の出撃に将門軍の兵たちは大いに奮い起ち、官軍を散々に打ち破った。

　戦いの様子を見ていた秀郷は、将門と正面切って戦うことの不利を悟り、「謀略を以って倒すべし」と貞盛に進言。将門打倒の手がかりを得るべく、将門のもとに赴いた。

🌸 必殺の矢が将門を倒す

　秀郷は将門の屋形ですごすうち、将門の乳母の娘で小宰相という女性と恋仲になった。しかし、しばらくすると将門も小宰相のもとを訪れるようになった。両者の仲など露知らぬ秀郷、ある日の夜半、小宰相の部屋を訪れた。するとなにやら先客にいる気配がする。物陰からうかがうと、束帯（儀式の際に着る礼服）を着た7人の男がズラリと並んでいる。「女性のもとにくるのに……妙な格好をする男

もいるな」と首を捻りつつ引き上げた。

　翌日の夜、小宰相の部屋を訪れた秀郷は、睦言を交わす最中、昨晩の夜のことを語り、束帯の男のことを尋ねた。すると小宰相は、「将門の君でございます」と答えた。ひとりは将門本人だが、あとの6人は影だという。秀郷はがぜん興味を抱き、「ご本体と影は見分けるにはどうするのです?」と尋ねた。秀郷にすっかり心を許している小宰相は、「ご他言無用に願います」と前置きして、洗いざらいを話した。

　それから数日後、秀郷は弓矢を手に小宰相の部屋に向かった。案の定、将門はきていた。きっちり7人。うち6人は灯火が燃えているにもかかわらず影が映らない。
〈小宰相の言った通りだ〉

　本体はわかった。秀郷は矢を弓に番えると、将門のこめかみに狙いをつけた。小宰相の話によると、将門は全身鉄作りだが、こめかみだけは生身だという。矢は寸分の狂いもなく、将門のこめかみを射貫いた。将門が倒れると同時に、6体の影も消えた。

　将門の首は都で獄門台にさらされた。眼をカッと見開き、歯を食いしばった恐ろしい形相だったが、ある人が「将門はこめかみよりも射られけり　俵藤太がはかりごとにて」と一句献じるや、カラカラと笑って眼を閉じた。

　俵藤太こと藤原秀郷は、将門討伐の功績により従四位下の位に任じられ、武蔵・下野の両国を恩賞として賜った。以後、秀郷は領国内に善政を敷いて人民にしたわれた。秀郷の子孫も繁栄した。

　以上が『俵藤太物語』の概要である。なお、秀郷伝説は関東各地に散在しており、栃木県宇都宮市では、「百目鬼(どうめき)」という巨大な鬼を秀郷が射殺したという伝承があり、「百目鬼」という地名も残っている。

源為朝

『保元物語』が伝える源氏一の名アーチャー

◆地域：日本　　◆時代：平安時代後期（12世紀中頃）　　◆出典：『保元物語』

保元の乱の勃発と源為朝

　源為朝の活躍をみる前に、当時の時代背景として"保元の乱"について、説明をしておきたい。乱の遠因となったのは、1141年（永治元）に強行された近衛天皇の即位である。近衛天皇は、鳥羽法皇と美福門院の間に生まれた第9皇子。鳥羽法皇はこの子可愛さに、第1皇子の崇徳天皇（鳥羽法皇と待賢門院の子）をむりやり譲位させ、3歳の近衛天皇を即位させたのである。朝廷では鳥羽法皇を一院、崇徳上皇を新院と呼んで区別した。ただ、政治の実権は鳥羽法皇が完全に掌握しており、崇徳上皇は態の良い棚ざらし状態であった。

　1155年（久寿2）近衛天皇が17歳で没する。崇徳上皇は勇躍した。自身の子・重仁親王は皇位継承の最有力候補者である。重仁親王が天皇となれば、自身は天皇の父親として大きな権力を手にすることができるからだ。だが、ここでも鳥羽法皇は横槍を入れ、自身の第4皇子に皇位を継承させ後白河天皇とした。崇徳上皇は再び、棚ざらしとなった。

　1156年（保元元）7月2日、鳥羽法皇が没する。崇徳上皇は決意した。現在の閉塞状況を打破して朝廷内で権力を掌握するには、武力で後白河天皇を皇位から引きずりおろすしかない、と。上皇は挙兵に向けて準備をはじめた。一方、後白河天皇側も上皇の動きを察知し、戦いの準備に着手した。

　天皇と上皇の抗争は、代々、摂政・関白を輩出してきた藤原氏や、源氏・平氏の武士団を巻き込んだ。天皇と上皇を頂点に、貴族・武士団が真っぷたつに割れたのである。分裂の構図を簡単に記すと次の通りになる。

天皇方	所属	上皇方
後白河天皇	天皇家	崇徳上皇
藤原忠通	藤原氏	藤原頼長
平清盛	平氏	平忠正
源義朝	源氏	源為義
		源為朝

🌸 退けられた為義・為朝の献策

　源為朝は為義の8男である。幼少より気性が激しく、13歳のときに乱暴狼藉を働いた罪で九州に送られた。しかし、「我れは朝廷が遣わした追捕使也」と自称。鎮西八郎を名乗って、九州の武士を相手に乱闘三昧であった。怒った朝廷は、父の為義の官職を解く措置に出た。為朝は釈明のために上京するが、その最中に保元の乱が勃発したのである。厄介な乱暴者は今や、源氏最強の勇者であった。為義は上皇より挙兵に参加するように要請を受けるや、為朝を伴って上皇がこもる白河御所に参上した。1956年（保元元）7月10日のことである。

　為朝はこのとき18〜19歳。身の丈7尺（約210cm）の巨体を誇る若武者である。濃紺の直垂の上に甲冑を身につけ、刃渡り3尺8寸（約115cm）の太刀を帯びた様は、周囲を威圧するに充分であった。上皇は為義・為朝に問うた。合戦の手順はいかに？　と。

　為義・為朝は味方の無勢を考え、3つの選択肢を提示した。一旦、宇治まで退去するか。近江か関東まで下り態勢を整えるか。機先を制して夜襲をかけるか、である。最も効果的なのは夜襲であった。暗闇に紛れて御所を襲撃。火攻めと矢攻めで恐慌を巻き起こし、混乱に乗じて天皇の身柄を確保し、白河御所に導く。先手必勝の奇襲作戦である。

　しかし、横で話を聞いていた左大臣・藤原頼長が横槍を入れた。頼長は「夜襲など言語道断」とまくし立てた。頼長は、天皇と上皇の合戦である以上、古来の作法に則り、堂々と雌雄を決すべき旨を主張。さらに「奈良から味方が駆けつけ軍勢が揃うのを待つのが最上」と言い切った。

　為義・為朝は激怒して退出した。相手が劣勢でぼんくら揃いなら構わない。だが、敵は数で勝るうえに、戦巧者の源義朝（為義の長男。為朝の兄）がついている。義朝は必ずや先制攻撃を主張するに違いなかった。先手を取られたら押し返すのは不可能である。

　為義・為朝の予想は見事に的中する。7月11日未明、天皇方は総攻撃を敢行。保元の乱の幕が切って落とされた。

　為朝が守る白河御所の西門には、平清盛率いる部隊4500が押し寄せた。部隊から突き出したのは、本日の先陣を任されている伊勢の住人・伊藤景綱である。景綱は五と六というふたりの子息を前面に出し、門に迫った。為朝は弦に矢を番えると、弓を目一杯に引き絞り、先頭にやってくる伊藤六に狙いをつけた。

為朝の使う弓と矢の恐ろしさ

さて、ここで為朝が使用した弓矢について少しばかり説明をしておこう。

『保元物語』には、為朝の弓を8尺5寸（約258cm）としている。通常の弓で7尺5寸（約228cm）だから、為朝の弓はかなり大きい。弓本体も太く、まるで長持ちのかつぎ棒のようであったという。

矢もすごい。通常の矢が12束（一束は普通の人の拳ひとつ分。12束で2尺7寸5分。約83cm）なのに対し、為朝の矢は15束。拳3つ分長い。矢柄（矢の本体）材は生えてから3年が経過した3年竹。3年未満の竹は弱く、3年以上の竹が割れやすいのに比べ、3年竹は最も強靭だ。さらに、細長く打ち伸ばした鉄の棒を矢の中ほどまで挿入し、矢柄の強度と重量を増していた。

矢羽は鷲・鷹・朱鷺のものが最上とされるが、為朝はあまりこだわらない。鳶や梟、鴉、鶏などの羽根も嫌わずに使っていた。矢筈（矢を弦に番える個所）はかなり工夫している。普通は「よ筈」といって矢柄の最後尾に溝を入れて矢筈としていたが、為朝は継筈といって鹿の角などに溝を入れて矢柄の最後尾に継ぎ足していた。目的は矢筈の強化。矢を放つ際に矢筈が砕けるのを未然に防止したのである。

鏃は征矢（通常の矢）のほかに、工夫を凝らした特製の矢も携帯していた。たとえば、甲冑に対する貫通力を高めるため、鏃の先端を細く鋭利にした矢があった。また、鑿のような形をした鏃もあった。厚さ5分（約1.5mm）。広さ一寸（約3cm）。長さ8寸（約24cm）。全体を氷のように磨きあげ、しかも、油までさした矢だ。『保元物語』は、「当たればツイと向こうに通り抜けるような鏃である。どんな大岩石や鉄の築地でも、この矢には耐えられそうにない」と記している。人間などもっと耐えられないだろう。血管・組織が切断されながら刺さるのである。ほぼ即死ではなかろうか。

為朝はさらに恐ろしい雁股も携えていた。雁股とは先端がふたつに割れた鏃（第3部参照）だが、『保元物語』によれば、為朝のそれは「薙刃一寸。手六寸。渡り六寸」という巨大なものだった(註1)。「薙刃」とは、雁股の鏃に内側につける刃のこと。矢を射ると相手に当たる部分であり、刺さりやすいように先端から奥に向けて刃をつけていた。薙刃一寸とは、雁股の両側約3cmに刃がついていたことになる。

「手」とは、雁股の左右に突き出た部分のこと。6寸とあるから約18cmもあったことになる。「渡り」とは左右の「手」の間の長さであり、「手」の長さと同じく約

18cmもあった。少しばかり思い浮かべてほしい。左右両側に約18cm突き出、さらに突き出した部分の左右先端の間が約18cmという雁股の鏃を……。まさに大雁股の矢である。加えて、殺傷能力を増すために手の先端部分を鋭利に磨きあげ、さらに外側の峰の部分にも刃をつけていた。

　長大な弓に重量感・破壊力に満ちた矢。こんなものまともに射ることができるのか？　と思うが、為朝の身体構造は、こうした弓矢を扱うのに適していた。前述したように身の丈が7尺（約210cm）もあり、臂力（腕の筋力）も強かった。加えて――生まれつきか修練の賜物かはわからぬが――弓手（左手）が馬手（右手）よりも、4寸（約12cm）も長かった。そのため長大な弓に、長くて重い矢を番えても、目一杯にも引き絞って射ることができたのである。そういえば先に紹介した李広（P90参照）も似たような身体構造をしていたと伝えられる。弓矢の名手たる第一要因は、弓を射るのに適した体格、となるだろうか。

　ともかく為朝は、長大な弓、破壊力抜群の矢、卓越した弓術を駆使して、敵方に大恐慌を巻き起こすことになる。

武者たちは次々と為朝の矢の餌食に……

　話を西門の攻防に戻そう。最初に射られたのは伊藤六（註2）である。為朝は先端を細く鋭利にした矢を放った。矢は伊藤六の身体を貫通して飛び出し、後ろにいた伊藤五の甲冑にも突き刺さった。事の子細を見ていた伊藤景綱は仰天し、転がるように清盛の前に出ると、「伊藤六の着ていた甲冑は二重の鎧でした」とまくし立てた。伊藤景綱の言葉は瞬時に部隊中に広まった。二重の鎧が貫通するのでは、為朝の矢の前では普通の鎧など布に等しい。清盛の部隊は恐慌に落ち入った。清盛は西門からの撤退を決意する。このあと、功名心にかられた山田維行という武士が、為朝に弓勝負を挑むが、大腿部を射貫かれて落馬。為朝部隊の兵に首を取られた。

　平清盛の部隊が後退したあと、西門に押し寄せてきたのは為朝の兄・義朝の部隊であった。義朝は為朝に「我らは天皇の勅命にしたがって動いている。また、我れは汝の兄ぞ。兄に向かって弓を引いて良いのか」と呼びかけた。すると為朝は、「私は院の命で動いています。また、『兄に弓を引く』云々のこと。なれば兄上は父に対して弓を引いているではありませぬか」と応じた。天皇の命、院の命、優劣はつけがたい。あるのは「勝てば官軍」という絶対の事実のみである。

　為朝と義朝の間の距離は30間（約54m）。為朝なら仕損じることのない距離

だ。しかし、為朝は最初の一矢は敢えて外すことにした。なんといっても兄弟の間柄であるし、総大将を最初の一矢で造作なく射殺することに多少のためらいを感じたからである。
〈最初の一矢は脅すだけに留めよう〉
　為朝は鏑矢(かぶらや)(第3部参照)を弦に番えると、弓を満月の如く引いて放った。矢は大音響をあげながら飛び、義朝の兜の星飾りを射落とすと、はるか後方に飛び去った。義朝はあまりに強烈な矢風に失神寸前となった。しかし、なんとか踏ん張り、「腕が乱れておるな」と強がってみせた。すると為朝は「最初の矢は思うところがあって外し申した。なれど次は必ずや命をいただきます」と応じ、弓に矢を番え、少しばかり弓を引きながら義朝を見据えた。義朝は次こそ確実に射殺されると察し、為朝の声が聞こえなかったようなふりをして後方に引くと、部隊に攻撃命令をくだした。
　戦いがはじまった。為朝は雑兵を相手にしない主義である。矢を馳走するのは、相応の地位と身分を備え、きっちりと名乗りを上げて向かってくる武士だけである。相模国(さがみ)(現在の神奈川県)の大庭景義(おおばかげよし)は、大雁股の矢で足を砕かれた。また、甲斐国(かい)(現在の山梨県)の志保見ノ六郎は、首を射貫かれて絶命した。この他にも数多くの武士が為朝と、彼の郎党たちによって討たれた。
　しかし、為朝の奮戦と西門での優位は、あくまで局地的なものでしかなかった。数的に劣勢なのと先手を取られた弱みも手伝い、西門以外の上皇方はズルズルと後退。白河御所に火がかけられるに及び、戦いの大勢は決した。崇徳上皇、左大臣・藤原頼長は無論、上皇方についた武士たちも、生きているものはすべて逃亡した。

為朝は大島に流される

　戦後処理は厳格を極めた。崇徳上皇は讃岐(さぬき)(現在の香川県)に流され、左大臣・藤原頼長は逃亡途中に射殺されていたが、事の真偽を質すため埋葬地が掘り返された。また源為義は比叡山に逃れたのちに自首する。嫡男の義朝が、天皇に恩赦を願い出ることを期待してのことだ。しかし、天皇の懐刀である僧・信西(しんぜい)が強硬に処刑を主張したため、斬刑となった。平忠正(ただまさ)(清盛の叔父)も処刑された。
　さて、為朝。父の為義が比叡山に隠れているとき、為朝は再起を促すため父親のもとを訪れている。為朝は一旦、関東に下り、関東の源氏方の武士と奥州藤原氏(東北で割拠していた大勢力。この時期は藤原基衡(もとひら)が当主)を糾合して朝廷

政府と戦うという壮大な作戦を説いた。しかし、すでに自首を決めていた為義は為朝の提案を拒否した。

為朝は近江に隠れた。九州に馳せ戻り、在地の武士たちを糾合する策も考えたが、途中の警戒網の厳しさを考えると現実的ではなかった。やがて心労が祟ったのか、為朝は発病。重体に落ち入る。温泉地で療養することで一命は取りとめたが、人前に姿をさらしたことにより近江潜伏が露見した。

捕り方は為朝が湯に入っている頃合いを見計らって襲ってきた。湯のなかでは太刀を帯びていないから捕まえやすい、と考えたのだ。しかし、捕り方の読みは甘かった。為朝は素手で猛烈に暴れた。当たるを幸いブン殴り、蹴りまくり、投げ捨て、押し潰した。おかげで捕り方では死傷者が続出。さらに湯屋の柱を引っこ抜いて外に飛び出し、風車のように振り回した。死傷者はさらに続出した。だが、為朝も病みあがりである。さすがに気力・体力が続かなかった。疲れ果てて転倒したところを取り抑えられた為朝は、裁きのために京に送られ、尋問を受けた。保元元年の8月26日のことである。

朝廷内では為朝の処罰法をめぐって議論が戦わされた。処刑すべしとの意見も多かったが、希代の弓矢巧者を殺すのは惜しいという意見も多かった。結局、為朝には伊豆大島配流の沙汰がくだされた。ただ、二度と強弓が引けないよう左右の二の腕を折られた。

伊豆大島で最後の大暴れ

伊豆大島に流されたが、為朝は意気軒昂だった。強い弓は引けなくなったが、以前よりも長い矢を使うことで、威力と射程距離の低下は防げる。矢が長い分、より深く弓を引き絞ればよいのである。為朝は「この島と後ろに連なる島々こそ我が所領」と公言し、三宅島、神津島、八丈島など伊豆七島で支配者然とした行動をとった。

為朝は住人たちを惨く扱った。腕に覚えのありそうな者を見つけると、「我が敵也」と因縁をつけ片っ端から腕を折った。また、住民が武装蜂起しないように、島にあるすべての弓矢を集めて焼き捨てたりもした。保元の乱の勇者は、凶暴な独裁者に変貌した。

為朝はあるとき、八丈島から一日一夜航海し、大男の居住する島に到った。上陸してみると田畑はないし、樹木の実は日本では見たことがないものばかりである。大男に「なにを食って生きている?」と尋ねると、「鳥や魚を捕って食っている」

との答えである。為朝は弓矢を取り出して鳥を射殺してみせたあと、島の住人に向けて弓を引き絞り、「我れに従わなければ皆殺しにする」と恫喝した。

すると住人たちは恐怖におののき、従う旨を誓った。為朝が島の名前を問うと「鬼島」(註3)との答えだ。「お前らは鬼か?」と問うと、島の住人は、「遠い昔にこの島に渡ってきた先祖たちは鬼だったが、末裔の我らは違う」と答えた。為朝は3年に一度の年貢納入を強引に承知させて引き上げた。

さて、島の本来の支配者である宮藤斎茂光。京の都にのぼって切々と窮状を訴え、このまま為朝を放っておくこと将来の禍根となることを強調した。朝廷はさもあらんとし、為朝追討軍を伊豆大島に派遣した。規模は軍勢数500余人。船100艘である。

為朝は大島で住民を虐げていたから、誰ひとりとして味方につく者はいない。討伐軍相手に孤軍奮闘するしかなかった。放つ矢は船を射貫いて沈め、鎧武者を串刺しにした。しかし、自分がすでに天に見放されていることを為朝も自覚していた。為朝は自害を決意。9歳になる嫡男を殺した。しかし、妻とふたりの子どもは逃げ出した。為朝は家族からも見捨てられた。為朝は家に火をかけて切腹した。享年28。

なお、為朝には伊豆大島配流中に琉球列島に渡り、琉球王家の始祖になったという伝説もあり、これは1650年に成立した琉球王朝の正史『中山世鑑』に記されている。江戸時代の作家・曲亭馬琴はこの伝説に取材し、『椿説弓張月』を著わしている。

註1: 為朝の矢
　同記述は金刀羅宮蔵本の場合。写本によって記述には若干の相違がある。
註2: 伊藤六
　『保元物語』ではあっさりと為朝に殺されている伊藤六だが、これは史実とは異なる。伊藤六はあくまで通称であり、実際は平景家を名乗る平家の有力家人である。保元の乱後も生き残り、有力武将のひとりとして平氏政権の確立に貢献した。平清盛の死後に出家。源(木曽)義仲の迎撃に失敗して京に敗走した後に消息を絶っている。なお、伊藤五は実弟であり、実際は藤原忠清を名乗る有力家人である。史実で生きている人物があっさりと死んでしまう辺りは、『保元物語』の文学的虚構と考えることができよう。
註3: 「鬼島」
　現在の青ヶ島と推定されている。

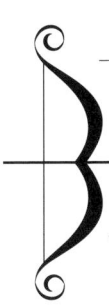

那須与一

源平合戦史に異彩を放つ若きアーチャー

◆地域:日本　　◆時代:鎌倉時代初期　　◆出典:『平家物語』『源平盛衰記』など

義経が仕掛けた奇襲作戦

　那須与一と扇の的の逸話は、日本合戦史上の白眉ともいえよう。事が起こったのは1185年（文治元）2月18日の夕刻である。

　この日、与一が属する源氏軍は御大将・源義経の指揮のもと、屋島（現在の香川県高松市屋島一帯）の平家軍陣地に奇襲をかけた。平家軍は当初は恐慌に落ち入ったが、源氏軍が数的に劣勢だったこともあり、徐々に態勢を回復。やがて源氏軍と互角に渡り合った。戦いは夕刻になっても勝敗がつかず、双方とも翌日の決着を期し、一旦軍を引くことにした。

　後退しようとした矢先、沖合に逃れていた平家方の船団から一艘の小船が離れ、岸のほうに寄ってきた。乗っているのは、柳の五衣の上に紅の袴をはいた、18～19歳くらいの女官である。女官は真ん中に金色の日の丸を描いた紅の扇を船棚に挟んで立て、ヒラヒラと手招きをしている。義経は股肱の後藤実基に意味を問うた。実基は「射てみよとのことでしょう」と答えたうえで、義経自身ではなく、味方から弓を能くする武者を選んで射させることを勧めた。義経を誘い出し、射殺する計略とも考えたのである。白羽の矢が立てられたのは那須与一であった。

与一は決死の覚悟で臨む

　那須与一は下野国（栃木県）那須郡の人。那須資高（資隆）の子である。このとき、年齢は20歳ばかり。小柄ながら弓の名手であり、3羽の飛鳥がいれば、2羽は確実に射落とす腕前である。与一がまかり出ると、義経は沖合の小船を指差し、「あの扇を見事に射貫け」と命じた。与一は「某よりも巧みな者に御命じくだされ」と応じた。首尾よく命中すればヨシ、さもなくば味方の将兵に大恥をかかせることになるからだ。だが、義経は頑として聞かない。与一は仕方なく承諾した。

　与一は愛用の滋籐弓を小脇に抱えると、馬にまたがって海の中に入っていっ

日本・アメリカ大陸のアーチャー　　135

た。確実に的を射るには、可能な限り的(まと)に近づくのが良い。与一は慎重に馬を進めた。止まる。的との距離は約7段(1段は6間＝約10.9m)。必中の距離からは幾分遠い気もするが、これ以上は進めない。

　時刻は酉の刻(とり)(午後の6時頃)。夕闇は濃くなりはじめ、北風は激しく吹き、波は磯で砕けている。平家方の女官と扇の的を乗せた小船も、波に揺られて上下している。静止していてさえ難しいのに、ユラユラと上下する小さな扇を射落とすことなどできるのか。

　さしもの与一もツバを飲んだ。視線を沖合に転じる。平家方の軍船には将兵が居並び、ジッと凝視している。背後を振り返る。源氏方の将兵の視線も集中している。与一は思わず目をつぶり、心のなかで祈念した。

〈南無八幡大菩薩、日光権現、宇都宮大明神、那須の湯泉大明神よ。なにとぞあの扇の真ん中を射貫かせてくだされ。射損なおうものなら、人にあわせる顔がございません。弓を折って、潔く自害するまでです。今一度、生きて故郷の土を踏ませてやろうと思し召しでしたら、この矢を的に……的の真ん中に〉

　与一は目を開いた。

🌸 天下に面目を施す

　風が少し弱まり、波も幾分収まったように見えた。千載一遇の好機だ。与一は鏑矢(かぶらや)(第3部参照)を番えると、弓を満月の如く引き絞り、狙いをつけて放った。矢はかん高い音をあげつつ飛び、扇の要(かなめ)の少し上に命中した。扇は空中に舞い上がり、北風に揉まれるようにヒラヒラと翻(ひるがえ)りながら、海中に落ちた。

　源平双方からドッと感嘆の声が上がった。平氏の将兵は船端をバシバシと叩きつつ歓声を上げ、源氏の将兵は箙(えびら)(矢を入れる道具)を打ち鳴らしてどよめいた。あまりの見事さに感動したのか、平家方では50歳絡みの武士が、的の立ててあった小船の近くに寄ってきて、舟上で舞いを舞いはじめた。すると義経の腹心の伊勢義盛(いせよしもり)が与一の側にやってきて、「御大将のご命令である。あれを射よ」と指示した。与一は応じて矢を弓に番え、件の老武士を射殺した。平家方は粛然となったが、源氏方は再び箙を叩きながら大声で喜んだ。

　与一は義経の期待に十二分に応え、天下に面目を施した。その功績により、平家滅亡後に5ヶ所の荘園を与えられている。

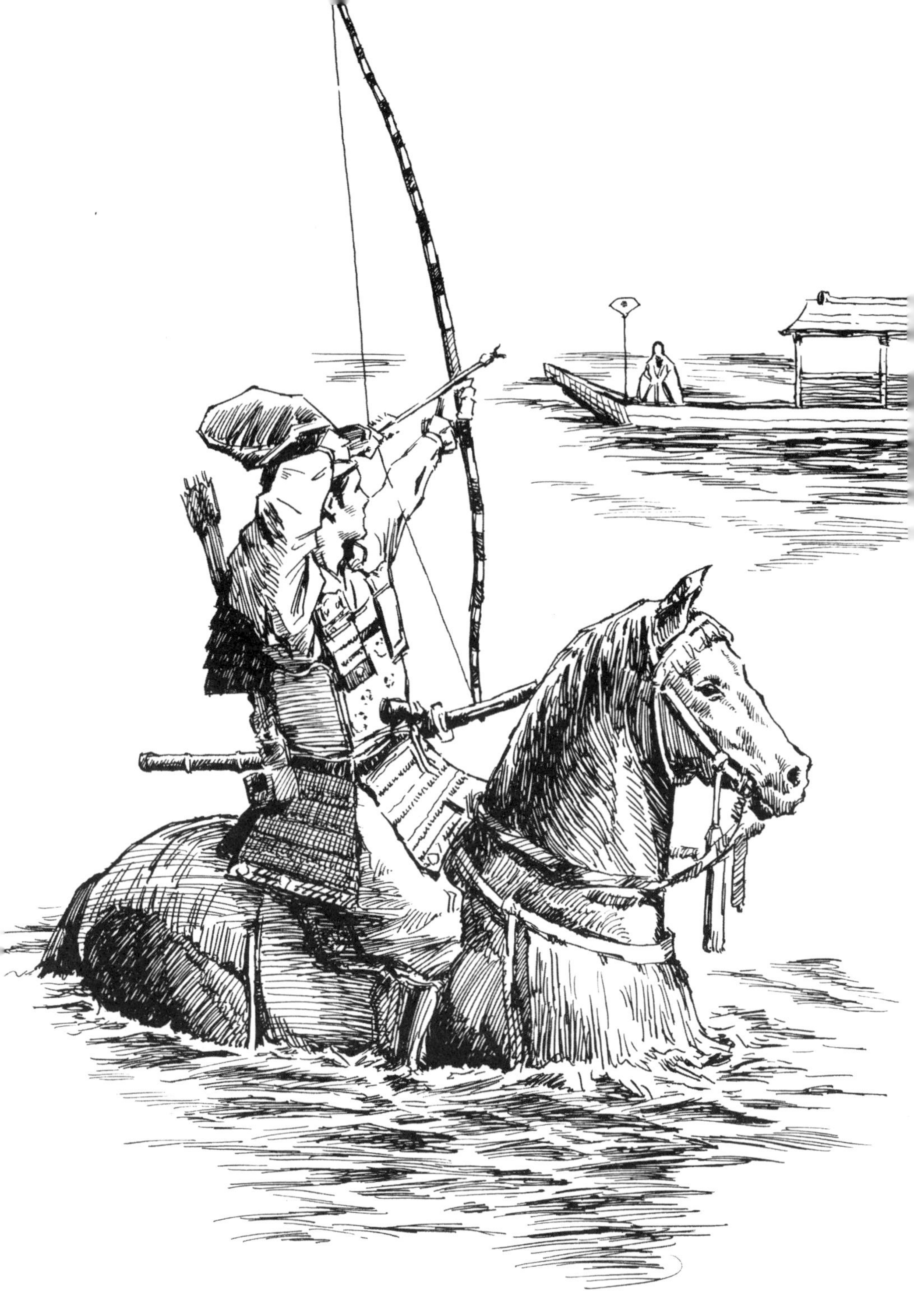

吉備津彦命

温羅を射殺した四道将軍のひとり

◆地域:日本　◆時代:古墳時代(4世紀)　◆出典:中国地方の伝説

桃太郎のモデルになった武人

　吉備津彦命は孝霊天皇(第7代)の皇子である。『日本書紀』の崇神天皇10年9月条には、吉備津彦命が「四道将軍」のひとりとして派遣された旨が記されている。四道将軍とは、大和政権に帰順しない勢力を武力討伐するために派遣された4人の将軍のこと。北陸・東海・西道・丹波の4ヶ所に派遣され、吉備津彦命は西道(中国地方)制圧を担当し、吉備国(岡山県)を平定したと伝えられている。岡山県内にある吉備津彦神社(岡山市)と吉備津神社(総社市)は共に、吉備津彦命を主神として祭っている。

　吉備津彦命が「桃太郎」のモデルになったことは知られているが、吉備津彦命が名射手であったことは、案外、知られていない。吉備津神社には、吉備津彦命の弓の名手ぶりを物語る伝承が今に伝えられている。以下、簡単に紹介してみよう。

　——崇神天皇(垂仁天皇とする伝承もある)の御代、異国の鬼神が吉備国に飛来して住みつくようになった。鬼神の名は温羅。百済の王子とも、新羅の王子ともいわれているが、正体は定かではない。身の丈は1丈6尺(約4m強)。両眼は虎か狼の如くランランと輝き、髪の毛は真っ赤。性格はいたって凶暴・残忍であり、里に出没しては乱暴狼藉を尽くした。さらわれる婦女子は続出し、都への貢物は根こそぎ奪われた。温羅の隠れ家は、吉備の山中にある鬼の城。加えて、近くの岩屋山に堅牢な城を築いていた。

　吉備の人々は温羅を倒さんとしたが、自分たちの力ではどうにもならず、大和の朝廷に温羅退治を要請した。朝廷は応じて将軍と軍隊を派遣した。しかし、温羅は変幻自在の術を使うばかりか、用兵も極めて巧みだった。精強な都の軍勢でも埒があかず、むなしく撤退することが相次いだ。事態を憂いた朝廷は、ついに切り札ともいうべき将軍を派遣した。孝霊天皇(第7代)の王子にあたる吉備津彦命である。

🌸 吉備津彦命と温羅の弓矢対決

　吉備津彦命は「吉備の中山」に陣を構え、西の片岡山に城を築いて、鬼の城に立てこもる温羅と対した。温羅は不可思議な術を用いて、命の軍勢を翻弄した。また、温羅に率いられた鬼軍団もなかなか強い。吉備津彦命はなんとか温羅を討ち取ろうと、幾度にも渡って温羅に矢を射かけた。しかし、温羅もさるもの。矢には矢を！　とばかり応射してきた。その度に、吉備津彦命の放つ矢と温羅の放つ矢は、空中で衝突して地に落ちた。

　このままでは……先の軍勢の二の舞いである。吉備津彦命は思案の挙げ句、2本の矢を同時に射る対処法を思いついた。命は矢を番え、弓を引き絞る。命の作戦など露ほども気づかない温羅も弓を引き絞る。双方とも放った。一矢は今まで通り空中で衝突して落ちたが、もう1本の矢は寸分の狂いもなく温羅の左目を射貫いた。絶叫があがり、温羅の左目からおびただしい血が噴き出た。血はそのまま川となった。これが現在の血吸川（総社市阿曽から流れ出て足守川に注ぐ）である。

　温羅は勝算のないことを察し、雉に化けて山中に逃れた。しかし、命は鷹に変身して温羅を追跡した。温羅はたまらず鯉に姿を変え、血吸川に飛び込んだ。すると命は鷹から鵜に変わり、温羅が化けた鯉をすくいあげた。温羅は観念して降伏。命は温羅を斬首刑にすると、首を串に刺してさらしたあと、家来の犬飼武に命じて犬に首を食わせた。

🌸 温羅の首は今も鳴り続ける

　温羅はこうして倒された。しかし、温羅の肉体は滅びても怨念は滅びない。温羅の髑髏は命をののしり続けた。命は仕方なく、吉備津宮の釜殿という建物の竈の下に、8尺（約2m40cm）の穴を掘って埋めた。それから13年間、温羅の首は地中でうなり続けた。ある夜、命の夢枕に温羅が立ち、「我が妻の阿曽媛に釜殿で神饌（神に捧げる食事）を炊かせよ。世の中にもし何事かあれば竈の前にくるが良い。幸事なら豊かに鳴り、凶事ならば荒々しく鳴ろう」と告げた—

　以上が、吉備津神社に伝わる吉備津彦命と温羅の伝承である。温羅の首は今も釜殿の竈に祭られており、竈の振動によって吉凶を占う鳴釜神事が、今もときどき行われている。なお、総社市の北方には、鬼ノ城山（標高403m）と呼ばれる山があり、温羅が立てこもったとされる石積みの城跡が残されている。

源義家

源氏の基礎を確立した八幡太郎

◆地域:日本　　◆時代:平安時代中期　　◆出典:『古事談』『宇治拾遺物語』など

🌸 名大将にして名アーチャー

　源義家は源頼義の嫡男である。生年は1039年（長暦3。異説あり）。没年は1106年（嘉承元）。八幡太郎と称された。1051年（永承6）陸奥の豪族・安倍頼時が反乱（前九年の役）を起こした際には、父親にしたがって遠征軍に参加。その後、陸奥守兼鎮守府将軍となり、陸奥の豪族・清原家衡の反乱を鎮定している（後三年の役）。義家は「天下第一の武勇の士」「武士の長者」と称された勇者であり、弓の達人でもあった。前九年の戦役を記した『陸奥話記』（平安時代の後期に成立）は、弱冠19歳の義家の剛勇と弓の練達ぶりを次のように賛辞している。「将軍（源頼義のこと）の長男・義家は、驍勇絶倫であり騎射は神の如くである。白刃に身をさらして敵の包囲網を突破し、大鏃の矢で賊の将を射た。矢は一射必中。賊将たちを次々と斃した」

　また、同書には次のような話もある。「義家が射る矢はことごとく敵に当たり、まるで弓弦が鳴るごとに鎧武者が倒れるような有様であった。清原武則（朝廷軍に味方した陸奥の豪族）は大いに感心し、『貴殿の使われている弓の貫通力を試したい』と申し出た。義家は喜んで応じた。武則は堅い鎧を三つ重ねにして樹の枝にかけた。義家が射ると、矢は一矢にして三つの鎧を射貫いてしまった。武則は『神の生まれ変わりともいうべき人だ』と、感嘆すること頻りであった」

🌸 『古今著聞集』が語る義家の弓の腕前

　義家の弓の技量は他の書物にも散見される。たとえば、鎌倉時代の中頃に成立した『古今著聞集』は次のような話を記す。
　——前九年の役平定後、降参した安倍宗任（安倍頼時の子）は源頼義の家臣となり、日夜、源義家のもとに出仕した。ある日、義家は宗任を連れて狩りに出かけた。
　野原に到るとキツネが1匹走り出た。義家は馬を走らせながら、雁股の矢（第3

部参照)を弓に番えて狙いを定めた。しかし、射殺すのも可哀想に思ったので失神させることにし、左右の耳の間を擦(こす)るようして矢を射た。キツネは頭上を通りすぎた矢に驚いて倒れた。宗任は馬から降りてキツネを拾いあげ、「矢が当たっていないのに死んでいる」と仰天した。しかし、義家は「殺そうと思って射たのではない。すぐに生き返る。目を覚ましたら逃がしてやれ」と応じた—

　安倍宗任は前九年の役終結後、伊予国(愛媛県)に流罪となっているから、『古今著聞集』のエピソードは明らかに創作である。しかし、生存中の風評や『陸奥話記』によって広まった義家の弓の技量が根底にあって、創作されたことは間違いなかろう。

🌸 矢を射ずして妖魔を退散させる義家

　ところで、義家には弓を用いて妖魔を退散させた話も伝えられている。ふたつのエピソードを紹介しよう。まずは鎌倉時代初期の説話集『古事談(こじだん)』から。
—白河上皇(しらかわじょうこう)(在位1086年〜1129年)が、就寝時に物の怪に悩まされることがあった。そのとき「然るべき武具を枕元に立てれば良い」となった。召し出された源義家は、黒漆の弓を上皇に献上した。上皇がこの弓を枕元に立ててから物の怪は出なくなった—

　鎌倉時代中期に成立した『源平盛衰記(げんぺいせいすいき)』にも次のような話が書かれている。
—堀河(ほりかわ)天皇(在位1086年〜1107年)が病気となった。医師の治療も、僧による祈祷もまったく効果がない。公卿たちは相談した結果、「悪霊の祟り相違ない。然るべき武士に宮中の警護を申しつけよう」という結論に達した。

　警護者として白羽の矢が立てられたのは、源義家であった。義家は鎧を身につけ、弓と矢を持ち、御所の南庭に仁王立ちになった。そしてキッと天空を見据えるや、「我こそは清和天皇の第4代の孫、多田満仲(ただのみつなか)(源氏の基礎を築いた源満仲のこと)の3代の後胤、伊予守源頼義入道が嫡男にして前の陸奥守源義家なり。今、勅命により宮廷を守護しておる者ぞ。いかなる悪霊・鬼神なりといえども、好き勝手はさせぬ。退散せよ」と大声で叫ぶや、弓の弦を3度鳴らした。義家の声、弓の弦の音とも身の毛のよだつほどの恐ろしさであったが、これによって堀河天皇の病気はたちまち快癒した—

　史実か否か、はわからない。ただ、怪異に対して弓の弦を鳴らして対処することは、古代の宮廷では実際に行われていた呪術であり、宮廷警備を担当する滝口の武士の職務であったことが史書からわかる。

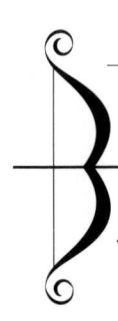

源頼政

怪鳥・ヌエを射貫く手練の弓矢

◆地域:日本　　◆時代:平安時代後期　　◆出典:『平家物語』『源平盛衰記』など

🌸 源頼光の子孫

　平安時代にご興味のある方なら、源頼光という名を耳にしたことがあるだろう。大江山に巣食っていた悪鬼・酒吞童子退治で知られる勇者だ。本項で取り上げる源頼政は、頼光の玄孫(曾孫の子)にあたる人物である。1156年(保元元)の保元の乱(P128参照)の際には、後白河天皇に与して戦い、1159年(平治元)の平治の乱(平清盛と源義朝の戦い)の際には平清盛に味方した。平治の乱以降、宮廷警護の役職にあったが、やがて正四位となり昇殿(天皇の前にまかり出ること)を許され、さらに平清盛の推挙によって従三位となった。
　ところで、鎌倉時代中頃に成立した『平家物語』には、源頼政が妖怪ヌエ(鵺)を弓矢で退治したエピソードが記されている。以下、要約しつつ紹介してみよう。
　—仁平年間(1151年～1154年)、時の帝である近衛天皇が、夜になると脅えて人事不省に落ち入ることが相次いだ。朝廷は高僧たちに仏教の秘法を行わせたが、効き目はまったくない。天皇がおかしくなるのは決まって午前2時頃。黒雲がにわかに巻き起こり、御殿の上を覆ってからである。主だった公卿たちが集まって対策を練る最中、ある公卿が「そういえば堀河の帝の御時も……」と、源家の先例(P140参照)を語った。公卿たちは「先例に従って武士に対処させるべし」という結論に達し、源頼政に事の子細を話して要請した。頼政が選ばれたのは、源政頼なる者が強力に頼政を推薦したからであった。頼政は「武士は朝廷への反逆者を討伐するのが役目のはず。はてさて、妖怪退治は専門ではないのだが……」と困惑しつつも、天皇の命令なので参内した。

🌸 世にも奇怪な化物を射落とす

　怪異の起こる刻限となった。東の方角から黒雲が湧き起こると御殿の上を覆った。頼政は黒雲を凝視した。雲のなかでなにやらうごめいている。頼政は持参の

滋籐弓に、山鳥の尾を矢羽とした矢を番えると、弓を満月の如くに引き絞り、怪異の元凶に狙いをつけた。帝の御前である。武士の意地にかけても仕留めなければならない。頼政は心中で「南無八幡大菩薩」と唱えると、矢を放った。

手応えがあった。天空から大きなものがドウッと落ちてきた。家来の井早太がすかさず駆けより、太刀で止めを刺した。公卿たちが何物ならん？　と松明を手に集まる。眼前に横たわっていたのは、頭は猿、胴体は狸、尾は蛇、四肢は虎という世にも奇怪な生き物の死骸であった。死骸はくり抜いた丸木舟に入れられ流された。頼政は帝から獅子王という名剣を恩賞として下賜された。

再度のヌエ退治と『十訓抄』の記述

応保年間（1161年〜1163年）ヌエは再び宮廷上空に現れ、二条天皇を恐怖に陥れた。朝廷では直ちに源頼政にヌエ退治を命じた。頼政は応じて宮廷に参内した。ヌエは頼政が現れるや、漆黒の闇のなかで一声だけ鳴いた。頼政は再度の鳴き声を待った。ヌエの姿は闇で視認できない。鳴き声を頼りに射るしかないと考えたからである。しかし、頼政の考えを見抜いているのか、ヌエは鳴かない。

頼政は一計を案じ、大鏑の矢を弓に番えると、先ほどヌエの鳴き声がした方向に放った。矢は大音響をあげて飛んだ。ヌエはこれに驚き、ヒヒッと鳴いた。頼政はすかさず2の矢を番えると、鳴き声のした方角に射た。矢は見事に命中し、ヌエは天空から落下した。公卿たちはドッと感嘆の声をあげた——

以上が『平家物語』が記す、源頼政のヌエ退治のてん末である。同様の話は『源平盛衰記』にも記されている。

ところで、両書とほぼ同時期に成立した『十訓抄』では、源頼政が射たのは妖怪などではなく、鵺鳥という「小さき鳥」であったことになっている。具体的な鳥名でいえば、トラツグミである。トラツグミは、ヒタキ科ツグミ亜科のヒヨドリ大の鳥である。日本列島の全域で平地から山林地帯に生息し、曇天や夜間にヒョーンヒョーンという淋しげな声で鳴くことから、ぬえ・ぬえとり・ぬえことり・よみつとりなどと呼ばれ、不吉な鳥とされてきた。

『十訓抄』では高倉上皇から「御殿の上で鳴く鵺鳥を射よ」との命を受けた頼政は、「昼でさえ小さくて捕まえにくい鳥なのに、5月の梅雨時の真っ暗な空で射れるわけがない。弓矢の武運はすでに尽きたようなものだ」と大いに苦悩。だが、院の命令であるから拒むわけにもいかない。心中で八幡大菩薩に祈りを捧げつつ矢を射放ち、見事に射落としている。

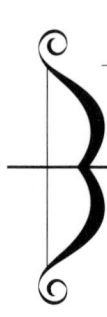

吉田上野介重賢

日本弓術に変革をもたらした天才

◆地域:日本　　◆時代:戦国時代　　◆出典:『本朝武芸小伝』『足利季世記』など

🌸 母親より小弓を与えられる

　吉田上野介重賢は、日置弾正より弓術を学び近世弓術を確立した人物である。出自は近江国蒲生郡河森の郷(現在の滋賀県竜王町)。家は代々、近江の佐々木六角氏に仕え、弓馬の術で数々の武功をあげていた。

　重賢の出生については次のような伝承がある。

　─重賢を懐妊する際、母親は三日月が胎内に入るの夢を見た。重賢が7歳のとき、母親は我が子を引き寄せて、「お前は生まれつき他人と異なっている。大人になっても邪な道に入るな。お前には天道の加護がある。お前を宿すとき、三日月が胎内に入る夢を見たから、お前はきっと弓の術で大成するに違いない。弓術を学べ」と説き、小さな弓を与えた。重賢はそれから日夜稽古に励んだ。

　成長するにつれ、稽古に益々熱心になり、「どこそこに弓の名手がいる」と聞けば、出向いて教えを請うた。しかし、精進を重ねてもなかなか弓術の深奥に到達しない。重賢は思い悩み、1499年(明応8)吉田八幡に17日間の参籠をし、神の助力を願った。すると満願の朝、夢枕に白髪に翁が立った。手には1本の矢を携えている。翁は手を上げ「是を……」と言って去った。夢はここで覚めた。

　重賢は大いに感動して、路上で占いをしている陰陽師に夢の子細を尋ねた。

　「『是』という字を分解してみると、日・一・卜・人となる。これはお主が弓矢にかけては日本一になるという意味である」

　重賢は勇躍し、さらに稽古に励んだ。翌年の1月19日、50歳ばかりの男がやってきて、「そなたは随分と弓術に精進していると聞く。わしは弓術の深奥を極めた者である。宜しければ伝授いたすが……」と言った。名を尋ねると「日置弾正である」と答えた。

謎の名人・日置弾正

　さて、ここで一旦、視線を重賢から日置弾正に移さなければならない。第3部の「弓の流派と通し矢」の項でも述べるように、日置弾正は近世弓術の始祖となる人物だからである。日置弾正については、「日置弾正正次（まさつぐ）は大和の人である。弓術を好んで妙を得、わが国の弓術中興の祖となった。往古より弓術で有名な人は多いが、弓矢の強弱・保持法・引き方などの深奥を極めた人はいなかった。正次はひとり微妙に達していた。古今の達人といえる。諸国を修行したあと、紀州高野山で出家。瑠璃光坊威徳（るりこうぼういとく）と称した。59歳にて没した」と解説されることが多い。
　しかし、これは伝承のひとつにすぎない。書物によっては伊賀（いが）（三重県）の出自としているものもあれば、伊勢（三重県）の守護職北畠氏の一族に連なる者とするものもある。名前も日置弾正正次のほかに、日置弾正入道道以、日置弾正忠入道以徳斎などがあり、同一人物なのか、別人なのかもわからない。また、重賢が自己の弓術を権威づけるために考え出した架空人物説もある。実在・架空はいずれにしても、日置弾正という名が日本の弓術史上に確固たる意味を持って存在していることは確認しておきたい。

日置弾正についての弓の修行

　話を戻そう。日置弾正という名前など、重賢は聞いたこともなかった。しかし、弓の修行を長年積み、他人に抜きん出た存在となった重賢をしても、日置弾正と名乗った眼前の人物が発するオーラには圧倒されるものがあった。重賢は丁重に家に迎えて師事。26歳の青年であった嫡男の重政（P149参照）とともに、弓術の稽古に励んだ。教えを受けるにつれ、重賢は自身の直感の正しさを知った。今まで知らなかった秘術や、これまで習った弓術ともまったく異なる技がいくらでもあった。師事すること7年。重賢父子は日置弾正から、奥義のすべてを授けた旨を記した印可を与えられた。ときに1507年（永正4）1月中旬のことである。同年の秋、日置弾正はいずれともなく姿を消した。重賢父子は大いに悲しんだが、「これはきっと弓術の再興を願う八幡神が人の姿をして我らに深奥を授けたに違いない」とし、一層の精進をした―
　吉田重賢の没した年は諸説ある。没年齢についても80、81、85と3つの説がある。

板額御前

源氏の荒武者を恐怖させた女アーチャー

◆地域:日本　　◆時代:鎌倉時代初期　　◆出典:『吾妻鏡』

建仁の乱で勇名を馳せた女武者

　1201年(建仁元)歴史上「建仁の乱(城長茂の乱とも)」と呼ばれる事件が起こる。京にいた越後の豪族・城長茂が、反鎌倉幕府を旗印に武装蜂起し、越後でも城資盛(長茂の兄・資永の子)が長茂に呼応して挙兵したのである。長茂は蜂起後に京で討ち取られるが、城資盛は要害の鳥坂城(現在の新潟県胎内市)に籠城し、幕府軍相手に力戦した。このとき、ひと際奮戦したのが板額御前である。

　板額は城資国の娘。長茂の妹であり、資盛のおばにあたる。生没年は不明。鎌倉幕府の記録である『吾妻鏡』は、板額の戦いぶりについて次のように記している。

　「女性の身であるが、弓の腕前は父兄以上。百発百中の技量を誇っていた。合戦の日には、髪をあげ、腹巻を施し、櫓のうえに立って、寄せ手相手に矢を振る舞った。射られた者はことごとく倒れた」

　板額を止めたのは、藤沢四郎清親という武士であった。股を矢で射通して倒したあと、生け捕りにしたのである。5月半ばのことだ。

　6月28日、板額は藤沢四郎に連れられて鎌倉に到り、将軍・源頼家の前にまかり出た。謁見の間の奥に頼家が簾を隔てて座し、両脇には畠山重忠・小山朝政・和田義盛・比企能員・三浦義村といった幕府の有力者がズラリと並んでいた。

　『吾妻鏡』はこのときの板額の様子を「その座の中央を通り、簾下に進んだ。いささかの媚び諂いの様もなかった。男の勇者と比べても遜色のない態度であった」と記している。板額はその後、甲斐国(山梨県)の阿佐利与一義遠という武士のもとに嫁し、一子を設けたと伝えられる。

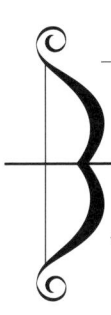

隠岐広有

怪鳥を射落として因幡に領地を得る

◆地域:日本　　◆時代:南北朝時代　　◆出典:『太平記』

紫宸殿の上に怪鳥が現れる

　1334年(建武元)秋、御所の紫宸殿の上空に怪鳥が現れ、「いつまで～いつまで～」と大声で鳴きはじめた。後醍醐天皇は隠岐広有に退治を要請した。広有は二条関白に仕える大剛の武士である。生没年は不明。隠岐広義の子と伝えられている。

　夜、広有は弓矢を携えて紫宸殿に赴いた。月光が皓々と輝き、天空が明るく照らされているなか、紫宸殿の上空にのみ黒雲がかかっている。黒雲のなかでは稲妻が光り、怪鳥の「いつまで～」という鳴き声は一層大きく響き渡った。

　広有は雁股の鏑矢を弓に番えると、怪鳥の声のほうに狙いをつけて弓を引き絞った。しかし、広有はふと思案げな表情を浮かべると、矢を一旦弦から外し、鏃を引き抜いて鏑のみになった矢を再び弓に番え、怪鳥の鳴き声のする方向に矢を放った。

　応じて、巨岩を落とすような音がした。松明の明かりで照らして見ると、頭は人間、身体は蛇、鋸の如き嘴、剣のような長い爪、羽を広げると1丈6尺(約5m)という、世にも奇怪な生物であった。

　後醍醐天皇は広有の腕前に感心しつつも、矢を放つ前の行動について尋ねた。なぜ、雁股の鏃を引き抜いた矢を放ったのか？　と。広有は次のように答えた。

　「さればでございます。鳥は御殿の上で鳴いておりました。雁股を用いれば、矢は鳥を傷つけたあと、御殿の屋根に刺さります。それはあまりに恐れ多きこと。それゆえ鏃を引き抜いた矢を用いたのでございます」

　天皇は広有の機転に感じ入り、その夜のうちに五位の官位を授け、翌日、因幡(鳥取県)に領地を与えた。

小笠原長時

武田信玄と戦った小笠原流弓馬術の名手

◆地域:日本　　◆時代:戦国時代　　◆出典:『二木家記』など

🌸 中信濃最強の豪族

小笠原氏の興起までの流れを大まかに示すと以下の通りになる。
清和天皇→貞純親王(清和源氏の祖)→〈中略〉→源頼義→源義光(新羅三郎。頼義の三男)→源義清→源清光→源遠光(清光の次男。加賀美氏を称する)→小笠原長清。

小笠原長清は源遠光の次男である。元服の際に高倉天皇(在位1168年〜1180年)から「小笠原」の姓を賜り、甲斐国(山梨県)北巨摩郡小笠原に住んで小笠原長清を称した。1180年(文治元年)加賀美遠光の信濃守就任を機に、小笠原長清も信濃に移住した。

小笠原家には家伝の弓馬術があり、代々の当主は同術の伝承者でもあった。たとえば、小笠原長清は父の遠光とともに、鎌倉幕府の糾法(弓の法)師範となり、流鏑馬・犬追物・笠懸・大的・小的など弓馬の儀式の制定を行ったと伝えられる。長清より7代目の貞宗も弓馬の名手であり、後醍醐天皇(在位1318年〜1338年)から「弓馬の道については日本一の師範」と称賛された。

戦国時代に入ると、小笠原氏は中信濃最強の豪族として、甲斐の武田信玄と戦った。時の当主は小笠原長時。先祖伝来の弓馬術の達人にして、剛胆な武将であった。旭日の勢いにある武田軍との戦いでは、終始押されぎみであったが、1550年(天文19)には千の兵で1万の武田軍を撃退している。

小笠原家は江戸時代になると、再び、将軍家の糾法師範となり、道統は現在にも伝承されている。なお、源義信(清光の長男)が始祖となった武田家にも、武田流騎射流鏑馬が興っており、現在も伝承されている。

吉田出雲守重政

六角氏の弓術部隊を鍛えた弓の名手

◆地域:日本　　◆時代:戦国時代　　◆出典:『本朝武芸小伝』など

吉田上野介重賢の子

　吉田出雲守重政は、吉田上野介重賢（P144参照）の子である。父親とともに日置弾正より教えを受けて、弓術の深奥に達した。

　代々吉田家は、近江の佐々木六角氏に仕えた家である。吉田重政も得意の弓術を駆使して大いに武功をあげ、名前は諸国に知られた。『足利季世記』には、鍛え上げた弓隊を駆使して、松永弾正久秀の軍勢を撃退したエピソードがみえている。

　吉田重政が健在中、佐々木六角氏の当主は、佐々木義賢であった。重政の弓術の妙技にひたすら感服していた義賢は、あるとき、重政に「是非、弓術の奥義を授けるように」と要請した。しかし、重政は「弓術の奥義は唯授一人が原則になっております」と主張して拒否した。伝授するならば、吉田家に伝えていきたいと考えていたからだ。

　義賢は仕方なく引き下がったが、以後、主従の関係はギクシャクし、重政は代々の知行地を捨てて主家を出奔。越前朝倉氏の本拠地、一乗谷（現在の福井県福井市）に隠れ住んだ。

　隠棲が6年に及んだとき、朝倉氏の口添えで重政は主家に帰参した。義賢は大喜びし、出奔を咎めることなく、知行地を7ヶ所も加増した。重政も感激し、主君の厚情に報いる形で、義賢に弓術の奥義を授けた。

　のちに佐々木義賢は、重政の子である出雲守重高に唯授一人で奥義を伝授し、道統を吉田家に返している。なお、重政→義賢→重高の系統を日置流弓術のうち吉田流出雲派と呼んでいる（他の派に関しては第3部「弓の流派と通し矢」の項を参照）。

　重政の没年は1558年（永禄元）享年67と伝えられているが、1541年（天文10）享年85とする説もある。

早水藤左衛門

弓をとっては浅野家No.1の腕前

◆地域:日本　　◆時代:江戸時代　　◆出典:『忠臣蔵』など

🌸 得意の弓で敵の制圧に大活躍

　早水藤左衛門満堯は、元禄赤穂事件で吉良邸討ち入りに参加した四十七士のひとりである。生年は1662年(寛文2)。没年は1703年(元禄16)。

　この事件で藤左衛門は、ふたつの重要な役割を担っている。ひとつは江戸城松の廊下での刃傷発生(発生場所については異説あり)を赤穂に知らせる急使となったことだ。

　藤左衛門が早駕篭で赤穂藩上屋敷(現在の東京都中央区明石町)を出発したのが、1701年(元禄14)3月14日の午後2時頃。3月19日の午前4時頃には赤穂城下に到着した。江戸から赤穂まで155里(620km)。一日平均約120kmも走ったことになる。

　駕篭に乗っているだけだから楽では？　と考えてはいけない。終日、身体が上下に揺さぶられ、脳も内臓もシェイクされるのである。よほど強靭な体力の持ち主でなければ、生命の危険にかかわる任務である。

　いまひとつの重要な役割は、弓の腕前を駆使して討ち入りに成功を容易にしたことである。藤左衛門は弓術の達人・星野勘左衛門(茂則)に師事して弓術の奥義を極め、「弓矢にかけては浅野家随一。並ぶ者なし」と称賛されたほどの腕前であった。

　藤左衛門は討ち入りの際には表門組に配属された。騒ぎがはじまると、異変を知った吉良家の武士たちが、宿舎の長屋から出ようとした。藤左衛門は気配を感じるや矢継ぎ早に矢を射た。結局、吉良家の武士たちは藤左衛門に射すくめられて、戦闘に参加することができなかった。

　討ち入り終了後、細川家に御預かりとなり、2月4日に切腹した。介錯にあたったのは細川家家臣・魚住惣右衛門正広であった。

善良なる男

雲に矢を立てた神話上のアーチャー

◆地域:北アメリカ　◆時代:神話時代　◆出典:スクワミッシュ族の神話

🌹 ノアの大洪水の北アメリカ版

　以下に紹介するのは、スクワミッシュ族(アメリカ合衆国ワシントン州ピュージェット湾の周辺に住んでいたネイティブ・アメリカン)に伝わる神話である。
——はるかなる昔、地上世界では多くの人間・動物が悪しき心を抱いていた。タコマ山の頂上に住む"偉大なる精霊"はこの状況に激怒し、ひとりの善良なる男と彼の家族、心正しき動物たち以外は地上から消去しようと考えた。"偉大なる精霊"は、善良なる男に「タコマ山の上に低くかかっている雲に矢を射よ」と命じた。善良なる男が矢を射ると、矢は雲に突き刺さった。さらに"偉大なる精霊"は「矢の一番後ろの部分を狙って射よ」と命じた。善良なる男が射ると、矢は見事に矢筈(やはず)(矢を弦に番える部分)に命中した。

　善良なる男は"偉大なる精霊"の言葉通り、矢を射続けた。やがて雲から地上まで届く長い矢のロープができ上がった。すると"偉大なる精霊"は善良なる男に「お前とお前の家族と、良い動物たちは矢のロープを伝って雲の上にのぼりなさい。だが、悪い奴らはのぼらせてはいけない」と言った。

　善良なる男は、彼の家族と良い動物を行かせたあとにロープをのぼりはじめた。雲にたどりついて下を見ると、悪い連中も上がってくる。善良なる男は矢のロープを切り、それらを地上世界に落とした。しばらくすると"偉大なる精霊"は、大雨を降らせて洪水を起こし、悪い人々や動物を一掃した。

　地上から水が引いた。善良なる男、彼の家族、良い動物たちは地上に降り立ち、子孫は大いに繁栄した——

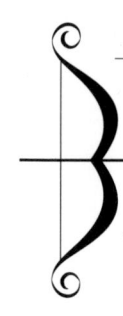

イシ

野生のネイティブ・アメリカン・アーチャー

◆地域:アメリカ　◆時代:20世紀　◆出典:『イシ―北米最後の野生インディアン』

❀ 石器時代から20世紀初頭のアメリカへ

　1911年8月29日早朝、カリフォルニア州オロヴィルの屠殺場にひとりのネイティブ・アメリカンが現れた。彼は絶滅したと思われていたヤヒ族最後の生存者だった。推定年齢は50歳。合衆国政府の管理から完全に漏れ、部族の生活様式を守り、石器時代の生活を送っていた意味において、彼は完璧な野生のネイティブ・アメリカンであった。

　彼は文化人類学者たちの尽力により、カリフォルニア大学人類学博物館の職員となり、博物館内で暮らすことになった。名前を明かさなかったので、彼はイシと名づけられた。南部ヤナ語(ヤヒ族の言語)で「人」を意味する単語である。

　イシは生きた文化人類学の標本だった。普段は博物館内の雑務に従事していたが、学問上の要請に応じて部族の生活を再現してみせることも多かった。

　狩猟採取の生活を送っていただけあって、イシは弓矢全般の名人であった。全般とは弓の本体作り、黒曜石での鏃作り、矢柄作り、矢羽の選定と取りつけなど弓矢製作工程のすべてと、実際の射撃である。射撃に際しては仕損じることがないよう、獲物を可能な限り近くに寄せてから矢を射た。

　イシの弓射を精力的に研究したのが、カリフォルニア大学の医師サクストン・ポープであり、研究成果は『BOWS AND ARROWS』という小冊子にまとめられている。なお、同書に「同じ重さの黒曜石鏃と鉄鏃を用いて、同一の的(牛の肝臓を詰め込んだ箱に鹿の毛皮を張りつけた)を、同じだけ弓を引き絞り、等距離から射た場合、黒曜石鏃のほうが25%も深く貫通した」旨の記述があるのは興味深い。

第2部

弓矢の歴史

―History of bow and arrows―

弓矢の誕生

❦ 最初に槍があった

　第2部では弓矢の発達史を扱う。といっても、世界のすべての弓矢を同等に扱っても収拾がつかなくなるので、前章と対比させる意味も込めてヨーロッパ、オリエント（関連上、西アジアと南ロシアも含む）、中国（モンゴル帝国を含む）、日本の4ヶ所をピックアップしている。ところで、各地域の弓矢史を述べるに先立ち、弓矢発生の起源を確認しておきたい。

　弓矢の発生は気候変化と密接な関係がある。かつて地球上に「氷河期」と呼ばれる時代があった。地球の気温が全体的に低下していた時代のことだ。地球は誕生から4回、大規模な氷河期を経験していることが、地質学の研究により判明している。今、ここで取り上げるのは最後の氷河期「最終氷期」である。

　この時期、南北両極は分厚い氷で固められ、地球各地の山岳地帯は巨大な氷河に覆われていた。比較的涼しい地域には大草原が、温暖な地域には森林地帯が、広がっていた。人類（ホモ・サピエンス・サピエンス）は、こういった環境に適応したマンモスやオオツノジカといった大型草食獣を狩って、主な食料としていた。狩猟の道具は、投槍器（槍の威力と射程距離を増すための棒状の器具）を使っての投槍であった。

❦ 環境の変化が弓矢を生んだ

　そして今から約2万年前、最終氷期はピークに達し、気候は以後、寒冷と温暖を繰り返しながら、全体的に温暖に転じていく。これにより各地で環境変化が生じた。大草原だった場所は、樹木の成育が促されたことで森林地帯となり、森林地帯は乾燥が進んでステップ地帯となった。この環境の変化は、大型草食動物の減少という結果を生んだ。さらに、数少なくなったそれらの動物を人類が乱獲したことにより、大型草食動物は瞬く間に絶滅してしまう。

　大型草食動物の減少と絶滅により、人類は中小草食動物を狩る必要に迫られた。イノシシ、野牛、シカ、ウサギ……。また、カモなど水辺の野鳥類も狩猟対象となった。しかし、人類はすぐこれらの動物を狩ることの困難さを思い知らされる。総

じて、中小草食動物や野鳥は危険察知能力が高く、動きが素早い。危険を感じるや否や、猛ダッシュで逃げ出す。一方、槍を投げる際の動作は大きい。立ち上がり、1〜2歩大きく踏み出し、腕を大きく振り回す……。この間、動物たちがジッとしているわけがない。かつての大型草食動物は、動きが鈍重だからこれでも間に合った。また、環境変化後も、シカ・ウシなどは的が大きい分、槍でもなんとか仕留められた。だが、水鳥や小動物相手では絶対に無理である。

　気候温暖化による環境変化は、人類を食料不足に追い込んだのである。動きの素早い中小動物や野鳥を確実に捕獲するには、どうしても新たな狩猟道具が必要だった。結果、弓矢が発明されたのである。

⚜ 弓矢の起源

　弓矢の発生時期は2万年から1万5000年前の間と推定される。弓矢による狩猟は、発射動作が槍より小さい分、動物に察知されるリスクも抑えることができた。また、槍は一旦投げる動作に入ると、中断も方向転換も難しいが、弓矢はそれも容易であり、動物の複雑な動きを追いながら放つことができた。射程距離や威力の調節も簡単だった。弓は万事、槍より優れていた。

　弓矢の発明原理、発明者、発明地域については、なにひとつ確定していない。ある学者は投げ槍器の原理を発展させたと主張し、ある学者は木の枝のしなりから反発力を発見したと主張する。どちらが真実かはわからない。発明地域については北アフリカのどこかで発明→ユーラシア・アフリカ大陸に拡散→南アメリカに到達という流れを主張する研究者もいるし、世界各地で独自に発生し、発達したと主張する研究者もいる。ともかく、悠久の原始時代のある時、ある場所で、なに族のなに兵衛かは知らぬが、日常的な動作か光景を見て、「オヤッ？」と思った者がいたのだろう。

　弓矢の発生要因はミステリアスの一語に尽きるが、弓矢の発明が人類を新しい自然環境に適応させたことは確実である。弓矢は、人類を食料不足による絶滅から救う有力な狩猟道具のひとつとなり、同時に人類という種の支配を促す有力な武器となったのである。

　それでは以下、先にあげた4地域の弓矢発達史を簡単にみていきたいと思う。なお、文章の流れを重視するうえで弓術に関する単語は、必要最小限を除いて解説をしていない。第3部に詳しく解説しているので、そちらをご参照願いたい。

第1章　ヨーロッパの弓矢

❦ 洞窟壁画は語る

　先史時代のヨーロッパの弓矢を語るうえで参考になるのが、先史美術に残されている弓矢の痕跡である。
　先史美術にはテラコッタ（粘土を素焼きにして作った塑像）や洞窟壁画などがある。先史時代のヨーロッパ人と弓矢の関連を物語っているのは、洞窟や山の岩肌に描かれた壁画の数々である。たとえば、スペイン東部の地中海に臨む地域には、多数の岩壁壁画が残っている。この地域のアラゴン州テルエル県カラパタで、石灰岩の岩山の岩陰に描かれた壁画が確認されたのは1903年のこと。以後、同地域の周辺で壁画の発見が相次いだ。壁画が描かれたのは、炭素14年代測定（有機質遺物の放射性炭素14の濃度によって年代を測定する方法）により、9000年～8000年前と推定されている。
　壁画にはサイ、クマ、ライオン、カモシカ、ウシ、ウマ、シカ、イノシシ、ヤギ、イヌといった多種多様な動物か描かれているほかに、弓矢を手にした狩人も数多く描かれている。弓矢は形状からすると単弓（セルフボウ／第3部参照）だろう。人物の上半身を越える長さがあるから長弓（ロングボウ／第3部参照）でもある。矢には矢を安定飛行させるための矢羽も描かれている。また、モレリャという町で確認された壁画には、人間どうしが敵味方に入り乱れ、立ったり、伏したりしながら矢を射る様子が描かれている。つまり岩面壁画は9000年～8000年前のイベリア半島で、弓矢が狩猟・戦闘の両方に使われていた事実を物語っている。
　次は時間を進めつつ、視線をバルカン半島に転じ、古代ギリシアの弓矢をみてみよう。

❦ 弓矢が蔑視されていた古代ギリシア

　古代ギリシアの戦場では弓矢が蔑視されていた。古代ギリシアの神話に弓の使い手が登場することは、すでに前章にみた通りである。ヘラクレス、オデュッセウス、アポロンといった、神々や伝説上の英雄が所持しているのになぜ？　という疑問を抱く方も多いだろう。ただ、すべての時代を通じて蔑視されていたわけで

はない。古代ギリシア時代といってもその範囲は、紀元前16世紀〜紀元前2世紀と長い。弓矢蔑視の風潮が激しかったのは、紀元前7世紀からペロポネソス戦争（紀元前431年〜紀元前404年）にかけての期間である。これには戦争形態の変化が大きく関係している。

　紀元前7世紀まで、戦争は王侯貴族の独擅場だった。血統を誇り、土地・奴隷・家畜などを多数所有し、ポリス（都市国家）の要職を独占する特権階級であった彼らは、戦争の際には自前で武具を調達して参戦。軍勢を指揮したり、華々しい一騎打ちを演じたりした。弓矢は彼らにとって重要な戦闘用具だった。恐らく、オデュッセウスが所有していたような逆反り合成長弓が使われたと推察される。

　ところが、紀元前7世紀を境に戦術の大転換が起こる。重装歩兵密集隊（ファンクラス）の登場である。重装歩兵とは青銅製の兜・脛当て・胸甲で厳重に武装し、円形か楕円形の大きな盾を持ち、長い槍と剣を武器として戦う兵士のことである。この重装歩兵が密集し、槍の穂先を揃えて突進する戦術が、重装歩兵密集隊であった。重装歩兵密集隊の登場により戦術形態は、王侯貴族による個人戦主体から、高度に組織化された集団同士の激突へと変化したのである。

　戦闘スタイルが一新した背景には、ポリス（都市国家）社会の変容があった。当所、ポリスの支配者は前述した王侯貴族階級だった。しかし、ポリス社会が成熟するに従い、土地を所有する農民が「市民」として力を持ちはじめた。彼らは経済的富裕層として発言力を強め、政治に参画するようになる。結果、ポリスは貴族支配から、市民による民主共和制へと移行していく。重装歩兵密集戦隊は、この過程で誕生した戦闘スタイルであり、戦隊の構成者となったのは彼ら市民階級であった。目的は自分たちに手による国土防衛。言葉を替えるなら、市民の、市民による、市民のための軍隊が重装歩兵密集戦隊だったのである。

　戦闘スタイルの変革は、戦争当事者＝市民の戦争観を変えた。戦争はただ勝てば良いものではなく、相応の〈美学〉が求められたのである。それについて古代ギリシア軍事史が専門のヴィクター・デイヴィス・ハンセンは、『図説　古代ギリシアの戦い』（東洋書林）の中で次のように説明する。

　「団結したアマチュア市民軍の力を一瞬に爆発させて、筋力、精神力、忠誠心によって勝利をつかもうとするのである。（中略）人間であれ物体であれ、障害物は純然たる力によって〈押し〉のけなければならなかった」（遠藤利国訳）

　要するに、姑息な手段を使わず、敵と正面から正々堂々とぶつかりあい、圧倒的パワーでねじ伏せる戦争が理想だったのだろう。したがって、弓矢は強大な威力を持ちながらも、姑息な武器になったのである。前出のハンセンは「弓兵は特殊

な戦士で、遠距離で勇者を殺せる死の部隊として恐れられたが、同時に、一騎打ちを避ける臆病者として軽蔑されていた」と述べている。といっても、弓矢が戦場から姿を消したわけではない。遠距離から勇者を射殺す機能は、大いに重宝がられた。ただ、使用にはかなりの制限が設けられた。ポリス間の戦争では、宣戦布告後、戦場の選定を含む戦闘協約の締結をしてから激突するのが常だったのだが、「弓矢は使用しない」という取り決めを交わすことも珍しくなかった。また、使用を認めた場合にも、弓矢は前哨戦程度に限られた。

さらに市民戦士は弓矢を使うことはなかった。弓兵として戦場を駆けめぐるのは、ギリシア本土からみて辺境地とされるクレタ島（エーゲ海の南端に浮かぶ島）やマケドニア（バルカン半島の北方）出身の傭兵か、ギリシア人であっても非市民傭兵であった。これは「みずからを危険にさらすことのない距離から人を殺すという考え方はまったく非ギリシア的であって、野蛮人や貧民にこそふさわしい行為と思われていた」（ハンセン前掲書）からである。

❧ ペロポネソス戦争と弓矢の復権

しかし、ペロポネソス戦争を契機として、弓矢は復権の道をたどりはじめる。ペロポネソス戦争とは、エーゲ海域からシチリア島にかけて散在するポリス群が、アテネ派とスパルタ派に分かれて戦った戦争である。戦争はスパルタ派ポリス群の勝利に終わるが、アテネ派ポリス群も消滅してしまったわけではない。戦争以降も、バルカン半島の情勢は混迷の度合いを深めていく。

その混迷は、戦争観を変えた。正々堂々とした勝利云々より、勝てば良いという考え方が大勢を占めるようになった。意識変化は戦闘スタイルも変えた。戦闘の決着は原野での重装歩兵密集隊による激突に限定されなくなった。奇襲、夜襲、攻城戦など、戦争は時と場所を選ばないスタイルに変貌したのである。

そんななか、弓兵は従来通り、辺境地出身の傭兵か非市民傭兵が勤めたが、市民から非市民に転落した人々の多くも傭兵として弓矢を手にした。彼らは多くは土地所有者であったが、政情不安と貨幣経済の進展により土地を失い、生活の糧を稼ぐため傭兵となったのである。弓兵の多寡（たか）は戦闘の帰趨（きすう）を決定する要因となり、ギリシア人たちは弓矢の優秀性を再認識するのである。

⚜ ローマ帝国の弓矢と弩砲

　紀元前600年頃、イタリア半島のティベル河畔に都市国家ローマが誕生する。ローマは周辺の都市国家に征服戦争を仕掛けて勢力を拡大。紀元前272年にはイタリア半島統一を成し遂げた。半島を掌握したローマはさらに勢力拡張政策を推進し、紀元前246年から紀元前146年にかけて、北アフリカの都市国家カルタゴと地中海世界の支配権をかけて抗争を展開。3度の戦争（ポエニ戦争）の末、カルタゴを滅亡に追い込んだ。また、バルカン半島にも盛んに進出し、紀元前146年にはバルカン半島の属州化にも成功。ギリシア諸ポリスを支配下に収めた。

　一連の征服戦争を進めるうえで、弓矢は有力な兵器となった。もっとも、弓兵となるのは、ローマからみて辺境地に住む人々による傭兵団であった。ヌミダエ族（現在のアルジェリアに住んでいた遊牧民族）やクレタ島民がよく知られている。クレタ島民は古代ギリシアの時代にも、弓兵として活躍していた。紀元前期、クレタ島は重要な弓兵補給地だったに違いない。

　古代ローマ弓矢に関して特筆すべきは、弩砲（第3部参照）の大量装備である。弩砲は機械仕掛けになっている大型の弓の総称であり、通常、"太矢"を発射するものを「投矢機」、"石砲弾"を発射するものを「投石機」と呼んでいる。投矢機は対人殺傷用兵器、投石機は城砦破壊兵器と分類することができよう。

　弩砲は紀元前4世紀頃の発明とされる。発明者については諸説あるが、前出のハンセンは「ディオニュシオス1世配下のエンジニア」をあげている。ディオニュシオス1世は、紀元前5世紀後半から紀元前4世紀初頭にかけて、シラクサ（シチリア島の東岸にあった都市国家）を支配した人物である。また、シラクサ出身の学者アルキメデス（紀元前287年〜紀元前212年）も弩砲の関連でよく知られている。アルキメデスの弩砲は、シラクサの弩砲作りの伝統のうえに構築されたものと考えられる。

　ともかく、弩砲は発明されるや否やたちまち実用化され、地中海世界に広がった。マケドニアのフィリッポス2世（在位：紀元前359年〜紀元前336年）や、アレクサンドロス3世（大王／在位：紀元前336年〜紀元前323年）も弩砲を使っているし、ローマとカルタゴが戦ったポエニ戦争（紀元前264年〜紀元前146年）の際には、双方とも大量の弩砲を装備していた。ローマ軍総司令官の大スキピオ・アフリカヌス（紀元前236年〜紀元前184年）がイベリア半島東部を制圧したときなどは、大小取り混ぜて476もの弩砲をカルタゴ軍の武器庫から押収したという。

⚜ 『ガリア戦記』に記された弓

　先史時代のイベリア半島、古代ギリシア、古代ローマと追ってきた。それでは、それ以外の地域は？　となるが、北欧とグレート・ブリテン島は後回しにするとして、今は西ヨーロッパに視線を移してみよう。

　紀元前期の西ヨーロッパ地域の弓矢について情報を提供してくれるのは、古代ローマの軍人・政治家であるカエサル（紀元前100年～紀元前44年）が著した、『ガリア戦記』である。ガリアとは現在のフランス一帯のこと。カエサルはガリア地方とグレート・ブリテン島への遠征に成功してローマの版図拡大に貢献する。『ガリア戦記』は遠征の詳細についての記録であり、紀元前期の西ヨーロッパとグレート・ブリテン島民の生活や政治・軍事機構を知るうえで、最適の史料となっている。

　さて、『ガリア戦記』に記されたガリア人のたちの弓矢についてであるが、残念ながらよくわからない（前ふりしておいて申しわけないが）。もちろん、弓矢はあった。武器としても使われた。にもかかわらず、使われたことがわかるだけであり、種類・射法・戦術については関心の外なのである。これは多分、弓矢はあくまで狩猟用具だったためと思われる。武器としての使用も、たまたま弓矢を持つ連中が集まり反撃した程度であり、戦術的にも未発達であったため、カエサルの関心をひかなかったのではないか？　と推察される。

⚜ 弓矢を好まなかった騎士

　時間を進め、中世の東西ヨーロッパに視野を広げてみよう。一般的に中世とは、ゲルマン民族大移動による西ローマ帝国の滅亡（476年）から15世紀末までを指している。東西ヨーロッパではこの間、クローヴィスによるフランク王国建国（481年）、フランク王国分裂（843年）、神聖ローマ帝国成立（962年）、十字軍の派遣（1096年～1270年）、英仏百年戦争（1339年～1453年）、スペイン王国の成立（1479年）などの事件が起こっている。

　この間、戦闘の中心となっていたのは、一貫して騎士階級であった。騎士は土地の授受を通じて、君主との間に主従関係を結んだ職業戦士である。普段は国王から与えられた土地の領主として領地経営を行い、戦争になると君主のために従軍した。騎士は日頃から武芸の鍛錬に精を出した。もちろん弓矢の稽古もした。しかし、騎士自身が戦場で弓を射ることはなかった。理由について中世史研

究の第一人者であるアンドレア・ポプキンズは『knights』(邦訳『西洋騎士道大全』 東洋書林)中で、「安全な場所から、身をさらすことなく敵を倒す効力は、個人的な戦いと英雄的功績を求める騎士精神にはそぐわなかったからである」(松田英・都留久夫・山口恵里子訳)と指摘している。弓矢を扱うのはあくまで、専門の弓兵たちであった。弓兵の多くは徒歩だったが、乗馬弓兵もいた。彼らは移動の際には馬に乗り、矢を射る際には下馬した。弓は短めの単弓を使っていたようだ。

ところが、10世紀から東西ヨーロッパの弓矢事情に新しい潮流が現れる。クロスボウ(第3部参照)の普及である。

⚜ クロスボウのルーツ

ヨーロッパにおけるクロスボウのルーツは謎に満ちている。一応、
○中国で発生した「弩」(第3部参照)が長い時間をかけて西方に伝播した結果、ヨーロッパのクロスボウが生まれた。
○古代ローマで使用されていた弩砲がコンパクトに改良された結果、ヨーロッパのクロスボウが生まれた。
という2説がある。説の当否に関しては判断ができない。

ともかく、クロスボウは10世紀の中頃にはヨーロッパの戦場に出現。以後、改良を重ねて、瞬く間に普及した。クロスボウ製作の中心地となったのは、イタリア半島のつけ根にある都市国家ジェノヴァであり、ここではクロスボウの製作に加え、多くの射手を傭兵としてヨーロッパ各地に送り出していた。

クロスボウ普及の理由は、兵器としての優秀性である。通常の弓と比較して、初心者でも命中しやすいうえに射程距離も長かった。威力も普通の弓より優れており、初心者でも甲冑をまとった騎士を射殺することができた。

クロスボウの普及は、ヨーロッパにさまざまな反響を引き起こした。たとえば、1139年にローマのラテラノ宮殿で開催された第2回ラテラノ公会議の席上、ローマ教皇のイノケンティウス2世(在位:1130年～1143年)は、「キリスト教徒相互の戦闘の際には、クロスボウ使用を禁ずる」という異例の決定をくだしている。教皇の声明の裏には、騎士階級の働きかけがあったのではなかろうか。クロスボウを射る程度の技量と身分しか有しない者が、高貴にして勇敢な騎士を簡単に射殺してしまうことは、騎士階級にとって受け入れがたい現実だったと推察される。

❧ グレート・ブリテン島の弓矢

　ヨーロッパのクロスボウには、あとでもう一度ご登場願うとして、ここからは時間軸を少し前に戻し、視線も西に転じてみよう。グレート・ブリテン島の弓矢事情である。グレート・ブリテン島とは、現在のイギリス（正式には「グレート・ブリテン及び北部アイルランド連合王国」）の主島であり、イングランド、ウェールズ、スコットランドの3地域に分かれている。

　グレート・ブリテン島は、主(あるじ)を頻繁に変えてきた。先史時代、ケルト人の時代、アングロ・サクソンの時代、ヴァイキングの時代に分けることができる。したがって、グレート・ブリテン島の弓矢＝それぞれの支配者が使用した弓矢となろう。

　このうち先史時代と、ケルト人の弓矢については判然としない。先史時代に、人間が住んでいたことは考古学調査で判明しているが、弓矢の存在は実証できていない。使っていたことは確実だと思うのだが……。

　また、その後に同地域を支配したケルト人の弓矢についてもわからない。ケルト人は紀元前8世紀頃にヨーロッパ本土から、グレート・ブリテン島に移住。先住民族を駆逐して、島の支配者に収まっている。紀元前55年、グレート・ブリテン島はカエサル率いるローマ軍の侵攻を受け、現在のイングランドとウェールズにあたる地域はローマ帝国の支配下に置かれ、「ブリタニア」と呼ばれることになる。

　このときの遠征の記録が、先にも紹介した『ガリア戦記』であるが、同記にケルト人の弓矢に関する記載はない。ケルト人が弓矢を知らなかったとは考えにくい。これはやはりガリア地方のところでも指摘したように、弓矢＝狩猟道具であり、たまたま対人用武器に転用した程度の使い方だったため、カエサルも関心をもたなかったのだろう。

❧ アングロ・サクソンとヴァイキングの弓矢

　アングロ・サクソンとは、ゲルマン民族の一派であり、現在のドイツ北部やデンマークにあたる地域に居住していた人々である。彼らは、西ローマ帝国の滅亡（476年）とほぼ時を同じくしてグレート・ブリテン島に移住。先住のケルト民族を征服、あるいはスコットランドや隣のアイルランド島に追いやって、イングランドとウェールズの支配者に収まった。当所は中小国家が乱立したが、6世紀末頃までにイースト＝アングリア、ケント、マーシア、ウェセックス、サセックス、ノーザンブリア、エセックスの7王国に統合された。

アングロ・サクソン使用の弓は、彼らがグレート・ブリテン島に移動する前に住んでいたドイツ北部での出土例があり、おおよその実像がわかる。長さは最短で120cm。最長で320cm。出土物を平均すると180cm〜210cmのものが多い。長弓である。材質はイチイ材（イチイ科の常緑高木）。種類は単弓になる。矢の長さは約60cm。矢羽は4枚と推定されている。鏃の出土例は少なかったが、出土物の多くは二等辺三角形であった。

続いてヴァイキングの弓矢をみてみよう。ヴァイキングとは、スカンジナビアとユトランド両半島から、北大西洋・東西ヨーロッパ・南ロシアに進出した人々である。進出開始が8世紀末。進出は11世紀まで波状的に続いた。進出の主目的は植民と交易拠点の建設。進出は激しい略奪を伴ったため、ヴァイキングは「海賊」と認識されることが多い。だが、彼らは本質的には武装交易商人集団であり、略奪で得る以上の富を正当な交易で得ていた。

ヴァイキングは、ノール人（ノルウェー人）、デーン人（デンマーク人）、スウェード人（スウェーデン人）の3グループに分けられる。イングランドとウェールズに進出したのは、ノール人とデーン人ヴァイキングである。彼らは、アングロ・サクソンの熾烈な抵抗をしのぎながら領地を拡大。最終的には1066年のノルマン朝樹立(註1)によって、ヴァイキングによるイングランドとウェールズ支配が確定することになる。

アングロ・サクソンはヴァイキングが使った弓を「デーン人の弓」と呼んで恐れた。といっても、弓はアングロ・サクソンの弓と大して変わりはない。全長は150cm〜180cm。アングロ・サクソンの弓より短かめである。材質はイチイ材。矢の長さや矢羽の数とも大差はない。ただ、鏃の形状が異なっていた。アングロ・サクソンの鏃より、ヴァイキングの鏃のほうがほっそりとしていた。恐らく、貫通力では後者が勝っていたと推察される。また、ヴァイキングが恐れられた理由は、弓の優劣ではなく、彼らが弓術を重んじ、皆いっぱしの名手であったことにあるのかもしれない。

ノルマン朝樹立後、イングランドとウェールズには「デーン人の弓」が定着し、弓の作成技術や射撃技術が飛躍的に向上していく。弓の使い手たちは、1096年から開始された"十字軍"にも参加して大いに勇名を馳せた。

⚜ クレシーの戦い―ロングボウVSクロスボウ

1339年から1453年までの114年間。イングランド王国とフランス王国で戦争が行われた。世界史上にいう「百年戦争」である。戦争初期の1346年8月26日、イングランド王国軍とフランス王国軍は、港湾都市カレーの南にある寒村のクレシー

で激突する。ヨーロッパの戦争史に名高いクレシーの戦いであり、イングランドの長弓（ロングボウ）とヨーロッパ本土のクロスボウの真っ向勝負となった。兵力はイングランド軍の長弓兵が約5200。フランス軍のクロスボウ兵が2000～7000。クロスボウ兵はいずれもジェノヴァの傭兵たちである。

長弓の射程距離は、曲射（山なりの射撃のこと）で約255m。クロスボウの射程距離は直射で約360m。射程距離からすれば圧倒的にクロスボウのほうが有利だ。また、威力の点でも長弓よりはクロスボウのほうが優れていた。しかし、この戦いはイングランドの長弓の勝利に終わる。戦場が緩やかな丘陵地帯であり、丘陵の上に陣取ったイングランド軍は射降ろす形になったため、射程距離の延長に好影響を与えたのがひとつの要因だった。さらに長弓とクロスボウの連射能力の差も勝敗を分ける要因となった。クロスボウでは1分間に1、2本射るのが精一杯であったのに対し、長弓は1分間に6～12本もの矢を射ることができた。

戦端が開かれるや、長弓隊は矢継ぎ早に曲射で矢を射かけた。クロスボウ部隊は必死に応射したが、矢の雨の前に敗退した。フランス軍の装甲騎兵も長弓隊の敵ではなかった。山なりに射られた矢は、落下の際の加速度によって威力を増し、フランス軍の騎士たちの装甲を難なく貫いた。

百年戦争は、最終的にイングランド軍がフランス国内から撤退する形で終結するが、運用次第では長弓がクロスボウに劣らないことを証明した戦争であった。この経験を踏まえ、イングランド王国では弓術の修練が奨励された。エドワード4世（在位:1461年～1483年）は、成人男子のすべてが弓を所持し、休日には弓術の訓練に励むように布告。従わない場合には、罰金を課したと伝えられる。

また、軍隊内での弓の管理は厳格を極め、弓兵は弓のメンテナンスを怠らなかった。メンテナンスの際には、蝋・松脂・良質の獣脂が用いられた。これらを布にたっぷりと染み込ませ、弓の本体を擦るのである。こうすることで暑さ・寒さ・湿気の影響を最小限に抑えることができた。弦は弓兵自身が最良の綿を使って自ら作り、膠を厚く塗り込んで湿気の影響を受けないようにした。

弓の射法については、1545年にロジャー・アスカム（註2）が『愛弓家、別名射撃教程』を刊行し、それまで口伝えなどで継承されてきた弓の射法を体系化して記録している。同書でアスカムは、長弓による射撃の動作を、構え・番え・引き・狙い・放ちの5つに分類し、「構える際には正しい直立姿勢を取る」「弦に指をかける際には、中の指三本を弦の下に曲げて入れる」「弦を引くとき、引く手の肘は身体から離し、弦にかけた手の指と同じ高さまであげる」など、正確な弓射に必要なポイントを述べている。

クレシーの戦い：イングランド長弓兵の攻撃を受けるクロスボウ部隊

⚜ 銃器の登場と弓矢の衰退

　クレシーの戦いで速射能力という弱点を露呈したクロスボウであったが、熟練兵でなくとも高い命中精度を得られる利点から、ヨーロッパ本土では戦場での主流を占め続けた。改良もなされた。それまでクロスボウの弓の部分は、1枚の金属性の板で作られていたが、金属板のほかに複数の素材を組み合わせた合成弓（第3部参照）としたのである。合成弓となったことで反発力は飛躍的に増し、弦を巻き上げる特別な器具を使わなければ、弦が張れないようになった。次発装填の間隔は以前よりも長くなったわけだが、威力と射程距離の増加はそれを補って余りあるものであった。アルフレッド・W・クロスビィの『飛び道具の人類史』（紀伊国屋書店）によれば、その飛距離は420mにも及んだという。

　かような次第であるから、16世紀になって銃器が登場してもクロスボウは併用された。当時の銃は、銃口から火薬と弾丸を入れる方式だったため次発までに時間がかかり、また命中率も悪かった。だから、クロスボウのほうがよほど信頼できた。1521年、スペインのエルナン・コルテスが、新大陸のアステカ帝国（現在のメキシコにあった）を征服した際、銃器とクロスボウを併用したのも、決して懐古趣味のためばかりではなかったのである。しかし、銃器の改良が重ねられると、さすがにヨーロッパの戦場でクロスボウは使われなくなり、もっぱら狩猟・射的ゲーム専用となった。

　銃器の登場による衰退という点では、イングランド王国の長弓も同様だった。エリザベス女王（在位:1558年～1603年）治世の初期には、部隊100人に占める弓兵の割合は20人程度であり、あとは銃と槍が半々であったという。銃器が改良を重ねて連射機能、命中率ともに向上するようになると、長弓も戦場から姿を消し、身体育成競技での使用に限定されていく。

註1: ノルマン朝樹立
　　フランスのノルマンディー地方は911年、デーン人ヴァイキングのロロに割譲され、ノルマンディー公国となった。ロロから7代後のノルマンディー公ウィリアムは1066年、イングランド上陸作戦を敢行。アングロ・サクソンの王ハラルド2世を倒して、ノルマン朝を樹立した。以後、フランスの封建支配制度をイングランドに確立し、王朝の基盤を強固にものにしていく。

註2: ロジャー・アスカム
　　1515年、ヨークシャー生まれ。下院議長で近隣の子弟教育に熱心だったサー・ハンフレー・ウィングフェルドなる人物の私邸で学問と弓術の英才教育を受ける。のちに人文学者となり、ケンブリッジ大学で重要な地位を占めるようになった。エリザベスI世（在位:1558年～1603年）の王女時代に家庭教師を勤めたことでも知られる。

第2章　オリエントの弓矢

⚜ 古代エジプトの弓矢

　オリエントとは、ラテン語のオリエンスOriensが語源である。もともとは古代ローマ人によって使われた言葉であり、意味は「太陽の昇る方向」で、ローマまたはイタリア半島から見て、東の地を指す語として用いられた。東はイラン高原の東境、西はエジプト、北はカフカス（コーカサス）山脈、南はアラビア半島に到る地域である。以下、オリエント地域で使用された弓矢についてみていこう。まずは古代エジプトから。

　古代エジプトの弓矢について資料を提供してくれるのは、有名なツタンカーメン王の墓である。ツタンカーメン王の在位は紀元前1354年頃～1345年頃。古代エジプトの新王国(註1)に属している。ツタンカーメンの墓が、イギリスの考古学者ハワード・カーター（1873年～1939年）によって発掘されたのは1922年のこと。墓にはさまざま副葬品が納められていたが、その中には大量の弓と矢もあった。

　以下、カーターの『ツタンカーメン発掘記』（筑摩書房）から詳細を紹介してみよう。

　まず、弓の種類は3種類に分別できる。

○1本の木だけで作った単弓。全長は68cm。
○2本の木を束ね、全体を樹皮で包んで反発力を強化した弓。全長は73cm。そのうちの1本は46cm。
○角または木のいくつかの小片を膠で固め、さらに全体を樹皮で巻いて反発力を強化した複合弓（第3部参照）。全長は112cm～124cm。

　樹皮の種類については、桜か白樺と推定されている。割合については複合弓が大部分を占め、あとは数本ずつ程度だった。

　矢は278本発見された。長さは91cmから15cmとさまざま。長い矢は複合弓用の矢。短い矢は他の2種の弓用と推定されている。矢羽の数はほとんどが4枚、極めて少数だが3枚のものもあった。

　弓の射程距離については実験が不可能なため特定は難しいが、46cmのような極めて小型の弓は例外として、おおよそ137mから228mと推定される。

　カーターは前掲書中で、古代エジプトの弓について次のように述べている。

「これらの弓と矢の優秀性は、エジプト新王国のこの時期に、弓職人と矢羽職人がその作業に熟達していたことを明確にする。(中略)古代史の偉大な民族のなかでエジプト人は最初の、そして最も著名な射手であり、戦争においても狩猟においても弓を主要武器として頼りにしていたことを信ずべき理由は十分にある。狩猟武器として、弓はその種々の形によって、戦争よりも狩猟に使われた。しかしながら、それは大きな軍事的価値を持っていたに違いない。弓の矢の持ち主は、最も足の速い動物を射落とすことができ、敵から自己を守ることができた」(酒井傳六訳)

なお、エジプトで多数発見されている古代兵士のミイラのなかには、体内に鏃をとどめたものもあるそうだ。また、古代エジプトのレリーフなどには、馬に引かせた戦車に乗り狩猟をする光景を描いたものも見られる。これらのことからも、カーターの指摘は容易にうなずけるものがあろう。

♣ アッシリア人の弓矢とペルシア人の弓矢

視線をエジプトから北東のティグリス・ユーフラテス川流域に移してみよう。歴史上にいうメソポタミア文明発祥の地である。文明の発祥は紀元前3000年前後。民族系統不明のシュメール人がティグリス・ユーフラテス川河口一帯に複数の都市国家を建設したのが最初である。以後、メソポタミアの地では、シュメール人・アッカド人・アムル人などの王朝による興亡が続き、やがてアッシリア人が急激に勢力を伸張する。アッシリア人の国家建設は紀元前2000年代の初頭。以後、ティグリス川上流域を拠点に、内陸地貿易で勢力を拡大。紀元前900年代から強力な軍事国家として、周辺地域の征服活動に着手し、アッシール・バニパル王(在位:紀元前669年～紀元前629年)のときに、メソポタミアからエジプトに到る広大な領域を版図に収めた。

アッシリアが軍事国家として急成長した背景には、軍隊の強さがあった。戦闘をはじめたら敵を殲滅するまで攻撃の手を緩めない執拗さに加えて、歩兵・騎兵・戦車兵が装備している優秀な武器の数々が、軍隊の精強さに拍車をかけていた。宮殿壁画などに描かれた戦闘図には、多数の弓兵が矢を射る場面が描かれている。弓矢を大量に装備して量的に圧倒するのと同時に、騎兵・戦車を駆使した機動戦術をとったことが察せられる。また、歩兵は長い単弓、騎兵・戦車兵は短い複合弓を使ったようだ。

アッシリアは紀元前609年、周辺諸民族の反乱で滅亡。オリエント世界はエジプ

ト（第26王朝）、メディア王国（イラン高原）などに分裂する。

　分裂したオリエント世界を再統一したのは、アケメネス朝ペルシア帝国（紀元前550年～紀元前330年）であった。ペルシア人たちは当所、メディア王国の支配に服していたが、アケメネス家のキュロス2世（在位：紀元前559年～紀元前530年）のとき、メディア王国を滅ぼして独立王国を樹立。周辺諸地域への征服活動を精力的に推進して、ダレイオス1世（ダリウス／在位：紀元前522年～紀元前486年）のとき、東はインダス川、西はエーゲ海北岸、南はエジプトに到る広大な地域を征服した。

　同国では5歳から20歳までの間、乗馬・正直・弓術の3つだけが教えられた。弓は長い単弓。矢柄（第3部参照）の素材は蘆。ただ、これはあくまでペルシア人に限っての話であり、帝国領域内の諸民族はそれぞれ固有の弓矢を使った。古代ギリシアの歴史家ヘロドトス（紀元前485年頃～紀元前425年頃）が、『歴史』中であげたものをいくつか並べてみよう。なお、括弧内は居住地域である。

○メディア人（イラン高原）……大型の弓と蘆の矢
○キッシア族（ティグリス・ユーフラテス河口に近い地域）……大型の弓と蘆の矢
○ヒュルカニア人（カスピ海東南部）……大型の弓と蘆の矢
○バクトリア人（中央アジアのバクトリア地方）……独特の蘆の弓
○サカイ人（カスピ海北部の平原地帯）……独特の弓
○インド人（インダス川流域）……蘆製の弓矢。鏃の部分は鉄製
○アリオイ人（中央アジアのバクトリア地方の西南部）……大型の弓
○パルティア人（中央アジアのパルティア地方）……蘆の弓
○コスラミオ人（中央アジアのバクトリア地方の西北方）……蘆の弓
○ソグディア人（中央アジアのバクトリア地方のソグディアナ？）……蘆の弓
○ガンダーラ人（中央アジアのガンダーラ地方）……蘆の弓
○カスピオイ人（中央アジアのバクトリア地方の東方）……蘆の弓
○サランガイ人（イラン高原の中央部）……弓
○パクティエス人（インダス河畔）……独特の弓
○ミュコイ族（イラン高原の南）……独特の弓
○アラビア人（アラビア半島）……逆反りの長い豪弓

　アラビア人の弓が、長い逆反りの複合弓であることはわかるが、他の弓については具体的な形状・種類はわからない。恐らく、単に長いだけの単弓だったかと思われる。もし、目立つ特徴があったら、アラビア人の弓のようにヘロドトスがなんらかの明記をしたはずだ。

『歴史』に記された弓以外では、クセノフォン（紀元前428年頃～紀元前354年頃）が『アナバシス』に記した、カルドゥコイ人（アルメニア南方に住んでいた民族）の弓が注目される。同書によればカルドゥコイ人は、弓の下半分を左足で押さえつつ弦を引いたとある。弓が長大にして反発力も異様に強かったからだろう。矢は「投槍の替わりになる」程の長さだった。貫通力も当然凄まじく、ギリシア兵の盾と胸当てを簡単に射貫いたという。ちなみに、『アナバシス』に記されたような超長大な弓は、とくに珍奇なものではなく、世界の随所に散見される。たとえば紀元前317年から紀元前183年までインドを支配したマウリヤ朝でも、同様の弓が使われていた。

『歴史』『アナバシス』とも弓矢の解説書ではないので、両書を通してわかるのはこの程度だが、アケメネス朝ペルシア帝国支配期のオリエント世界で、実に多種多様な弓矢が使われていたことは推察できよう。

⚜ パルティアン・ショット

紀元前331年、アレクサンドロス3世（大王／在位：紀元前336年～紀元前323年）に敗れ、アケメネス朝ペルシア帝国は滅亡。帝国の広大な版図は、アレクサンドロス3世の帝国領に組み込まれた。だが、大王の死後に帝国は解体。その後、セレウコス朝シリア（紀元前312年～紀元前63年）が、小アジアから中央アジアに到る広大な地域を支配する。しかし、セレウコス朝の支配力低下に伴い、中央アジアにバクトリア王国（紀元前255年頃～紀元前139年頃）、西アジアにパルティア王国（アルケサス朝／紀元前248年頃～紀元後226年）が勃興した。

パルティアは内陸アジアの隊商路に加え、海上交易ルートの要衝でもあるペルシア湾を掌握。東西交易を独占して大いに利益をあげた。しかし、紀元前1世紀頃から、東への勢力拡張政策をとるローマ帝国と対立。以後、紀元後2世紀初頭まで両国は激しく抗争を続けることになる。

この一連の抗争でローマ軍を大いに苦しめたのが、パルティア軍が駆使する騎馬弓兵による機動戦術であり、彼らが得意とするパルティアン・ショットであった。パルティアン・ショットとは、馬を疾駆させつつ矢を射る技術をいう。直進時、反転時、後退時は振り向きながら……。とにかくあらゆる態勢で矢を射続けるのである。矢を射るタイミングは、馬が脚を広げたとき。つまり、上下の振動が消えた瞬間になる。弓を射るのは軽装の騎馬弓兵たちであり、大量の矢を浴びて混乱する敵を重装騎兵による突撃で打ち砕いた。

パルティアン・ショット：ローマ兵と戦うパルティア騎兵

紀元前53年、パルティア軍はローマ軍とユーフラテス川上流のカルラエで大会戦を行った。パルティア軍はパルティアン・ショットを駆使して、ローマ軍司令官のクラッスス（三頭政治家のひとり）を敗死に追い込んでいる。パルティア軍では戦闘の間、ラクダを連ねた補給部隊が、戦士たちに矢を補給し続けた。しかし、カルラエでの大勝利は皮肉にも、ローマをしてパルティアの戦術を研究させる契機となり、以後、両者の興亡は一進一退の様相を呈していく。なお、パルティア軍の使用した弓については、短い逆反りの複合弓であったと推定できる。短い分、馬上で扱いやすく、逆反りの分、弓の丈が短くとも反発力が強く、威力・射程距離とも優れている。

　ローマ帝国との激しい抗争でパルティア王国の勢力が後退するなか、西アジアではササン朝ペルシア帝国（226年～651年）が次第に勢力を伸ばしはじめた。ササン朝は「アケメネス朝の栄光を再び!」をスローガンに、征服活動を精力的に推進し、アルデシール1世（在位:226年～241年）のときにパルティア王国を滅ぼした。次のシャープール1世（在位:241年～272年）のとき帝国は、東はインダス川流域、西はティグリス・ユーフラテス川流域、南はアラビア海・ペルシア湾沿岸、北はアム川流域に到る広大な版図を収めた。

　ササン朝軍の戦術は、基本的にはパルティア軍と同じだが、インドの戦象部隊を伴っていたところが相違点としてあげられる。象の背中には防御用の櫓を設け、数名の弓兵を置いた。象の巨体と異様な臭気は、敵の軍馬を恐慌に陥れる効果があった。しかし、鈍重なため機動力には難点があったようだ。なお、ササン朝ペルシアで使用した弓も、パルティアと同じ、逆反りの短い複合弓であった。

⚜ セルジューク朝とオスマン朝の弓

　610年、アラビア半島でメッカの商人ムハンマド（マホメットとも。570年頃～632年）によってイスラム教が興される。イスラム教団は当初、富裕な商人層によって弾圧されたが、やがて勢力を拡大。630年にはアラビア半島を統一し、651年にはササン朝ペルシア帝国を滅亡に追い込んだ。以後、イスラム勢力は順調に勢力を伸長。大小幾多の国家興亡を繰り返しながら現在に到っている。

　イスラム勢力が使用した弓矢のすべての紹介はスペース的に無理なので、ここでは弓術史上に特異な位置を占める弓矢についてみていこう。ひとつはセルジューク・トルコ帝国（1038年～1194年）のナーワク（マジュラとも）。いまひとつはオスマン・トルコ帝国（1299年～1922年）の複合弓である。

セルジューク・トルコ帝国は、中央アジアで遊牧生活を送っていたトルコ人が、イスラム教に改宗した後に建国した国家である。建国の祖はトゥグリル・ベグ（在位：1038年〜1063年）。イランからシリア・イラクに到る版図を支配した。

　ナーワクとは弓矢につける補助具であり、溝のある棒状の器具をあてがい、短い矢を射る格好になる。短い矢は器具内を滑空して発射されるわけだ。通常の弓と比べて、威力・射程距離・命中率はどうだったのだろう。大いに興味があるが、残念ながら詳細はわからない。

　オスマン・トルコ帝国は1299年、オスマン・ベイ（在位：1299年〜1326年）によって建国された国家である。オリエント世界の弓矢製作はオスマン帝国をもって頂点に達した。歴史学者のアルフレッド・W・クロスビィは、『飛び道具の人類史』（紀伊國屋書店）中で、オスマン帝国の弓矢職人について、「あらゆる時代を通じて最高の弓矢職人」（小沢千重子訳）としている。ただ、クロスビィも指摘するように、セリム3世（在位：1789年〜1807年）に献上された複合弓が、889mの驚異的な飛距離を記録した、との記録はちょっと信じがたい。

◆セルジューク朝戦士の使う「ナーワク」

初期の十字軍を苦しめた強力な合成弓。弓自体の大きさと比較すると、矢が短いことがわかる。

第2章　オリエントの弓矢　　173

❖ サファヴィー朝における弓術鍛錬

　ところで、どれほど機能的に優れた弓でも、射手の技量が未熟では話にならない。弓の機能を100％引き出すには、相応の稽古が必要になるが、オリエント世界での弓の稽古について情報を提供してくれる記録がある。ジャン・シャルダンの『ペルシア見聞記』である。ジャン・シャルダンはフランス人だ。生年は1643年。パリの裕福な宝石商人の家に生まれた。1664年、宝石の売り込みと東方探訪の情熱に駆られて旅立ち、2年後にサファヴィー朝(註2)の首都イスファハーンに到った。シャルダンは時の君主アッバース2世（在位:1642年〜1666年）から御用商人としての勅許状を得、アッバース2世の死後も、パリ、イスファハーン、インドを行き来しつつ、サファヴィー朝と宝石類の取り引きを行うことになる。

　『ペルシア見聞記』は、シャルダンの東方旅行中の見聞録である。フィクションを一切交えず、現実に見聞きしたものを忠実に記録しており、17世紀中頃のオリエント世界の一端を知るうえで貴重な資料となっている。

　ペルシア人の弓の稽古の様を記しているのは、同書中の「鍛錬・娯楽」と題した章である。以下、平凡社東洋文庫の『ペルシア見聞記』（岡田直次訳）に依拠しつつ簡単に紹介しよう。

　シャルダン記述によれば、弓の稽古をはじめるのは20歳以降であるという。意外に遅い感じがするが、これは弓を引くだけの身体が出来上がっていないことによるようだ。

　弓の稽古は師匠の監督のもとに行われる。第一の稽古は弓をしっかり保持し、引き絞り、弦を楽に離すこと。ポイントは腕の震え。左右の手がいささかも震えてはならない。この稽古は引きやすい弓からはじまり、徐々にきつい弓へと移っていく。あわせて行われるのが、さまざまな方向への弓の引き絞りだ。前方、後方、脇、上下と、ありとあらゆる方向に素早く弓が引けるようになるまで繰り返される。

　普通の張りの弓が問題なく引けるようになると、次は弓の柄に鉄の環を巻いて重くした弓が与えられる。続く稽古はこの重い弓を手に、動き回りながら矢を射ることだ。跳躍、片足立ち、両膝つき、走りながら……。この訓練を繰り返すことで弓を射るのに必要な筋力と体力が養われる。こうした激しい射撃をしつつ、左右の手に少しの震えもなかったら及第であり、次の稽古へと進む。

　3番目の稽古は、空中に射上げる高さを競い合う方法で行われる。45度の射角で最も高くまで矢を射上げた者が巧者となり、弓も最良の弓とされる。シャルダンは稽古の目的について記していないが、恐らく弓を引く力の確認と思われる。

4番目の稽古は的を射ることだ。といっても、ただ命中すれば良いのではない。的に深く突き刺さり、ちょっとやそっとでは抜けないように射ないと及第とはならない。シャルダンは「弓術は一言でいえば、矢が刺さって貫通するように強くしっかりと的を射ることにある」と記している。

　以上はあくまでサファヴィー朝における弓術鍛錬の実際であるが、17世紀のオリエント世界における弓矢の実際を知るうえでの参考にはなろう。ただ、この頃からオリエント世界でも飛び道具の主役は次第に銃器に移りつつあった。やがてヨーロッパ世界同様、弓矢は戦場から姿を消していく。

註1：古代エジプト
　古代エジプトと呼べるのは、紀元前3000年頃のメネス王によるエジプト統一から、紀元前4世紀にアレクサンドス3世（大王）によって征服されるまでの期間である。この間、約30の王朝が交代した。そのうち重要な時代を古王国・中王国・新王国と呼ぶ。このうち紀元前16世紀から約500年間を、新王国と呼んでいる。

註2：サファヴィー朝
　1501年から1736年まで、現在のイラン全域を支配していた国家。イラン北西部のカスピ海地域を拠点に割拠していた神秘主義教団サファヴィー教団の教主イスマーイールによって樹立された。首都のイスファハーンは最盛期には50万の人口を抱え、「イスファハーンは世界の半分」と言われるほどの繁栄を誇っていた。

第3章　中国の弓矢

⚜ 『周礼』が記す古代中国の弓

　伏羲・黄帝・般・揮(黄帝の家臣)。中国の古書が記す弓矢の発明者である。ただ、これらはいずれも神話・伝説上の人物であり、伝説上の射手として紹介するならまだしも、弓矢の発明者と断言するには無理がある。それでは、いつ？　誰が？　となるが、石器時代人としか答えようがない。少なくとも中石器時代(紀元前1万年前〜紀元前8000年)には普及していたに違いない。

　以下、中国の弓矢について概観していくが、話の関係上、モンゴル地域の弓矢にも言及することをお断りしておく。

　他地域同様、おそらく丸木弓から発達していったであろう中国の弓だが、紀元前1000年前後の周代には、木材と動物の角・腱・筋などを接着した複合弓が多用されていたと、『周礼』考工記(註1)に詳しい。弓の長さは6尺6寸・6尺3寸・6尺の3種がある。周代は1尺22.5cm。1寸2.25cm。6尺6寸は148.5cmになり、以下、141.75cm、135cmとなる。ただ、実際は170cmほどの大型の弓や、70cm〜90cmといった小型の弓もあった。弓は幹・角・筋・膠・漆・絲の6材からなっている。以下、6材について順を追って説明していこう。

○幹……弓の幹用に使う木材。柘が最良とされ、檍の木、山桑、桑、橘、木瓜、荊(人参木)の順で良とされた。

○角……木材を補強し、弓の反発力を強化する目的で弓の幹に接着する。素材は牛の角。光沢を好む者は若い牛の角を、複雑な筋目を好む者は老牛の角を使用。

○筋……角と同様、木材を補強し、弓の反発力を強化する目的で弓の幹に接着する。素材は牛の背中の筋。細くて白い筋が最高とされた。

○膠……動物の骨・皮・腸などを水で煮て抽出したゼラチン状の物質のこと。素材同士を接着する際に使われる。牛・鹿・馬・鼠・魚などさまざまな膠が使われた。

○漆……接着及び防水用。弓の幹に塗られた。

○絲……絹糸。弦を作るのに用いられた。

　弓を作る際には、木を削って弓の幹を作り、幹の内側に牛の角を膠で接着し、幹の外側には筋を接着する。さらに漆を塗り、火などを使って充分に乾燥させた。

⚜ 人物判定は弓術の腕前で？

　古代の中国では、弓術に長じた者は君子（高徳にして品格ある人）として尊敬の対象となった。『詩経』(註2)の国風編には「猗嗟（なんとも、さてもの意）」と題したこんな詩がある。

「なんとも立派だ。すらりと高い身の丈。秀でた額。パチリと開いた涼し気で美しい目もと。小走りに走る姿に惚れ惚れする。弓の腕前もなんと見事なことよ。

　なんとも立派だ。目もとはキリリと清らかで、弓を射る姿も凛として美しく、終日弓を射ても的を外さぬ。さすがに我が甥だなあ。

　なんとも立派だ。目は清らかで美しく、舞いも上手いし、弓の腕前も抜群だ。国の乱れを防ぐに足る頼もしき男よのう」

　大げさな……弓矢で「国の乱れを防ぐ」云々までわかるのか？　と突っ込みたくなるが、古代中国の人々、なかんずく儒学の徒は"わかる"と考えていたようだ。根拠について儒学創始者の孔子（紀元前551年頃〜紀元前479年）は、『礼記』「射義」編(註3)のなかでこんな言葉を述べている。

「矢を射ながら音楽をよく聴くことができるだろうか？　音楽の音に応じて矢を放ち、なおかつ的の真ん中を外さない者は、賢者であろう。未熟者ならば的に当たるはずがない」

「音楽」という単語に違和感を覚えた方もいらっしゃると思う。実は古代中国には後述するように射礼という儀式があり、儀式で弓を射る際には、音楽の演奏が伴ったのである。音楽といってもBGMの類ではない。矢を射る間隔を調整するためのものである。射手は、的の見定め→矢の弦への番え→弓の引き絞り→放ち→矢の行方を見据える、という一連の動きを音楽と一体化しつつ行うことを求められたのである。

　一連の動作が音楽と調和し、かつ的に命中すると、「礼に適った美しい弓射」となり、徳を備えた人物と判定される。だが、動作が音楽と合わず、なおかつ的を外すと、「礼に適わず見苦しい弓射」とされ、未熟者と判定されてしまうのである。『礼記』「射義」編には「心身共に正しくあってこそ、弓矢を取る作法も正確なのであり、的を射貫けるのである。だから、弓射の腕前いかんで本人の徳行を察することができる」とか「男子の職分中、多くの礼儀作法が伴い、反復練習の間に、人格・徳行も高められるものは弓射の礼しかない」と記されている。

　かような次第もあり古代中国では、弓術の達人＝君子とみなされるようになり、同時に、弓術＝君子に必須の教養となったのである。

❦ 射礼の種類

　先述した通り、射礼とは古代中国から行われてきた弓射の儀式だが、目的別にいくつかの種類に分けられていた。名称としては、大射・賓射・燕射・郷射・主皮之射・習武之射・貫革之射などがあった。主皮之射・習武之射・貫革之射については判然としない。文字から武術・戦闘訓練と関係のある弓射だったと思われる。ただ、他の4つの射については、いかなる場面で行われたかがわかっている。以下、列挙すると次のようになる。

○大射……天子・諸侯が主催する弓射。祖霊祭祀を行う際の助祭役を選ぶために行われた。
○賓射……天子・諸侯が、賓客をもてなすために催した弓射。
○燕射……天子・諸侯が、群臣と酒宴を開く際に行った弓射。
○郷射……地方長官が徳と礼を兼ね備えた人物を選定する際に行った弓射。

　これらのうち、大射と郷射については、『礼記』と『儀礼』(註4)に記載があり、おおよその内容が判明している。

　大射と郷射では細かい相違点は多々ある。しかし、酒宴→弓射→酒宴という流れになっている点は同じである。大射の酒宴は燕礼。郷射の酒宴は郷飲酒礼。酒宴といっても、飲めや歌えのドンチャン騒ぎとは違う。燕礼は君臣のけじめを確認する酒宴であり、郷飲酒礼は長幼のけじめを確認する酒宴だ。両方とも厳格な儀式なのである。

　酒宴が終わると弓射がはじまる。ここからは射手にとって真剣勝負の場である。矢を的に当てることはもちろん、起居振舞のすべてが主催者によって観察されるからだ。

　射手はふたり一組で堂上に上がる。ソソクサとせわしなく上がるのはNG。互いに譲り合い、双方とも敬愛の念を表現しつつ上がらなければならない。射手がスタンバイすると音楽演奏がはじまり、射手は交互に矢を射る。射る際に音楽と調和すべきことは、先に記した通りである。

　また、的を射外した者には、罰として酒を飲ませることも行われたが、その際にも礼に適った作法が求められた。

　射礼は大射など政治的催しだけではなく、民間の祖霊祭祀の場でも行われていた。『詩経』「大雅」編には「行葦」（道端の葦の意）と題した詩がある。詩の流れを簡潔にいえば、祭りの準備→祖霊との饗宴→弓射奉納→祖霊へのさらなる祈り、となろうか。弓射奉納と祖霊への祈りの個所を紹介してみよう。

「弦が強く張られた飾り弓と四本の矢。矢を放てば的に当たり、祖霊には一族が畏(かしこ)まって、的中数の多い者を報告する。一族の者たちは皆が祭りの主催者である。こくのある酒を祖霊に捧げて長寿を祈る。祖霊よ。我らを導き輔(たす)けたまえ。老いゆくまで幸ならしめ、大いなる幸福を与えたまえ」

『詩経』にはこのほかにも、祖霊祭祀と弓射奉納にまつわる詩がいくつか収められている。これはあくまで推論だが、大射などの政治的弓射のルーツは、『詩経』の「行葦」にみられるような祖霊祭祀における弓射に求められるのではなかろうか。つまり、各一族単位で行われていた祖霊祭祀における弓射礼が、国家樹立に伴い国家単位で行われるようになったと思えるのである。国家建設が多数の一族の統合である以上、各一族で行われていた儀式が国家的儀式となっても不思議はない。

ところで、弓射と祖霊祭祀の結合理由について、中国古代史の伊藤清司氏が、論考「古代中国の射礼」（『民族学研究』1959年7月号所収　財団法人日本民族学協会編　誠文堂新光社発行）のなかで、興味深い指摘をしている。論の展開を紹介すると長くなるので結論だけ記すと、祖霊祭祀の席上での弓射＝年占い、となる。伊藤氏の言葉を引用すると、「射手1人のみの運・不運を決定する行事でなく、それは元来、射手の所属する社会集団全員の幸・不幸を判定する重要な神事」だったというわけだ。

なるほど、弓射＝年占いの神事という視点に立って先の「行葦」を読めば、弓射終了後の祈りも納得できる部分がある。それではなぜ、年占いと弓射が結びついたのか？　という疑問だが、これについての筆者なりの回答は、弓射による年占いが現在の日本の神社でも行われている神事であるがゆえに、次の「日本の弓矢の歴史」に譲りたいと思う。

⚜ 『周礼』の弓射5原則

以上、中国古代の弓矢について構造、弓射の思想、風俗などについて概観してきたが、ここからは射法についてみてみたい。

『周礼(しゅらい)』には「保氏（国王を諫める役職者）が国子（貴族階級の子弟たち）に弓射の5つの手順を教えた」との記述がある。

この5つの手順について後漢(ごかん)(25年〜220年)の鄭衆(ていしゅう)(?〜83年)は、「白矢(はくし)・参連・剡注・襄尺・井儀なり」と注釈をつけている。以下、5つの手順について簡単に列挙してみよう。

○白矢……弓の引き絞り法。白く光る鏃が弓を保持する手(左手＝弓手)の指に触れるまで、弦を引き込むこと。
○参連……矢の保持法。1本目の矢を射る際に、3本の矢を併せもち、連続して4本の矢を射ること(保持方法や左右どちらの手に保持するかについては記載なし)。
○剡注……矢を発射する際の方法。矢を放つ際、末弭が矢を追うように前方に伏せること。結果、末弭は的を指し、本弭は胸骨の下あたりを指すような形になる。
○襄尺……弓を引き絞ったときの弓手(左手)の形。左腕を矢のように真っ直ぐにさせること。
○井儀……弦を最大限に引き絞ったとき、弓と弦が菱形のように張り開くこと。あるいは、4本の矢が正しく的に命中すること。

　以上が『周礼』(鄭衆注)が伝えるところの射法の手順である。剡注で末弭を前に押し倒すのはかなり奇異に感じるかも知れないが、漢代の石刻画にそれらしい射法がある。
　鄭衆の『周礼』には、矢を発する際の手法については記されていないが、前漢(紀元前202年～紀元後8)の劉向(紀元前77年～紀元前6)の記した『列女伝』の「晋弓工妻」に記されている。以下、簡潔に紹介しよう。
　「その昔、晋(春秋時代にあった国)の平公が弓職人に弓の作成を命じた。3年後に弓は完成した。平公は大喜びで試射をした。だが、甲冑の一枚も射貫けない。平公は激怒し、弓職人を殺そうとした。すると弓職人の妻が平公に面会し、『夫は艱難辛苦の末に弓を完成させました。なのに甲冑一枚も貫けないのは、恐れながらご主君の射方が適切でないからであります。聞くところでは、弓を良く射るには次のようにするとのことです。弓の幹を持つ左手は拒絶するように強く押出し、右手は木の枝に付着するように軽く弦に取りかけ、弦を引くのであります。矢を放つときは、右手が矢を射放っても、左手はまったく矢が放たれる際の衝撃を感じない、ということも大切であります』と告げた。平公は教わった通りに矢を射たところ、7枚の甲冑を射貫いた」
　ポイントは「矢を放つとき」云々の個所だ。原文で記せば「右手箭を発するも、左手知らず」となる。意識して矢を放つのではなく、自然に放たれる、となろうか。裏を返せば、矢が自然に発せられるまで弦を引き込むことが大切なのであり、そこまで弦を引いてはじめて、弓の反発力が矢に十二分に伝わるということであろう。

⚜ 戦車上の弓矢から胡服騎射へ

　今まで見てきたのは、すべて立った姿勢での射法であるが、弓術には馬上からの弓射、すなわち騎射もある。ことに中国では武官登用試験の際に騎射が重んじられた。以降は、騎射についてみてみたい。

　中国で騎射が行われるようになったのは、戦国時代（紀元前403年～紀元前221年）からである。それ以前の殷（紀元前17世紀～紀元前11世紀）・西周（紀元前1027年～紀元前770年）・春秋時代（紀元前770年～紀元前403年）では、戦車上からの弓射が一般的であった。

　戦車とは兵隊を乗せ、馬に引かせた車両のこと。3人の戦士が乗り込み、このうちふたりは弓矢などを使って敵を攻撃した。機動力・速度・移動距離の点で歩兵よりも格段に優れており、戦車の保有台数が戦力の多寡に直結した。

　しかし、戦国時代の紀元前313年、中国全土に騎射を広める要因となった事件が起こる。中国史上に名高い「胡服騎射」である。胡服騎射は趙(註5)を治めた武霊王にまつわるエピソードである。胡服とは、筒袖・ズボンといった乗馬に適した遊牧騎馬民族の服装のこと。騎射は馬上からの弓射である。要は軍制改革の断行であり、遊牧騎馬民族の戦闘技術に注目した武霊王が、騎馬弓矢部隊の新設を含め、軍制を機動力強化の方向で変革したのである。

古代中国の戦車：兵士はスカートのようなものを身につけていたため乗馬には適さなかった

騎兵の機動力は、戦車の機動力をはるかにしのいでいた。趙の軍事力は急激に伸長し、趙は一気に強国へと踊り出る。趙の軍制改革の成功により、周辺諸国も積極的に騎馬による弓射技術の導入と軍制改革を実施。結果、騎馬弓射は中国全土に普及するのである。

　以後、各時代を通じて騎射は武人にとって必須の技術となり、武官登用の際の重要な選考基準のひとつになった。

⚜ 『射経』が記す騎射の方法

　さて、騎射の射法はどうか？　となるが、これについては李呈芬の『射経』の記述を紹介したい。李呈芬は明代（1368年〜1644年）の人。詳しい生没年は不明だが、書籍の序文の日付などから、16世紀後期から17世紀初頭にかけて生涯を送ったと推定されている。ちょうど明代後期にあたり、明王朝が倭寇（日本列島から出張り中国大陸南方沿岸を荒らした海賊）や豊臣秀吉の大陸侵攻、北方の遊牧騎馬民族の南下対策に、苦慮していた時代である。李呈芬の社会的地位については定かではないが、戚継光（倭寇撃退で有名な明の将軍）や、王守仁（王陽明とも。儒学の新興学派「陽明学」の祖）に対して私淑していることがわかるから、文武にかなりの素養を持った人物であることが察せられる。

　本項で取り上げる『射経』は、李呈芬が古今の書物から弓射理論や弓射の実際に関する記述を抜粋し、自身の実戦的体験をもとに体系づけた書物である。実は先に紹介した『周礼』や『列女伝』の記述は、この『射経』の採録によるものである。

　騎射の要諦について李呈芬は、王琚（宋代の人）が著わした同名の書『射経』や、戚継光の『紀効新書』に依拠しつつ論を展開している。以下、簡潔に紹介してみよう。まず、騎射の基本。李呈芬は「風を追うように疾駆し、目は電光を追うように迅速に動かし、弓を引き絞り急激に放つ。瞬きは厳禁。腰は半分浮かせる格好にする。馬のスピードを緩めることなくやを放てば、必ず的を打ち破るように命中する」と記している。馬のスピードと矢のスピードの相乗効果により、矢の貫通力も増強するということだろう。

　騎射に上達する前提条件として李呈芬は、馬の調教を説く。馬上で弓を射る前に、馬を自在に乗りこなせるようになれというわけだ。馬術に一応自信が持てたら、馬上での弓の操作に入る。

　李呈芬は、馬上での弓の引き方について「鳥の一翼を舒ぶるがごとく（鳥が翼

を大きく広げるように」)とする。ただ、弓を目一杯引き絞るのではなく、「9歩ほどの引き絞りで放つべし」と記している。理由については定かではないが、近距離での射かけあいを想定しているのかもしれない。

　馬の扱いと弓の扱いの双方に習熟したら、騎射における3つの射法を学ぶ。射法といっても格別特別な射方があるのではない。前方に射る「分鬃(ぶんそう)」。横に射る「対鐙(たいとう)」。後ろに向かって射る「抹鞦(まっしゅう)」である。

　これらのことを述べたうえで李呈芬は、騎射の注意点について、「必ず左右両方できるように習得すべきこと」と記している。

　鍛えあげられた騎射技術は、銃火器が登場してまもない頃は、銃火器をもしのぐ戦闘力を有していた。1619年のサルホの戦い(註6)はその好例である。

⚜ 騎射の技術は西から

　胡服騎射(こふくきしゃ)から発展して、李呈芬の『射経(しゃきょう)』に到ったが、ここで視点を転じ、中国に騎射を普及させる要因となった、遊牧騎馬民族と騎射についてみてみたい。遊牧騎馬民族というと最初から騎射の達人揃いというイメージがあるが、ユーラシア大陸東方に居住していた遊牧民族が遊牧騎馬民族となり、騎射の練達者集団となったのは紀元前4世紀末期以後のことである。それ以前、彼らはまったく目立たない存在であった。

　馬は飼っていた。しかし、騎馬技術は未熟で馬具も未発達だった。彼らは馬に荷物を乗せ、自身の足でテクテクと歩きつつ家畜を追っていた。当然、移動範囲は狭い。そのため集団同士の交流密度は希薄であり、社会発達のテンポも極めて緩やかだった。言葉を替えれば、小集団が勝手気ままにのんびりとすごしていたのである。かような状態では、国家形成意識など生まれるはずもない。したがって力関係では、中国本土の農耕民族が上位であった。彼らは農地を中心に強固な集団体制を敷き、国家としてまとまっていたからである。

　ところが、ユーラシア大陸西方のスキタイ地方からの文化伝播により、東方の遊牧民族は変わりはじめる。洗練された騎馬・騎射の技術、馬の機動力を活かした戦争の技術、最先端の馬具、国家の概念と形成の術……。彼らはこれらの文化を吸収した結果、遊牧民族から遊牧騎馬民族へと変貌。急速に軍事化するのである。

　これにより中国本土との力関係は逆転。中国本土の北方に位置する国々は、長城を築いて遊牧騎馬民族の侵攻に対抗しなければならなくなる。紀元前300

年代中頃のことであり、武霊王による「胡服騎射」へとつながっていくのである。

以後、ユーラシア大陸東方の遊牧騎馬民族は、中国王朝や騎馬民族同士の拮抗を繰り返すなかで、騎馬による弓射技術と弓矢製作技術に一層の磨きをかけていく。それらは13世紀、モンゴル帝国の出現により頂点に達することになる。

⚜ 弓矢なくして男なし

モンゴル帝国の弓は、木材・角・腱を膠で接着した複合弓（P208参照）である。木材はサルヤナギの木。角・腱はヤクや牛のものが使われた。長さは150cm～170cm。弦を外すと逆に反り返るようになっており、初速が速く、かつ射程距離が出るように工夫されていた。弦はアンテロープ（鹿の一種）の首の皮で作られており、非常に丈夫であった。

矢柄は木製。材質は弓本体に同じ。長さは90cm～110cm。矢羽は鷲の羽を使った。鏃は鉄・銅などの金属に加え、馬の骨を削った鏃も多かった。乗りつぶした馬や戦闘中に死んだ馬の骨を使ったのである。遠征中は兵士ひとりあたり数頭の替馬を伴っていたから、鏃の補給には事欠かなかった。

モンゴル帝国軍の兵士は、一様に弓射の達人であった。コンスタンティン・ムラジャ・ドーソンの『モンゴル帝国史』（平凡社東洋文庫）には、バトゥ（チンギス・ハーンの孫）が率いたヨーロッパ遠征軍兵士たちの弓の腕前が次のように記されている。

「モンゴル軍はすべてオロモウツ（チェコの地方都市）の正面に集結し、数個大隊をもってこれを包囲したが、守備隊一万二千を擁するこの城塞に対して、包囲攻撃を着手しようとしなかった。モンゴル軍はこれを悩ますことだけにし、城壁に上に現れた者をすべて射殺した。すなわち、誰かが姿を現すやいなや、直ちに、矢に当たって倒れた。籠城軍はモンゴル軍の弓術の巧妙さに驚嘆して、城壁の上に人形を並べ、たちまちにしてこれに矢が命中するのを見て楽しんだ」（佐口透訳註）

ヨーロッパ側は伝統的なクロスボウでモンゴル帝国軍に対抗したが、ここでもクレシーの戦い（P163参照）と同様、速射能力の欠如という弱点を露呈。雨の如く降り注ぐモンゴル帝国軍の矢に圧倒された。

ところで、モンゴル人が弓矢に対して特別な思い入れを持っていたことが、モンゴル帝国の記録『元朝秘史』からうかがえる。たとえば巻3には、テムジン（のちのチンギス＝ハーン）とジャムカが、アンダ（盟友の誓い）を交わす場面がある。この

ときふたりは鏑矢(音の出る矢)を交換しあって誓いを立てている。矢は単なる武器ではなく、厳粛な儀式に用いるに足る神聖さを帯びていた。

また、巻7にはチンギス=ハーンの次のような言葉がある。

「敵に矢筒を取られるくらいなら、生きている価値がない。おのれの矢筒・矢とともに屍をさらすことこそ男子の本懐である」

矢・矢筒は、男が男として生きるために必須のアイテムでもあり、モンゴル人の男にとって、弓矢を失うことは「生きられない」ことを意味した。以上のふたつの記述から、モンゴル人にとって弓矢は単なる武器ではなく、精神的な支柱でもあったことがうかがえる。

⚜ もうひとつの弓矢・弩

さて、場所を中国本土に戻し、時間も古代に戻して、ここからは弩についてみていこう。弓矢には君子の教養という精神的側面もあったが、弩は完全な兵器である。中国の弩は、南方の山岳に住む少数民族が狩猟に使用していたものを、漢民族が戦闘用に改良したとの説が有力である。登場時期は春秋時代(紀元前770年～紀元前403年)であり、戦国時代(紀元前403年～紀元前221年)には全土に普及した。

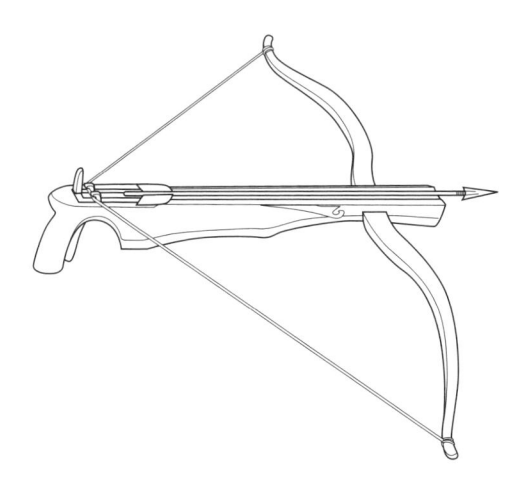

弩:一般的な弩の形状。命中精度の高さと射程距離の長さが特長

一般的な携帯用の弩の大きさは、前後の長さが60〜70cm。弦の長さが約90cm。弓の長さが135cm〜150cm（弦を外した状態）と考えられている。
　弓の部分の材質については、残念ながら詳細は判然としないが、恐らく、『周礼』考工記に記された弓の材質と同様ではなかったろうか。威力・射程距離の点から考えても、反発力の強い複合弓であったと推定される。射撃法はしゃがんだ姿勢で片膝を立てた射撃法と、立ち姿勢での射撃法があった。
　弦の張り方（P223参照）は弓の強さによって違いがあった。張りが普通の弓は「臂張（ひちょう）」といって、手で弦を引いて張った。しかし、張りの強い弓は手で弦を引くことは不可能であり、弓の部分を足で踏んで固定してから弦を引いた。これを「蹶張（けっちょう）」という。「蹶張」弩では、先端に鐙を取りつけて弦を引きやすくしたものもあった。
　戦国時代の弩については、古典文献の随所にその威力のすさまじさが散見される。たとえば『戦国策（せんごくさく）』（註8）の巻8。ここには韓（かん）（註9）で製作された「谿子の弩」「少府で造られる時力（じりょく）・距来（きょらい）と命名された弩」について言及されている。この2種の弩の飛距離はすごい。原文には「六百歩の外を射る」とある。600歩は現代の長さでは810mに相当する。これはすごい。まるで現代の突撃銃並みだが、果たして個人携帯の弩だったかという疑問は残る。
　『戦国策』の該当個所の記述は、「韓の兵士たちが足を踏ん張って射れば、100発もの弩が連射される。遠距離でも胸を射貫き、近距離では心臓を覆うほどの威力がある」であり、原文で記せば、「韓卒、足を跕（いとま）みて射ば、百発、止むるに暇あらず。遠きは胸を達き、近きは心を掩ふ」となる。
　これは床子弩（しょうしど）のことを指しているのではなかろうか。床子弩とは特別の台座にしつらえた大型の弩。つまり、弩砲（どほう）（P224参照）のことである。当然、大型であるから射程距離・威力とも個人携帯用の弩より優れていた。「足を踏ん張る」云々のところに、大型の弩砲の弦を懸命に引く兵士の姿が垣間見えて仕方ないのである。さらに「百発」云々からして、連続発射可能な弩砲とも考えられる。
　連続発射可能？　そんなマシンガンの如き武器が紀元前期に中国にあったのか？　と疑問を抱く方もいらっしゃるかもしれないが、『墨子』（註10）の備城門編に「転射機」、備高臨編に「連弩車」に関する記述がある。
　「転射機」の「射機」は弩のこと。「転」は「次から次へと移す」こと。「機の長さは六尺（135cm）。土に埋めること1尺（22.5cm）」であり、特製の台座を組んで据えつけた。文字から考えても、連続的に矢を発射できる弩砲であったと推察される。

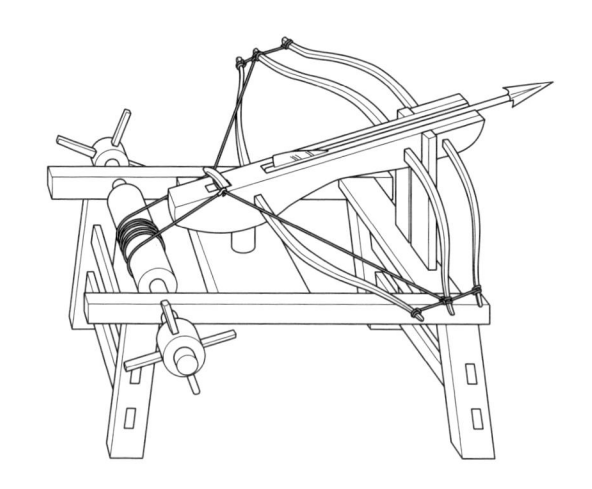

床子弩：北宋時代のもので、長さ2mの矢を発射するには30人もの人手が必要だった

「連弩車」とは、「弩砲を連結した車」のこと。文中には「矢は弩の先端から3尺も突き出し、弩を以って無数に発射する。大きな矢は兵士ひとりあたり少なくとも60本を支給。小さい矢は無制限である。連弩車を操るのは10人の兵士があたる」とあり、移動式車両に連続発射式の弩砲を据えつけた兵器があったことがわかる。

　弩は秦（紀元前221年～紀元前206年）を経て、前漢（紀元前202年～紀元後8年）に入るとさらに改良され、対匈奴用（北の遊牧騎馬民族）の兵器として大量投入された。辺境の漢軍には弓は皆無に近く、ほとんどが弩であったという。

⚜ 多様化する弩

　漢代以降も、弩・弩砲とも有力な飛び道具であり続けた。歴史上有名なものしては「元戎弩」がある。三国時代に蜀漢帝国の丞相（政治・軍事・経済の最高責任者）として活躍した諸葛孔明（181年～234年）が発明した弩砲であり、10本の矢を斉射する機能を備えていた。231年に敢行した第4回魏帝国侵攻戦の際には、魏が誇る名将の張郃を「元戎弩」で重傷を負わせ、戦死に追い込んだと伝えられている。

　この他にも、10世紀以降になると、以下の弩砲が作成された。

○双弓牀弩・大合蟬弩……弓を二張り組み合わせた弩砲
○三弓斜子弩……弓を三張り組み合わせた弩砲
○神臂牀子連城弩……一度に6本の矢を一斉発射する弩砲
○双飛弩……ひとりの兵士が2弩を同時に発射する弩砲

　これらの弩砲のなかには、特製の巻き上げ機を使って弦を引くものもあり、射程距離は1kmを越えたという。
　また、個人携帯用の弩も改良が加えられた。北宋(960年～1127年)には、神臂弓という弩が登場している。従来の弩より反発力が格段に強く、貫通力に優れていた。また、南宋(1127年～1279年)には克敵弓・神勁弓といった弩が登場している。これは神臂弓よりさらに威力があった。
　11～12世紀には機関銃式の弩が出現した。これは16本の矢が入った弾倉を上部に据えつけた弩である。本体中ほどについているレバーを後方に引けば、矢が装填される仕組みになっており、15秒間に11本の矢を発射できた。全長は99cm。矢の長さは36・8cm。矢に矢羽はなし。最長飛距離は183m。有効射程距離は73m。普通の弩より短いが、50m以内の接近戦なら問題はなかっただろう。
　機関銃式弩は博物館に現物が残っており、複製品を作成しての実験がなされている。実験によれば100人の兵士で15秒間に2000本の矢を射ることができたそうだ(『図説　中国の科学と文明』ロバート・K・G・テンプル著　河出書房新社)。まさに矢の雨である。この機関銃弩は、1894年から翌年にかけての日清戦争でも使用されている。
　以上、中国における弓矢の歴史をザッとみた。この項では触れる余裕がなかったが、毒矢・火矢にもなかなか興味深いものがある。第3部で触れているのであわせてご覧頂きたい。

註1：『周礼』の「考工記」
　　周の周公の作成とされるが、実際は春秋時代の法制史家の作成した法律書の原形。「考工記」は『周礼』の第6編にあたり、古代の車・用具・兵器の作り方などを述べている。

註2：『詩経』
　　中国最古の詩集。西周から春秋戦国時代(紀元前770年～紀元前221年)の初期に民間で流布していた詩305編が記されている。国が民情視察のために役人を四方に派遣して採集した詩3000余編を、儒家の祖である孔子(紀元前551年頃～紀元前479年)が305編に編纂し直したと伝えられる。孔子の編纂云々については疑問視する声もあり、成立年代についても、銘文(金属器や碑に刻み込んだ文)の韻律との関連から、春秋戦国時代後半の成立と指摘する専門家もいる。しかし、それらの点を割り引いても中国最古の詩集であり、当時の習俗を知るうえで貴重な史料である点は変わらない。

註3:『礼記』
　全部で50編。紀元前300年代から200年代の前半(中国史では戦国時代～秦～漢代初期にあたる)にかけて、儒学者が文化・風習についての論をまとめた書物。漢代の後期成立と推定されている。

註4:『儀礼』
　諸侯・卿大夫など貴人階級の冠婚葬祭の作法を記した書物。戦国時代から漢代初期の成立と推定されている。17編。『礼記』射儀編は『儀礼』の大射・郷射を参考にしている。

註5: 趙
　現在の山西省の北部から河南省西部を領有していた国家。戦国七雄のひとつ。国の北は現在の内モンゴル自治区にあたり、古代から遊牧騎馬民族の居住地であった。

註6: サルホの戦い
　1619年、清朝の始祖ヌルハチ率いる後金国(清朝の前身となった国家)と明軍による、サルホ山(遼寧省)での戦闘。この戦いでヌルハチは銃火器を揃えた明軍に騎馬弓射戦術で対抗。馬の機動力と鍛え抜いた騎射技術を駆使して明軍を撃破し、中国大陸東北部における勢力基盤を強固なものにした。

註7: 韓
　現在の山西省東南部から河南省中部にかけての地を領有していた。戦国七雄のひとつ。

註8:『戦国策』
　前漢の劉向の作。33巻。成立年代は不明。戦国時代の各国の歴史や戦略家たちの弁舌を記録した書。

註9:『墨子』
　戦国時代初期の思想家・墨翟(ぼくてき)の著作と伝えられる。15巻。

第4章　日本の弓矢

⚜ 謎が多い日本の弓矢

　日本の弓矢はちょっと変わっている。まず形。短下長上の上下非対称。こういう弓は類例がない。しかも、長い。現在も伝承されている弓では世界最長である。握る位置も妙だ。世界の弓は真ん中部分を握る。しかし、日本の弓は真ん中より下の部分を握る。

　また、古くは武道を「弓馬の道」と呼んだ。武家は「弓執(取)」「弓矢取る身」「弓馬の家」と呼ばれた。武士といえば刀剣のイメージが一般的だ。なぜ「刀取る身」でなく「弓矢取る身」なのか？　さらに、私たちの生活に身近なところにある弓矢もそうだ。正月の破魔弓・破魔矢。なぜ、弓矢なのか？

　弓矢は案外、ミステリアスな存在である。今から弓矢にまつわる謎解きをかねつつ、日本の弓矢の歴史をみていきたいと思う。

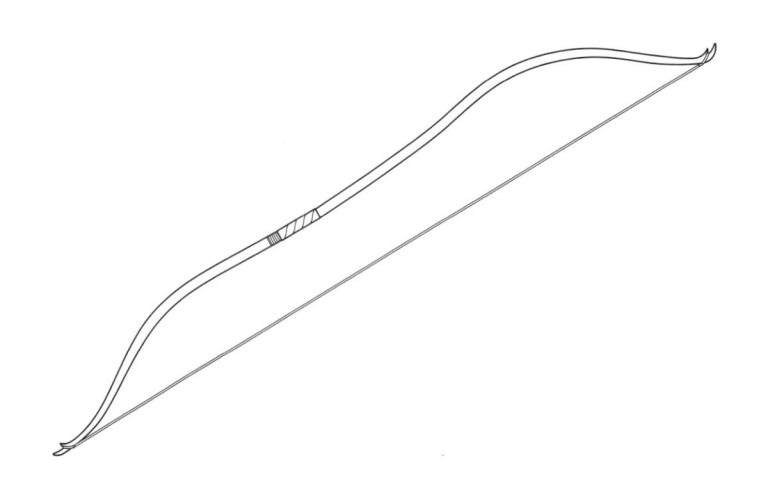

⚜ 縄文と弥生時代の弓矢

　弓矢は、縄文時代（約13000年前〜約3000年前）から使われていた。種類は丸木弓。木の枝を切り取り、弓に加工しただけの簡単な弓である。弓の区分上では「単弓」に入る。素材はイチイやカヤの木が多い。長さは75cm〜85cm。短弓に入る。弦は苧麻（イラクサ科の多年草）の繊維をより合わせたものが使われた。矢柄は篠竹（細くて葉も少ない竹）が多く、矢羽は鷲・鷹が好まれた。鏃は石製。黒曜石・粘板岩・頁岩が多い。

　弥生時代(註1)に入ると、石鏃に変化が現れる。縄文時代の石鏃が軽量・小型だったのに対し、弥生時代に入ると大型化し、重量を増したのである。鏃の変化について考古学者の見解は、弓矢使用の主目的が、狩猟から対人殺傷へと転化した結果という点でほぼ一致している。

　弥生時代は、水稲耕作が本格的にはじまった時代である。そのため牧歌的時代だったとイメージされがちだが、実態はまったく逆である。農耕地の奪い合い、水の利権をめぐる対立、貯蔵物の強奪……。狩猟採取と原始的農耕が主流だった縄文時代とは、比較にならないほど闘争的な時代であった。大小さまざまな国家の建設、国家間による戦争と統合が弥生時代にはじまったことは、研究者たちの指摘するところだ。鏃は時代の要請に応じて姿を変えたのである。

　当然、弓も時代の要請に応じて姿を変えた。反発力を増すために弓は大型化した。しかし、弥生人の工夫はそれだけではなかった。

⚜ 『魏志』倭人伝が記す弥生時代の弓

　『魏志』倭人伝(註2)は、弥生人の弓について次のように記す。「木弓は下を短く上を長くし」。つまり、弓本体の真ん中ではなく、真ん中より少し下を握っていたのが、少なくともこの時代からはじまっていたことがわかる。倭人伝の記録者がわざわざ書き記したのは、「下を短く上を長く」という弓の持ち方が異様に見えたからであろう。なお、1927年（昭和2）に香川県内で発見されたとされる銅鐸(註3)や、兵庫県神戸市桜ヶ丘遺跡出土の銅鐸には、弓本体の少し下を保持して矢を射る狩人の姿が刻まれている。

　ところで、古代史に多少なりとも関心のある方ならば、弥生人＝中国大陸からの渡来者であることはご存じかと思う。この時期の中国は戦国時代→秦王朝の樹立→楚漢の攻防→前漢帝国樹立という激動期にあたる。弥生人とは、大陸の

動乱を逃れ、新天地を求めて日本列島に渡ってきた人々であった。
　今……勘の鋭い方は「妙だ?」と思われたかもしれない。弥生人は弓矢が兵器として駆使されている現場からやってきた。当然、弓については熟知していたはずだ。その彼らが、敢えて中国本土とは異なる弓の持ち方をしているのである。これはなぜか?
　この疑問については、素材との関連で考えるのが自然だろう。丸木弓は枝材を削り出し、表面を持ちやすく加工するだけのシンプルな弓である。矢を射る際には幹側(本弭)を下にし、梢側(末弭)を上にする。幹側と梢側では同じ太さに見えても、どうしても幹側のほうが反発力は強く、梢側のほうが弱くなる。反発力が違うから、矢を放ったあとの弦の復元力も違う。幹側が速く、梢側が遅くなる。
　「下を短く上を長く」という持ち方は、この特性を活かした構造である。弓の幹側が弦の戻りが速いということは、矢を下から押し上げるパワーが強いことになる。つまり、矢に仰角がつくのである。重い鏃のついた矢を遠い距離まで飛ばすことを考えると、実に合理的方法といえよう。また、矢を射る際にはどうしても弓の幹に振動が生じるが、真ん中より少し下が最も振動が少ない。これは発射の際の手ぶれ防止と命中率向上にも直結する。
　大陸から渡来した弥生人は当初、大陸と同様に動物の角や腱を使った複合弓を作ろうとしたと思われる。だが、日本列島には牛も馬もいない。鹿はいる。だが、大量の弓を作れるほどはいない。複合弓製作を諦めた弥生人たちは、思案の挙げ句、「下を短く上を長く」という持ち方で弓のパワーアップを狙ったと推察される。この持ち方は弥生時代以後も受け継がれ、合わせ弓(後述)の成立後も上下非対称という日本独特の弓が続く要因となるのである。

⚜ 古墳時代から平安時代中期の弓

　弥生時代以降の弓の状況を示すと、丸木弓主流期→丸木弓・合わせ弓併存期→合わせ弓主流期となる。以下、順にみていきたい。
　古墳時代から平安時代中期(3世紀後半～11世紀末)までが、丸木弓の主流期である。
　丸木弓は、梓弓・檀弓・槻弓・梔(櫨)弓・柘弓・椐弓・梅弓・桃弓・桑弓など、素材となる木によってその名称が多岐に渡るが、最も有名なのは梓弓である。
　梓弓は夜糞峰榛(註4)の木のから作った弓であり、『古事記』(712年成立)の応神天皇・允恭天皇の条に「阿豆佐由美」と記されている。『続日本紀』(797年

成立)の大宝2年(702年)の項には、甲斐(山梨県)から500張り、信濃(長野県)から1200張りの梓弓が献上された旨の記述がある。また、『延喜式』(927年成立)には、梓弓の製作日数についての規定が記されている。

京都の国際日本文化研究センターの研究報告によれば、夜糞峰榛は反発力・折れにくさ・比重の点で、カヤ・イヌガヤ(共に弥生時代に使われていた弓材)をしのいでいるという。梓弓は新時代の新兵器ともいうべき弓であった。

梓弓以外では檀弓も有名だ。檀はニシキギ科の落葉小高木のこと。古来より弓作りに適した木であった。檀弓は「真弓」とも書く。なお、桃弓・桑弓は主に邪気払いの神事に使われた弓である。

✤ 平安時代後期から戦国時代末期の弓

平安時代後期から戦国時代末期(12世紀初頭〜16世紀末)までは、丸木弓と合わせ弓の併存期である。合わせ弓とは、木と竹を膠で接着して反発力・耐久力を強化した弓のこと。弓の区分上では「強化弓」に入る。

最初に登場した合わせ弓を伏竹弓と呼ぶ。弓の幹の外側を削り、竹で補強した弓である。別名を外竹弓。平安時代後期に登場した。伏竹弓発生の要因については〈宮中の弓射神事の影響〉との説が有力だ。

647年(大化3)以来、日本の宮廷でも中国の影響を受けて弓射神事が行われていた。神事の際には「礼」に適った弓射が求められるが、そのうちのひとつが大きく深く堂々と弓を引くことであった。だが、かような引きは、複合弓だからこそ可能な話だ。丸木弓でそんなことをしたら、弓が折れてしまう。これは梓弓のように優秀な丸木弓でも無理だった。そこで竹補強による弓作りが考案され、伏竹弓が登場したのである。

発明者には藤原秀郷(P122参照)など歴史上の人物の名前があげられているが真偽はわからない。ただ、この時期、武士たちが割材(木材を割った素材)を使うことで反発力・耐久力を強化した弓を所持していたことがわかっている。伏竹弓はその延長線上に発生したに違いない。発明者は、宮廷関係者とつながりのあった都在住の武士であろう。「大きく引ける弓を調達してくれ」という宮廷関係者の要請を受けて考案したと推察される。

伏竹弓以外では次の合わせ弓がある。

○三枚打弓……木の外側と弦側に竹を張り合わせた弓。鎌倉時代(1192年〜1333年)に作られた。

○四方竹弓……木の前後左右に竹を張り合わせた弓。室町時代（1338年〜1573年）の後期に作られた。

♣ 江戸時代は合わせ弓の主流期

　江戸時代（1603年〜1867年）は、合わせ弓の主流期である。この時期には「弓胎弓（ひごゆみ）」という弓が作られた。これは弓の中心に細い竹片を複数枚（2枚〜5枚とさまざま。稀に1枚もある）据え、両脇を木で、前後を竹で囲った弓である。これによって弓の反発力は飛躍的に向上した。

　弓胎弓の誕生には、「堂前・堂射」が深く関係している。これは別名「通し矢」。江戸時代初期〜中期を中心に盛んに行われた競技である。堂射の舞台は京都蓮華王院三十三間堂や、江戸浅草（のちに深川）の三十三間堂であり、堂の間を矢で射通す競技である。

　京都の蓮華王院三十三間堂の場合、距離は約120mもある。曲射（山なりに射ること）ならなんてことない距離だが、縁幅約2.2m、高さ4〜5mの外縁を射通すとなると話は別だ。ほとんど一直線である。よほどの強弓でないと無理である。結果、弓胎弓が誕生するのである（三十三間堂通し矢の起源や記録については、第3部参照）。

◆代表的な日本の弓の構造。波線部分が木材でグレー部分が竹材

丸木弓（まるきゆみ）　縄文時代から平安時代中期頃まで使用された。

伏竹弓（ふせだけのゆみ）　平安時代後期から。外竹弓（とだけゆみ）とも。

三枚打弓（さんまいうちゆみ）　鎌倉時代から

四方竹弓（しほうちくゆみ）　室町時代から

弓胎弓（ひごゆみ）　江戸時代から。中心に並べられた竹をヒゴという。カーボンを使用するなど、素材こそ変化しているが、現代日本の弓も同様の構造をしている。

弓の拵え

　丸木弓と合わせ弓の構造ついてみてきた。次は「拵え」についてもみてみよう。拵えとは装飾の意であるが、弓の拵えは単なる装飾にはとどまらない。湿気防御や破損対策、反発力強化という実用的な意味もあった。使われた素材は漆・絹糸・籐（註5）。特に合わせ弓の場合は、木と竹の剥離を防ぐため、絹糸・籐でガッチリと補強することが多かった。

　拵えについては、側白木弓（弓の前後に漆を塗った弓）・村擑弓（漆をまだら塗りにした弓）・側黒弓（弓の側面を漆で塗った弓）・塗弓（弓全体に漆を塗った弓。平安時代には正式の弓として扱われた）・絲裏弓（弓全体を絹糸で巻いた弓）など多岐に渡るが、最もポピュラーなのは重籐弓だろう。

　重籐は「滋籐」と書くときもあるが、要は籐を滋く巻いて補強した弓である。そのため籐を重ねて巻いたものはすべて重籐弓だが、巻き方によって名称が異なっている。列挙すると次の通りだ。「眞の重籐弓」「村重籐弓」「末重籐弓」「吹寄重籐弓」「本重籐弓」「鏑重籐弓」「矢摺重籐弓」「負重籐弓」「節籠重籐弓」「段重籐弓」「引両重籐弓」「匂重籐弓」「中重籐弓」「鵆重籐弓」「白籐弓」。この他にも「しこめの重籐弓」「笛籐弓」「福蔵弓」などがあった。

最初から長弓だったか？

　ところで、日本弓道での弓の標準的長さは221cm（註6）である。現在の世界の各民族が使用する弓の中で最も長い。だから、書籍によっては「長い弓は大昔からの伝統」という書き方をするものもある

　確かに長い弓は多い。大阪府の土保山古墳から発見された弓のなかには198cmという長さがある。また、『東大寺献物帳』『延喜兵庫寮式』『延喜神祇式』などの文献では、献納する弓の長さを規定している。長さをみると「7尺6寸（約228cm）」「7尺以上8尺以下（約210cm～約240cm）」「最長7尺5寸最短6尺3寸（約225cm～約189cm）」となっている。しかし、勘違いしてはいけないのは、長い弓はいずれも特別な弓という点だ。墓に副葬品として納めたり、宗教儀式・公的儀式での弓射に使用したり……。つまり、国家的祭祀・公式儀式に使用される弓が長かったのであり、宗教・儀式と無縁のところでは、6尺（約180cm）以下の弓が普通だった。

　弓が全般的に長大化しはじめたのは、武士の台頭以後といわれている。時代

的には平安時代の中期～後期になるだろうか。武士が弓を長大化させた理由はふたつ考えられる。

ひとつは権威強化。自分たちの所持する弓を宮廷の公的儀式に使用する弓と同じ長さにすることで、武士という存在の権威づけを狙ったと推察される。ふたつ目は機能の向上。矢の飛距離は伸ばし、貫通力を増すためには、弦を深く引けば良い。しかし、複合弓と違い、樹木のみで作られた弓は折れやすい。唯一の解決法は弓を長くすることだ。長ければ長いほど、弦を深く引き込むことができ、結果として飛距離は伸び、貫通力も増す。

このふたつの理由から、武士は弓の長大化に踏み切ったものと推察される。日本の弓は、最初から長いわけではなかった。武士団の成長の過程で弓の長大化が進められ、長弓が一般的となったのである。

⚜ 日本の宮廷でも行われた弓射礼

先ほどから再三、宮廷の弓射儀式について触れているので、解説もかねて簡単に説明しておきたい。なお、日本の弓射儀式は、「射礼(じゃらい)」と発音される。

日本の宮廷で弓射儀式がはじめられたのは、647年（大化3年）以降である。647年は大化の改新(註7)断行の2年後であり、中大兄皇子・中臣鎌足を首班とする政権首脳陣は、中国の唐帝国（618年～907年）を手本とした、律令政治体制(註8)の確立を急いでいた時期である。唐は、後漢（25年～220年）以来衰退していた大射（中国の弓矢の項参照）を、国家的行事として大々的に復活させていたから、日本の宮廷も「唐に見倣うべし」として導入したのだろう。ちなみに、律令政治では官人は文官・武官に分かれており、武官は公務として武具の携帯が義務づけられていた。武官を象徴する武具は弓矢であったという。

射礼導入といっても、大和政権は唐のものを、すべて無批判に導入したのではない。相応の取捨選択はなされた。音楽の演奏はなく、的を外した者への罰としての酒もなかった。目的も人物登用云々ではなく、純粋な年中行事だった。唐では3月と9月に定例の大射日が設定されていたが、日本では正月の17日・18日に行われた。17日は「観射儀」。18日は「賭射(のりゆみ)」である。

弓射は天皇の御臨席のもとに行われた。高位の者は出席が義務づけられ、不参加者は罰せられた。天皇は17日には弓射をご覧になるだけだったが、18日には弓射をご覧になったあと、自ら矢を射た。『三代実録』の光孝天皇仁和2年（886年）の正月の条には、「十八日、弓射をご覧になったあと、夕暮れに御自ら矢

を射た」とある。唐が経済的破綻を理由に大射を停止しても、日本の宮廷では存続した。

しかし、12世紀初頭には天皇の御臨席がなくなったことが、『中右記』(註9)の記述からわかる。鎌倉時代以降、正月の弓射儀礼の主体は武家の手に移った。結果、宮中における射礼は形骸化し、室町時代以降に消滅した。

⚜ 多種多様な鏃

鏃と矢についても記しておこう。まずは鏃からである。鏃は縄文時代と弥生時代の中期までは石鏃のみだったが、弥生時代後期から鉄製・青銅製の鏃が主流になった。同時に形状と機能も多様化していった。ことに奈良時代(710年～793年)以降の鏃の多様化には目を見張るものがある。

鏃を機能別に大別すれば「射貫く」「射切る」「射当てる」「射砕く」の4つになる。

縄文・弥生・古墳時代の鏃はすべて射貫く鏃である。奈良時代以降は尖り根・釘形といった形式の鏃が射貫く代表選手になろう。各時代を通じて最多用された機能である。射貫く鏃をつけた矢は、「征矢(そや)」と呼ばれる。

射切る鏃は奈良時代以降登場した。雁股(かりまた)・鯖尾(さばお)・蝙蝠(こうもり)といった形式が代表的である。この形式の鏃は、狩猟・合戦の両方で使われた。射切る鏃を使う際には、鏑(かぶら)を併用し「鏑矢(かぶらや)」とした。鏑とは楕円形の木製部品のこと。中空で先端に複数の穴がある。鏑をつけて矢を射ると、穴から空気が入り、ヒューというかん高い音がした。

音がするのには意味がある。狩猟に使う際には、動物をすくませる効果があった。すくんだところで命中すればよし、命中せずとも、かすれば鏃の刃が血管・組織を断ち切った。重傷ならば動けなくなるし、軽傷でも逃足は鈍る。あとは余裕を持って捕まえれば良い。

合戦の際には、合戦開始の合図として鏑矢を射た。鏑矢はまた"神聖な矢"と考えられており、武士は1～2本は必ず携行していた。戦場でここ一番という弓射を行う際には、鏑矢を使うことが多かった。擦れば裂傷を負わせられるためでもある。

射当てる鏃は木鋒(きぼう)・平題(いたつき)・蟇目(ひきめ)などがある。的を射当てるのが目的なので先端は鋭くない。木鋒は円柱形。平題は緩やかな円錐形である。素材は木材及び鹿の角が使われた。木鋒・平題の鏃をつけた矢は「的矢(まとや)」と呼ばれる。

「蟇目(ひきめ)」は大型の鏑である。蟇目をつけた矢も的矢の一種であるが、通常は「蟇目矢」とで区別している。このうち犬射蟇目は犬追物(註10)に、笠懸蟇目は笠懸(註11)に使われた。どちらも衝撃を与えるのが目的である。蟇目矢は鏑矢と同様、神聖な矢と考えられており、魔避けに使われた例も多い。産所蟇目は、貴族や高級武士の家庭でお産がある際に使われた。宿直(とのい)蟇目は、役所に宿直する武士が魔性のものを祓う目的で使われた。蟇目矢には他にも、大蟇目・小蟇目・半蟇目・竹根蟇目などがある。

射砕く鏃は、盾などを射砕く機能を持った鏃である。神頭(じんとう)形と呼ばれる鏃がそれであり、この鏃をつけた矢は「神頭矢」もしくは「神頭」と呼ばれた。南北朝時代(1336年〜1392年)の初期までは盛んに用いられた。

なお、どの矢も箆(やがら)(矢の本体部分)は篠竹である。これは時に「箆(の)」とも呼ばれた。したがって、矢が深く突き刺さることを「箆深(のぶか)」ともいう。矢の飛行を安定させるための矢羽は、鷲・鷹・朱鷺が最上とされ、あとは雑羽とされた。

⚜ 9世紀末からはじまる軍制改革

弓の種類→構造→拵え→弓の長さ→宮廷の射礼→矢と鏃とみてきた。ここから視点を変えて武士との関係に迫ってみよう。武士と弓矢の深い関係を知るには、古代日本の軍隊編成から説き起こす必要がある。

日本での本格的な軍隊編成は、7世紀中頃にはじまる。兵力中心となったのは、律令制で定められた班田(政府が農民に与えた土地)から徴収された農民兵である。彼らは律令体制下の武官の指揮のもと、歩兵として戦力の中心となった。しかし、8世紀からはじまる蝦夷(東北の住人)たちとの一連の戦いで農民歩兵軍団は、騎射を得意とする蝦夷軍団に苦戦する。結果、政権は班田農民以外からも兵士徴収を余儀なくされる。対象となったのは、山野で狩猟中心の生活を送る人々だ。生業上、弓の腕前もあり、馬の扱いにも慣れた人々を軍団に取り込んだのである。一方で政権は、弩(第3部参照)の改良にも着手し、ようやく対蝦夷戦で優位に立った。

しかし、9世紀末、政権は再び、大規模な軍制の改革を迫られる。きっかけは東国(東海・関東)における反政府武装兵団「僦馬(しゅうば)の党」の跳梁である。彼らは在地の富豪層に率いられた私兵集団であり、馬の機動力と卓越した騎射技術を武器に、国司・国衙(こくが)(共に中央政府の出先機関)を相次いで襲撃。また、朝廷に納められる献納品の強奪を繰り返すなど、乱暴狼藉の限りを尽くしていた。

朝廷は無論、鎮圧に乗り出した。朝廷側は自信を持っていた。確かに、改良した弩と多数の歩兵、騎射技術に卓越した騎兵を擁し、戦力的には圧倒的に有利である。しかし、朝廷による鎮圧は失敗する。敗因は組織力にあった。武装兵団は組織的にも機動力に富んでいた。奇襲・待ち伏せ・夜襲・撤退……。党首の命令のもと、軍勢は迅速かつ手足の如く動いた。対して、朝廷軍は組織的に鈍重だったのである。

　朝廷は、再び軍制の大改革に着手した。新たに軍制に編入したのは、「諸家兵士」「諸国兵士」と呼ばれる武装集団だ。彼らは性格的にも戦力的にも、「俘囚馬の党」と同じである。違うのは反政府の意識の有無だけだ。だが、「諸家兵士」「諸国兵士」とて、従順な僕ではない。要は、政府に自分たちの腕前を高く売る道を選んだ武装集団である。

　蝦夷との戦いの過程で軍団に編入された騎射の達人→「俘囚馬の党」との戦いのために軍団に編入された騎射の達人集団。武士はこの延長線上に発生するのである。

⚜ 『新猿楽記』は記す

　『新猿楽記』という古書がある。成立は平安時代後期。作者は藤原明衡(あきひら)なる人物とされる。ここでは、猿楽(芸能の一種)見物にやってきた右衛門尉一家の人々についての職業が記されている。右衛門尉をはじめ登場人物はすべて架空である。要するに、右衛門尉一家という架空の集団に仮託しての"当世職業紹介"に類する書物と考えても良かろう。

　実にさまざまな職業が記されている。商人・仏像彫刻師・陰陽師・巫女・相撲取り・大工・医師・坊主・博徒・絵師……。それらのなかに混じって、右衛門尉の次女の亭主・勲藤次(くんとうじ)なる武士が「天下第一の武者」とされている。なにゆえに天下一かというと、「合戦・夜討・馳射(はせゆみ)・待射(まちゆみ)・照射(ともしゆみ)・歩射(かちゆみ)・騎射(うまゆみ)・笠懸(かさがけ)・流鏑馬(やぶさめ)・八的(やつまと)・三々九(さんざく)・手挟(たばさみ)などの上手」であるからとある。

　馳射は馬を疾駆させながらの騎射。待射は待ち伏せでの弓射。照射は夜間に松明を焚いての弓射。歩射は徒歩での弓射。騎射は静止した状態での騎射だ。笠懸以降は的を射当てる騎射である。12項目のうち10が弓射に関することであり、ほどんどが馬上からの弓射である。この記述からは、平安時代後期の武士の理想像が見えてこよう。

　武士＝刀剣というイメージが強かった方には意外かもしれないが、同じく平安

時代後期に記された『今昔物語集』にも、合戦における武器は弓矢。刀剣は男子の護身用の武器という旨の記述が見えている。平安時代後期、武士として名実共に認められるには、騎馬術と弓術のプロフェッショナルであることが絶対条件だった。だからこそ、武道は「弓馬の道」と呼ばれ、武家は「弓執」「弓矢取る身」「弓馬の家」と呼ばれたのである。

❖ 騎馬武者同士の矢戦やいかに？

ところで、騎馬武者同士の騎射戦を「馳せ組」と呼ぶが、馳せ組の様子が『今昔物語集』巻25に記されているので紹介しよう。平良文と源充（宛とも）の決闘である。内容を要約して記す。

—今は昔、平良文と源充が決闘に及んだ。双方とも「我こそは武勇第一の士」と公言して憚らず、感情的に対立したためである。決闘の日、双方とも5〜600の軍勢を引き連れて対峙した。さて、両軍が矢を射かけあおうとした寸前、平良文が「軍勢同士の戦ではなく、1対1で雌雄を決せん」と提案した。源充は賛成した。武勇自慢に端を発した戦いである。白黒がつくなら方法は問わない。

双方とも雁股の矢を弦に番え、馬を馳せはじめた。遠間から双方射た。当たらない。双方とも矢を弦に番え直し、弓を引き絞る。間合いが詰まる。だが、タイミングがあわないのか、双方すれ違うのみ。馬を取って返し、再び近づく。弓を引き絞る。しかし、再びタイミングがあわないのか。双方ともすれ違うのみである。

馬を取って返し近づく。3度目の正直とばかり、平良文が射た。源充の身体のド真ん中狙いである。源充は馬から転げ落ちそうになりながら矢を避けた。馬を取って返し、双方近づく。今度は源充が射た。平良文の身体のド真ん中狙いである。平良文は必死で矢を避けた。馬を取って返し、弦に矢を番え、弓を引き絞る。近づく。必殺の間合いに入る直前、平良文が提案した。「双方とも武勇の士であることは充分にわかった。このあたりで止めにしないか。別に利害が衝突しての戦ではないのだから……」と。源充は賛成し、双方とも軍勢を引き上げた。互いの力を認めあった平良文と源充は、以後、親友となった—

平良文・源充とも実在の人物である。平良文は武蔵国村岡（現在の埼玉県熊谷市）を基盤とする武士であり、平将門の叔父にあたる。源充は武蔵国箕田郷（現在の埼玉県鴻巣市近郊）を基盤とする武士だ。

決闘が史実であったか否かは判然としない。平良文・源充に仮託して、武士たる者、つまり、騎射戦のプロフェッショナル同士の理想的な戦い方を語ったとも考

えられる。ただ、どちらにしても「馳せ組」の方法を知るうえでの参考にはなろう。

⚜ 鎌倉時代から室町時代へ

　1192年（建久3）源頼朝（1147年〜1199年）は征夷大将軍に就任。鎌倉に幕府を開設する。日本史上はじめての武家政権の誕生である。頼朝は弓馬の術の錬磨を大いに奨励した。2代将軍となる源頼家（1182年〜1204年）などは7歳から弓馬の稽古を開始した。師匠は藤原秀郷（P122参照）の子孫で、頼朝が"日本無双の弓取り"と讃えた下河辺行平であった。頼家に限らず、武家の子弟は幼少から弓馬の稽古に励み、11歳〜12歳には実戦訓練もかねての巻狩（原野で行う大々的狩猟）に参加している。

　正月の射礼は「弓場始」「弓始」「的始」という名で幕府の公式行事となり、正月中の10日前後に将軍臨席のもと行われた。ただ、武芸鍛錬というよりも、年頭のはじめの年占いと邪鬼祓いという呪術的側面が強かったようだ。射方は歩射（立って行う弓射）である。また、騎射で行う流鏑馬神事(註12)もこの時代から盛んになっていった。

　鎌倉時代の中頃には、弓矢の"異種格闘技戦?"ともいうべき戦いが行われている。蒙古襲来、日本史上にいう「元寇」である。元軍の逆反りの短弓＋毒矢に対し、武士は伝統的長弓で対した。本によっては、元軍の逆反り短弓の前に長弓は無力だった旨の記述があるが、そんなことはない。文永の役（1274年）の際には、迎撃軍の大将・少弐景資が、元軍の副将・劉復亨を矢で負傷させ、元軍撤退(註13)の遠因を作っている。

⚜ 戦国時代から江戸時代へ

　蒙古襲来以降、時代は鎌倉幕府の滅亡→建武の中興→室町幕府の成立→南北朝の騒乱→幕府権力衰退→応仁・文明の乱→戦国時代の開始と推移していく。その間、弓矢は一貫して戦場の飛び道具の主役であった。しかし、戦国時代の中頃となる1543年（天文12）、ヨーロッパから最新式の飛び道具がやってくる。鉄砲の伝来である。鉄砲伝来後の弓矢の役割については、江戸時代前期に成立したと推定される『雑兵物語』が的確に言い表している。同物語は、古参の足軽が新参の足軽に対して戦場のノウハウを教えさとす教本仕立てになっているが、このなかで大川深右衛門なる弓足軽（小頭）がこんなことを言っている。

第4章　日本の弓矢　201

元寇:逆反りの短弓を使う元の兵士

「鉄砲隊と一緒に並んで鉄砲射ちふたりの間に、弓射ちがひとりずつ立って、鉄砲射ちが一発撃って次の弾薬をつめている間に弓を射なされい」。

つまり、弓矢は鉄砲の次発装填の間隙を埋める役割を担ったのである。比喩的な言い方をすれば、戦場の飛び道具の主役から脇役への転換であった。

しかし、脇役に転換したといっても、弓矢の"格"自体が落ちたのではなかった。戦国時代が終了し、太平の江戸時代となったあとも、弓矢は武士に必須の武芸として存続した。幕府の旗本御家人が役職につく際には、相応の弓射技術を身につけていることが、ひとつの条件であったという。また、弓術流派の数が飛躍的に増加したのも、江戸時代に入ってからであった。そして明治維新後、弓術は弓道となり、伝統武道として日本のかけがえのない文化のひとつになるのである。

⚜ 弓矢はなぜ宗教と結びついた

さて、縄文時代から説き起こしてここに到った、上下非対称の起源。真ん中より少し下を握る謎。長さの意味。武道を「弓馬の道」と呼んだ理由などについて、ある程度の謎解きは示せたものと思う。しかし、まだ項を終わることはできない。私たちの生活に身近なところにある弓矢への謎解きが残っている。

正月の破魔弓・破魔矢に限らず、弓矢と宗教・信仰の関係をうかがわせる事例は多い。大相撲の最後に土俵を清める意味で行われる弓取式。棟上げ神事で飾られる弓矢。流鏑馬も神事であるし、弓射神事を伝えている神社も数多い。弓射神事ではたとえば、群馬県前橋市元総社町の総社神社の「射儀式」がある。別名を「水的の式」。毎年1月6日に行われている。これはその年の降水量を占う年占いの弓射儀式である。神官が射る矢は2本。的に届かなければ降水量は少なく、的を飛びこせば降水量は多く、的に命中すれば豊作になるという。

鳴弦も宗教的儀式である。弦の鳴る音は魔避けのパワーがあるとして、平安時代から宮廷に取り入れられて、天皇の入浴、出産、病気などで行われた。ご誕生の際の鳴弦は現在の皇室でも行われている。

ちなみに平安時代、弓の弦を鳴らすのは、滝口の武士たちであった。滝口の武士とは、宇多天皇（在位:887年～897年）の御代に設置された役職である。清涼殿（帝の生活空間）東北の水の落ち口付近を詰め所としたのでこの名がある。任務は宮中と天皇の身辺警護でだが、単なるガードマンの類ではない。

彼らの敵は人間ではなかった。滝口の武士は、妖魔・穢れ・悪鬼など見えざる敵から天皇を守っていたのである。滝口の武士になれるのは、弓馬の練達者の

みであり、彼らは弓馬の名門とされる一族から、厳正な実技試験を突破して宮中に入った。

　破魔弓・破魔矢、鳴弦、弓射神事……。弓矢はなぜ、宗教と結びついたのだろうか。先の「中国の弓矢」の項で棚上げしていた回答を、今ここで述べたいと思う。

　弓矢と宗教が結びついのは、昔の人が弓矢に呪術的パワーを見い出したからと思われる。だからこそ、魔避けに使われたり、男子の象徴（チンギス汗の項）としたり、弓矢の練達者＝君子（中国の項）としたのではなかろうか。さらに、仏像の持ち物となったり、弓矢の神が創造（アポロンなど）されたりするのも、同様な理由によるものと推定される。

　それではなぜ、弓矢に呪術的パワーを見い出したか？　だが、これはやはり弓矢の機能と結びつけて考えるのが自然だろう。矢を弦に番え手を離したとしよう。目標に命中するか否か？　あとは弓矢任せである。人は「弦を離したら弓矢の領域。我々にはどうしようもない」と思ったのではなかろうか。そして首尾よく命中したとき、人は弓矢自体に力と意志を見い出したのではなかろうか。結果、弓矢＝呪術的パワーを宿す道具という意識を持つに到った……。

　まったくの推論であるから、当否の有無はご勘弁願いたい。しかし、丸っきりの空論とも思ってはいない。

　いずれにしても、弓矢は武道以外のところでも、常に私たちとともにある。

註1：弥生時代
　　1884年（明治17）に東京市弥生町（本郷）の向丘貝塚で縄文式土器とは異なる土器が発見された。以後、この土器が中心的に使われた時代を弥生時代と呼び、この時代を担った人々を弥生人と呼ぶようになった。なお、弥生人の多くは中国大陸からの渡来者である。

註2：『魏志』倭人伝
　　正確には『三国志』魏書東夷伝倭人条。西晋王朝（265年〜316年）に仕えた陳寿によって著わされた。

註3：銅鐸
　　弥生時代につくられた、つり鐘形の青銅の器物。

註4：夜糞峰榛
　　カバノキ科の落葉高木。山地に自生し、高さ20mまで成長する。オオバミネバリ、ミズメとも呼ばれる。

註5：籐
　　ヤシ科トウ属の植物の総称。アジアに自生する蔓性の樹木。多くは他の植物に絡みついて成長する。茎はとても細く、200mの長さに達することもある。茎は非常に強靱であり、ステッキ・イス・細工物などの工芸品製作の素材となっている。

註6: 221cm
　　身長に応じて3cmずつ長さを変える。

註7: 大化の改新
　　中大兄皇子・中臣鎌足が中心になって行った政治革命。大和政権の最高実力者であった蘇我入鹿を暗殺した（乙巳の変）あと、孝徳天皇を推し立てて政治改革に着手した。

註8: 律令政治体制
　　律は刑法。令は他の法律。中国を手本にした法律による国家統治体制のこと。

註9:『中右記』
　　中御門右大臣・藤原宗忠の日記『中右記』の大治2年（1127）の正月17日の条に、「射礼は昔は天皇の行幸があったが、近年は絶えている」との記述がある。なお、同日記には堀河天皇から崇徳天皇まで（1087年〜1138年）の朝廷の儀礼・儀式・政治・社会情勢について記されている。

註10:犬追物
　　騎射の稽古法。円形の馬場に放した犬を馬上から蟇目の矢で射る。

註11:笠懸け
　　騎射の稽古法。疾駆する馬上からの的にした笠を矢で射る。

註12:流鏑馬
　　馬を疾駆させつつ、木製の的を3つ射る。神事としての側面が強い。

註13:元軍撤退
　　元寇は2度あった。初回を文永の役（1274年）。2度目を弘安の役（1281年）と呼ぶ。通説は元軍の撤退を2度とも暴風雨（神風）によるものとしている。弘安の役の際の暴風雨発生は確実だが、文永の役の際の撤退は、武士の抵抗が想像以上に強かったことと、元軍内部の対立が高じたことが主要因とされる。ことに副将・劉復亨の負傷は想定外であり、元軍の内部対立に拍車をかけた。

Column

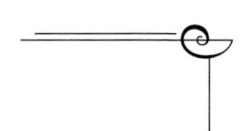

「弓聖」と讃えられた不世出の名人

　明治・大正・昭和初期に「弓聖」と呼ばれた名人がいた。阿波研造である。生年は1880年（明治13）。宮城県の麹業者の家に生まれている。14歳の頃から漢学を学び、18歳にして私塾を開いている。20歳のとき同じ宮城県石巻の麹業者の娘・阿波フサと結婚。阿波家に婿養子に入る。翌年、日置流雪荷派弓術師範である木村辰五郎に入門。家業に勤しむかたわら、弓術錬磨に精励しはじめた。23歳のときには石巻に武術道場・講武館を開設。弓術に加え、薙刀・柔・剣・抜刀術などを指導しつつ、自らも武術の研究に励んだ。

　30歳のときに仙台市に居を移し、同市内に弓術道場を開き、同じに日置流竹林派弓術師範・本多利実の門下に入る。以後、仙台市内で弓術指導を勤めつつ錬磨に励み、34歳のときに大日本武徳会から三等師範に任じられた。ときに1913年（大正2）である。当時、一、二等師範はおらず、三等師範も全国に3名のみであったから、日本最高の師範となったわけだ。1920年（大正9）には大日本武徳会弓道教士となり、大日本弓道8段となった。阿波の弓道に変化が現れたのはこの頃からである。「不発の射」「宇宙の射と一体」「一射絶命」など、高次元の弓術理論を提唱。それにつれて弓術も神技の域に入っていった。ランプの火屋（ランプの火をおおうガラス製の筒）を射貫いたのもこの頃である。

　西洋哲学講師として東北帝国大学に赴任したドイツ人オイリン・ヘリゲル（1884～1955）が、阿波門下に入ったのは1924年（大正13）である。ヘリゲルは5年間の滞在中、研造のもとで弓術錬磨に精励した。1936年（昭和11）2月25日には、ベルリン独日協会でドイツ人のために「騎士的な弓術」と題した講演を行い、阿波研三の弓術理論と稽古法を紹介している。「暗闇の中で矢を射、的の真中に命中させ、さらに射た矢で的に突き立った矢の矢筈に命中させ、矢を引き裂いた」という阿波の神技が紹介されたのも同講演においてである。阿波研造は1939年（昭和14）に病没した。享年60であった。

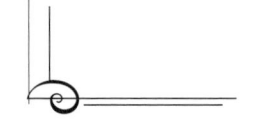

第3部
弓矢小事典

弓の章

■弓の長さと構造による名称

弓の名称は、世界各地で異なるが、見た目と構造的な特徴からいくつかのパターンに分類できる。ここでは、最も基本的な、弓の長さと構造による分類を紹介する。

分類基準	名称		特徴
長さ	短弓(short bow)		全長が1.8m以上の弓。森林地域で使われることが多い
	長弓(long bow)		全長が1.8m以下の弓。草原地域で使われることが多い
構造	単弓(self bow)		単一素材で作られた弓。普通は木材が使われる
	複合弓※(composite bow)	強化弓	他の素材(別の木材か動物の腱)で裏打ちして補強した弓
		合板弓	同じ素材の薄い板を3枚以上張り合わせた弓。普通は木材が使われる
		合成弓	異なる素材を張り合わせた弓。木材・角・腱(または筋)という3種類の組み合わせが一般的

※合板弓・合成弓をあわせて「複合弓」と呼ぶこともある。本書では「複合弓」の名称で統一している

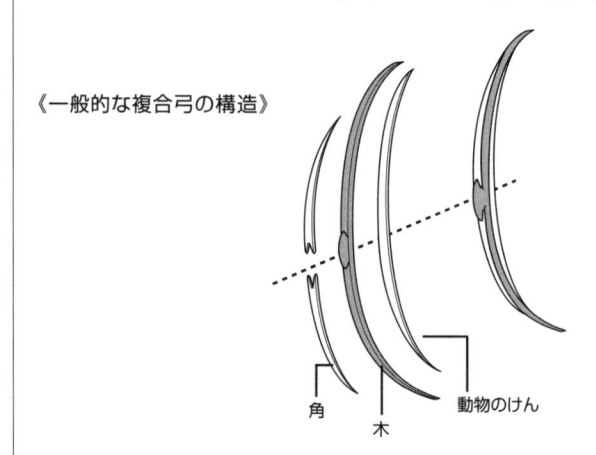

《一般的な複合弓の構造》

角　木　動物のけん

■弓の形状による呼称

《弦を外した状態での呼称》

直弓（ちょっきゅう）
弦を外した状態で極端に湾曲しない弓。
単弓・強化弓に多い。

彎弓（わんきゅう）
弦を外した状態で大きく湾曲する弓。
逆反りになる弓もある。
複合弓に多い。

《弦を張った状態での呼称》

棒状型　通常湾曲型　片側湾曲型　両端湾曲型　S字型　B字型

両端湾曲B字型　山型　連接角型　中央突出型　非対称型

■一般的な弓の各部の名称

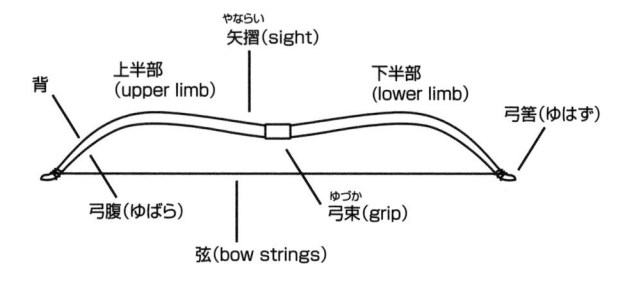

背
上半部 (upper limb)
矢摺(やならい)(sight)
下半部 (lower limb)
弓筈(ゆはず)
弓腹(ゆばら)
弓束(ゆづか)(grip)
弦(bow strings)

■日本の弓の各部の名称

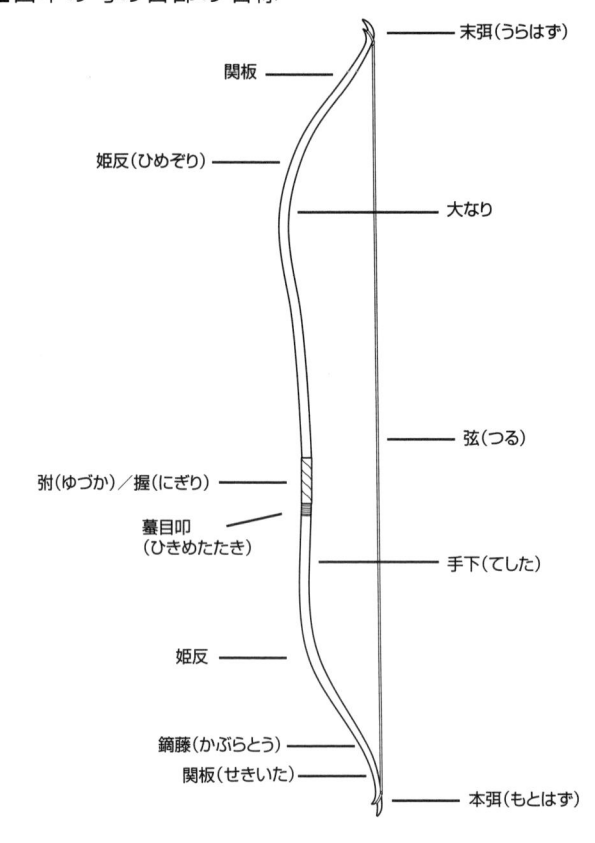

末弭(うらはず)
関板
姫反(ひめぞり)
大なり
弦(つる)
弣(ゆづか)／握(にぎり)
蟇目叩(ひきめたたき)
手下(てした)
姫反
鏑藤(かぶらとう)
関板(せきいた)
本弭(もとはず)

第3部　弓矢小事典

■射法（弦の引き方）
　弦を引く際の手の形は、世界各地でそれぞれ特徴がある。代表的なものを紹介しよう。

1.つまみ型
弾力の弱い弓で
使われる射法

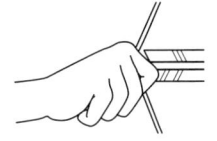

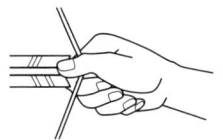

2.つまみ型
東南アジアや
北アメリカなどで
使われる射法

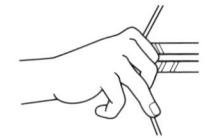

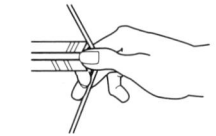

3.地中海型
主にヨーロッパで
使われる射法

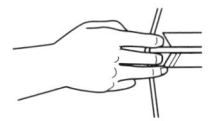

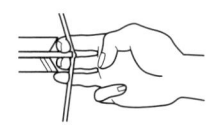

4.蒙古型
トルコや中央アジア、
中国、朝鮮半島で
使われる射法

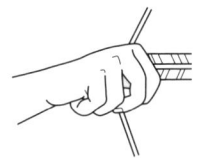

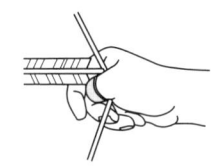

5.日本
韘を使わない場合の
手の形。
『木弓故実撮録』より

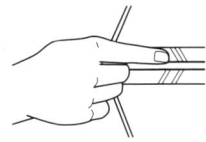

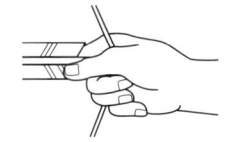

6.韘（ゆがけ）
韘は、指への負担を軽く
するためにできた革製の
手袋。親指の腹の部分に
弦をひっかける溝がある

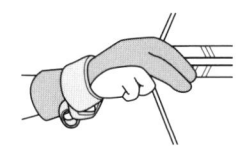

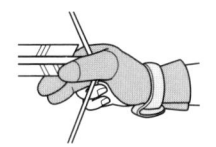

矢の章

■一般的な矢の各部の名称

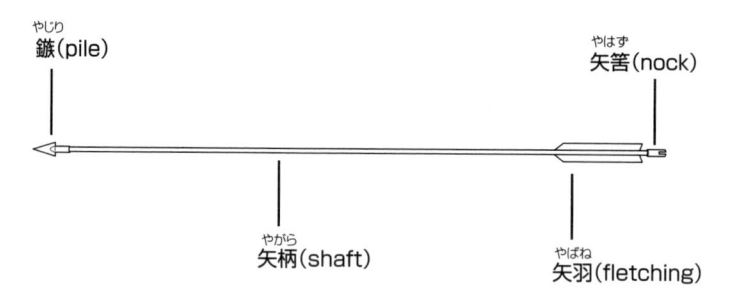

鏃(やじり)(pile)　矢筈(やはず)(nock)
矢柄(やがら)(shaft)　矢羽(やばね)(fletching)

■日本の矢の各部の名称

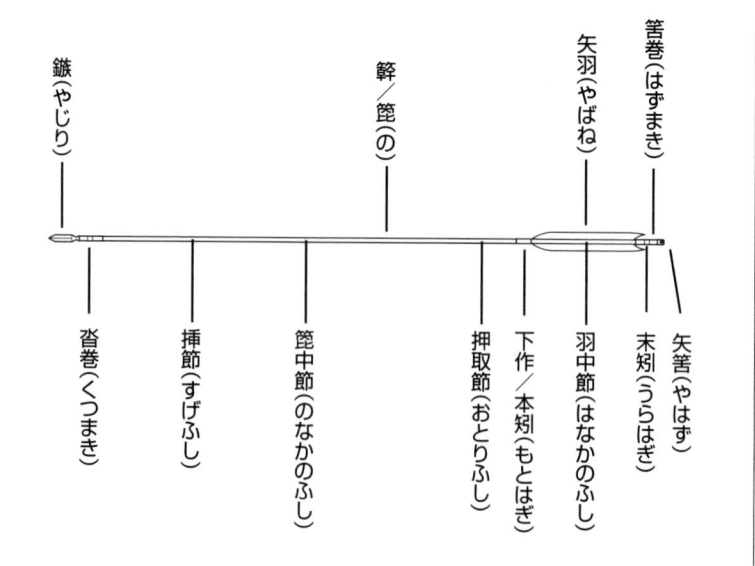

鏃(やじり)
筈巻(はずまき)
矢羽(やばね)
篦/箆(の)
沓巻(くつまき)
挿節(すげふし)
箆中節(のなかのふし)
押取節(おとりふし)
下作/本矧(もとはぎ)
羽中節(はなかのふし)
末矧(うらはぎ)
矢筈(やはず)

第3部　弓矢小事典

■筈の形式
　矢筈は、矢を弦に番うための溝。矢柄にそのまま溝を刻んだものがほとんどだが、動物の角など別の材料で矢筈を作り、矢柄に埋め込んだものもある。
　日本では、矢柄に溝を刻んだものを「よ筈」、別の材料で作った矢筈を埋め込んだものを「継ぎ筈」と呼ぶ。継ぎ筈は、角筈・水晶筈・木筈・二重筈・白磨の銀筈など、その素材によって名称が変わる。

■矢羽の種類
　矢羽は矢に回転を与え、飛行軌道を安定させるためにつけられる。その枚数は、現代では世界を通じて3、4枚のものがほとんどだが、古代まで時代をさかのぼると、2枚のものが主流を占めている。
　まれに矢羽をつけない矢も存在する。アフリカ大陸南部のカラハリ砂漠に住むサン族（狩猟採集民）やニューギニア島の高地民族が使用している。軌道が安定せず命中率が悪いため、矢を射る際には可能な限り獲物に近づく。
　また、羽を使用する鳥の種別によって、矢羽を分類する場合もある。中国や日本では、鷹や鷲といった鳥の羽が好まれた。

◇日本の矢羽の種類と名称

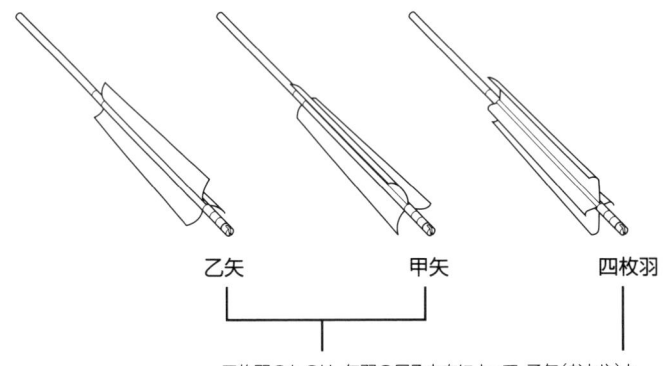

乙矢　　甲矢　　四枚羽

三枚羽のものは、矢羽の反る方向によって、乙矢（おとや）と甲矢（はや）の区別があり、軍用ではワンセットそろえられた。
四枚羽の矢は、矢を回転させないような羽の向きにして、雁又（かりまた）など射切るタイプの矢に用いられた。

213

■ 世界の鏃

　鏃の形状は、その用途によってさまざまに分かれる。また、弓矢が使われている世界のあらゆる場所で、特徴的な鏃の形状が認められるが、すべてを紹介することはできない。ここでは、近代以前に使用されていたヨーロッパと中国の鏃を紹介するにとどめたい。

◇ ヨーロッパの鏃

西洋では、日本や中国のように特殊な形状をした鏃はほとんどみられない。
金属製の甲冑を貫くために作られた「よろい通し」や、刺さったあとに抜けないように返しがついた「太矢尻（軍馬攻撃に用いられた）」がある。

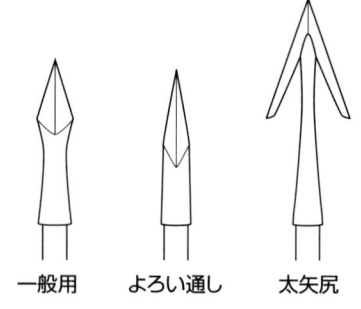

一般用　　よろい通し　　太矢尻

◇ 中国の鏃

日本の鏃に多大な影響を与えたであろう中国の鏃もまた、その形状は多様だ。
早い時代から鏃に金属が用いられるようになったこともあり、貫通性が高く、相手に刺さったら抜けにくい形状になるよう、様々な工夫がなされている。

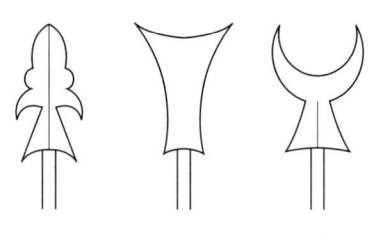

■ 日本の鏃

　多種多彩な日本の鏃。目的別に分類すると、軍用（征矢）、狩猟用（野矢）、遊戯・稽古用（的矢）に大別できる。形状の特徴は、軍用の鏃は「剣尻形」のように先が細く尖っている。狩猟用のものは「雁股」のようにY字形をした刃がつき、獲物に傷を負わせることができる。稽古用のものは、「平題」「木鋒」のように先が尖っていない。

　右ページの鏃はいずれも奈良時代以降のもの。下段には、軍用として用いられていたがのちに儀礼用に使われることが多くなった「鏑矢」の仲間を掲載した。「蟇目」は鏑矢を大型化したもので、より大きい音が出せた。「神頭」は、射砕く目的の矢だったが、鎌倉時代以降は、的矢として用いられることが多かった。

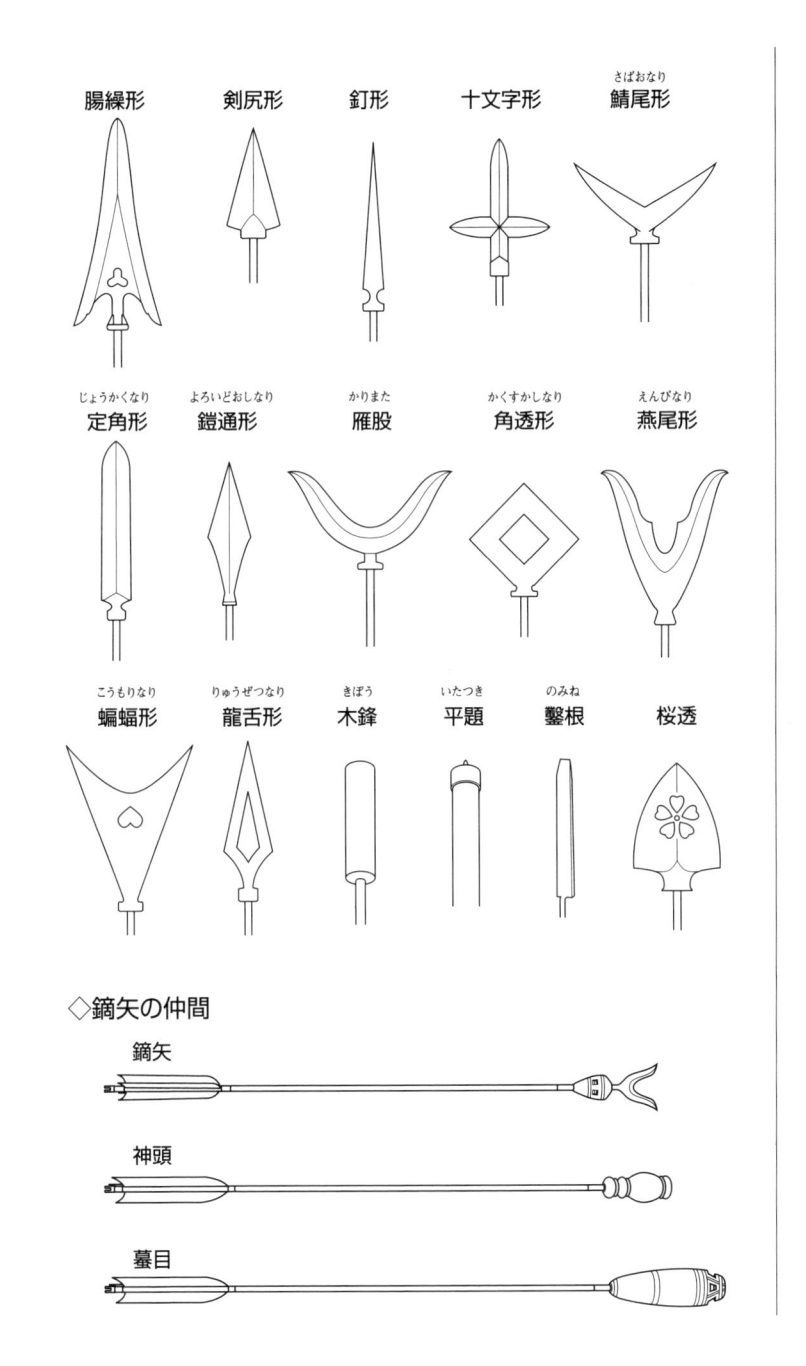

腸繰形	剣尻形	釘形	十文字形	鯖尾形（さばおなり）
定角形（じょうかくなり）	鎧通形（よろいどおしなり）	雁股（かりまた）	角透形（かくすかしなり）	燕尾形（えんびなり）
蝙蝠形（こうもりなり）	龍舌形（りゅうぜつなり）	木鋒（きぼう）	平題（いたつき）	鑿根（のみね）	桜透

◇鏑矢の仲間

鏑矢

神頭

蟇目

特殊な弓の章

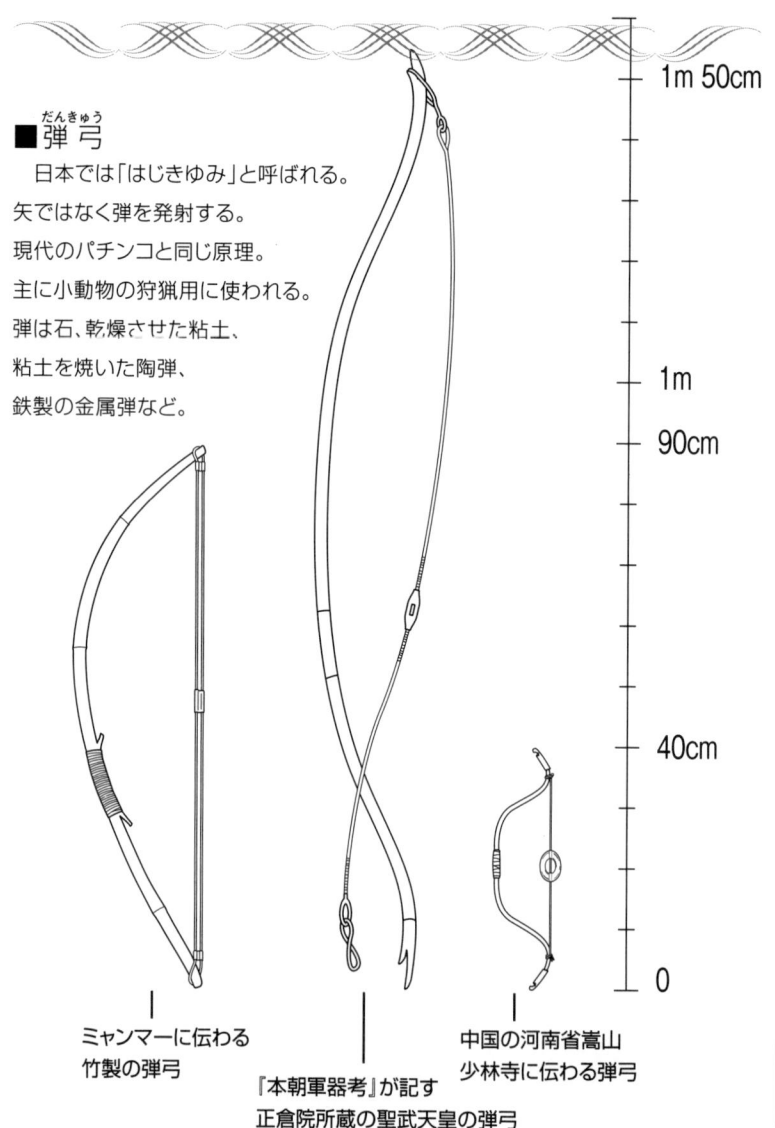

■ 弾弓
　日本では「はじきゆみ」と呼ばれる。矢ではなく弾を発射する。現代のパチンコと同じ原理。主に小動物の狩猟用に使われる。弾は石、乾燥させた粘土、粘土を焼いた陶弾、鉄製の金属弾など。

ミャンマーに伝わる竹製の弾弓

『本朝軍器考』が記す正倉院所蔵の聖武天皇の弾弓

中国の河南省嵩山少林寺に伝わる弾弓

■弭槍(はずやり)

　日本の弓で、矢を射尽くしたあと、武器として使用するために末弭(うらはず)に槍をつけた。室町時代末期に発生したとされる。江戸時代初期頃に成立した『雑兵物語』に、戦国期の雑兵が弭槍で戦った記述がみえる。イラストの弭槍は、弓の末弭に槍のついた柄を被せ、弦で固定している

■クワリ

　アイヌ(北海道の先住民族)の仕掛け弓である。クワリとは北海道南部のアイヌの仕掛け弓の呼称であり、地方によってはアマッポ・アマグウと呼ぶ。熊用の仕掛け弓であるが、キツネ・シカなどがひっかかることも多い。矢の先端にはトリカブトを主体とした毒が塗ってある。発射のメカニズムはノプカ(延べ糸)とヘチャウェニ(引き金)に集約されよう。ノプカに獲物の体重がかかって引っ張られると、ヘチャウェニの糸がほぐれて弦を抑えていた木が落ち、矢が発射されるのである。

特殊な矢の章

■毒矢

　矢で射たあと、ジワジワと相手を死に追いやる毒矢。実に陰湿なイメージがあるが、古代から脈々と受け継ぐ文化のひとつである。ここでは毒矢の歴史と毒の種類などについて簡単に解説したい。

《毒矢の起源》

　まず、毒矢の起源は、人類と毒の出会いと同時期といえるだろう。毒との出会いは偶然の産物であったと思う。虫に刺された、蛇に噛まれた、空腹のあまり腐肉を食べた、ブクッと膨れる妙な魚を食べた、ジャングルを歩いているとき変な植物で傷ついた、傷口に糞がついてしまった……。こうした経験の積み重ねで、人類は毒の存在を知ったと推察される。遅くとも旧石器時代のことだろう。やがて人類は毒を抽出し狩猟することを考案。最初は槍に毒を塗り、弓矢が登場すると鏃に毒を塗った。

　毒矢の利点は利便性にある。別段、急所に命中しなくても良いのだ。出血さえ促せば、毒は自然と体内に回り、獲物はやがて倒れる。労少なくして益多し。毒矢は人類にとって真に効率的な武器であった。

《毒矢についての記述》

　毒矢は神話・歴史書の随所に登場する。ギリシア神話では、ヒュドラ（水蛇）の胆汁に浸した毒矢、"ヘラクレスの毒矢"（P12参照）が有名だ。神話発生の背景には、蛇の毒を使った毒矢があったと考えられる。実際、蛇の頭部を摺りつぶし、他の毒物と一緒に鏃に塗る毒矢作りを行う地域もある。

　インドではマヌ法典（ヒンドゥー教の聖典：紀元前2世紀から紀元後2世紀の成立と推定される）に、「武人同士の戦いでは毒矢使用を禁ずる」旨の記述がある。これは裏を返せば、毒矢使用が横行していたことにほかならない。

　視点を中国に転じてみよう。『三国志』魏書東夷伝挹婁の条には、挹婁（ゆうろう）（現在のロシア共和国の沿海州地方からアムール川下流域に住んでいた民族と推定される）

が、毒矢製作の技術に長じており、周辺部族から畏怖されていた旨が記されている。また、『後漢書』巻49の耿恭伝には、後漢の明帝の時代(紀元57年～紀元75年)に将軍耿恭が毒矢を駆使して匈奴の大軍を撃退した旨がみえている。

　日本では、北海道の先住民族アイヌが毒矢のエキスパートであり、『諏訪大明神絵詞』(南北朝時代の成立)をはじめとして、各書物にアイヌの毒矢使用の旨が記されている。

《毒の種類と世界分布》

　毒矢の使用は汎世界的であり、使用する毒も地域によって特徴がある。トリカブトならトリカブトだけ……という意味ではない。数ある毒物のうち、トリカブトの占める範囲が広いという意味である。たいていの矢毒は数種類の毒物を調合して作られる。他の毒物は地域によって異なるが、各地域で手に入る限りの爬虫類・昆虫類・魚類・植物類(いずれも有毒)が使われる。

　文化人類学者の石川元助氏によれば、世界を毒矢で分けると、トリカブト毒矢文化圏・イポー毒矢文化圏・ストロファンツス毒矢文化圏・クラーレ毒矢文化圏・腐敗毒毒矢文化圏の5つに分かれるそうだ。以下、該当地域をあげてみよう。

○トリカブト毒矢文化圏

　トリカブトはキンポウゲ科の多年草。塊根に猛毒があり、乾したあとに摺りつぶして使う。トリカブト毒矢文化圏は、アラスカ・シベリア北東部・北海道・モンゴル高原・中国・チベット高原・中央アジア・小アジア・南ヨーロッパ地域が該当する。

○イポー毒矢文化圏

　イポーはウパスとも呼ばれるクワ科の植物。樹乳に猛毒が含まれている。インドシナ半島・マレー半島・カリマンタン島・スラウェシ島・大スンダ列島・フィリピンなど、東南アジアが該当する。

○ストロファンツス毒矢文化圏

　ストロファンツスとはキョウチクトウ科の植物。樹乳に猛毒が含まれている。アフリカ大陸が該当する。

○クラーレ毒矢文化圏

　クラーレとはツヅラフジ科の植物。樹乳に猛毒が含まれている。南アメリカ大陸が該当する。

○腐敗毒毒矢文化圏

　腐敗毒とは動物の死骸などから発生する毒。インド亜大陸・パキスタンなどの地域が該当する。

■火矢

　火矢は洋の東西を問わず、古代から使われてきた。原始的な火矢は、矢先に繊維質のものを巻いて、可燃性の物質(コールタールなどの炭素化合物)に浸し、射る直前に点火して使用した。火薬が発明されると、火薬の推進力で飛行する火矢も出現する。

○日本の火矢

　火薬登場後の日本の火矢。火薬を紙で巻き込み、口火に点火してから射た。標的に刺さり、火薬に引火して燃焼する。戦国時代に盛んに使われた。火薬登場以前は、鏃のなかに油をしみ込ませた綿を火種にした火矢もあった。

○大国火矢(おおくにひや)

　鏃の後部に燃焼用の火薬と推進用の火薬がある。点火後に火薬の推進力で飛び、刺さったあとに燃焼用の火薬が燃え上がる。通常は、図のように支柱に立てかけた形で発射する。しかし、緊急の場合は手で保持して点火し、目標に向かって投げる。戦国時代の忍者が使用したとされる。

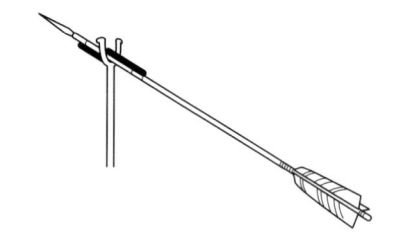

○中国の火矢:火箭(かせん)

　火薬の燃焼ガス噴射で飛ぶ「ロケット矢」。正確な発明時期は不明だが、明(みん)の初期には実用化されていた。発射には弓ではなく、発射台や筒状の箱などが使われた。

○一窩蜂箭
　32本の火箭を同時に発射するための装置。明の時代に発明され、矢の数によって名称が異なるが、多いものは100発もの火箭を同時発射できた。地面に固定して使われるほか、抱えたり、戦車に搭載されて使用された。

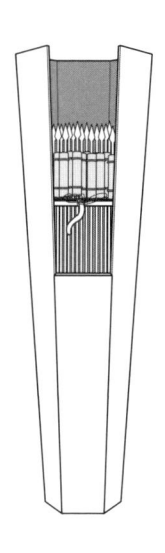

■特殊な矢について
　矢は弓で射る以外にも、様々な使われ方をした。日本の南北朝期には、片手で持って相手に突き刺す「手突き矢」という矢を使用した例が『太平記』に記されている。鏃は通常の矢より鋭く、矢柄も太いものが使用された。また、近世になると、手裏剣のように相手に投げる「打ち根」や、矢を入れた筒を振って短い矢を発射する「内矢」と呼ばれる一種の隠し武器も使われた。

【打ち根（左）と内矢（右）の使用例】

弩・弩砲の章
<small>クロスボウ</small>

■構造

弩・クロスボウは、洋の東西を問わず、狩猟・戦闘に使われてきた。各地域によって形状に多少の違いはあるが、基本的構造は変わらない。また、クロスボウに使われる矢は、ボルト (bolt) などと呼ばれ、弓に使われるものより太く短い。

○弩（中国）の名称

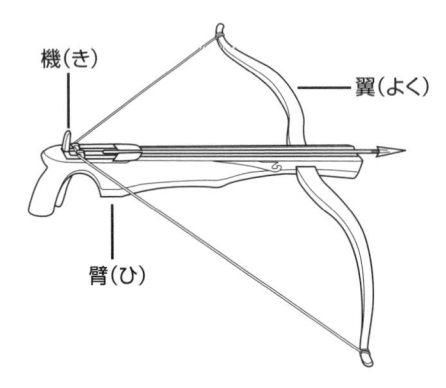

- 機 (き)
- 翼 (よく)
- 臂 (ひ)

○クロスボウの名称

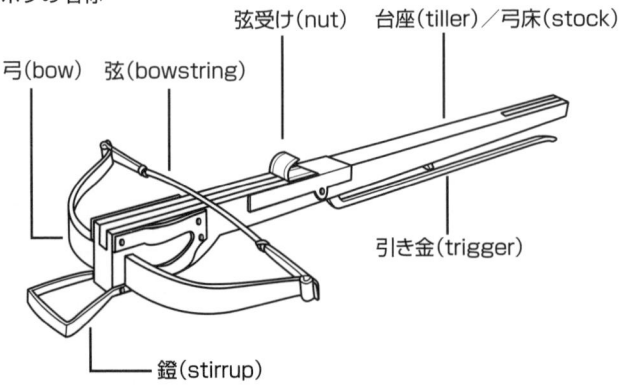

- 弓 (bow)
- 弦 (bowstring)
- 弦受け (nut)
- 台座 (tiller) ／弓床 (stock)
- 引き金 (trigger)
- 鐙 (stirrup)

■弩・クロスボウの引き方
　比較的反発力の弱い弩・クロスボウは、身体のみで弦を引くことが可能だったが、強力なものになるにしたがって、器具が使われるようになった。

○足掛け法

▲鐙を踏んで弦を引く。比較的反発力が弱い弩の場合。

▲鐙を踏み、ベルトの鉤に弦を引っ掻く。器具や体重を利用して弦を引く。

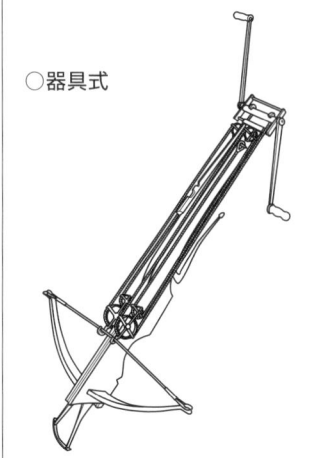

○器具式

▲滑車を利用した装置。両手でハンドルを回すと弦を引くことができた。

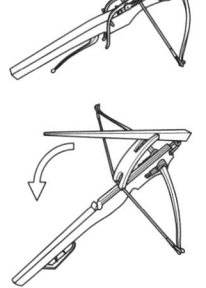

▲梃子の力を利用した装置。支点にする部分が上下で違う。

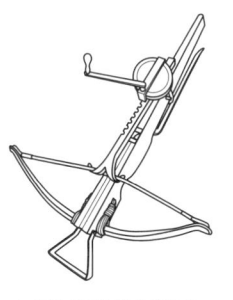

▲歯車の働きを利用した装置。ハンドルを回して、弦を引き上げる。

223

■弩砲

　個人携帯用の弩と並行して、弩砲も重要な戦力となった。槍のような矢や、石、金属の弾を発射した。

○カタペルテス

　古代ギリシアの弩砲。

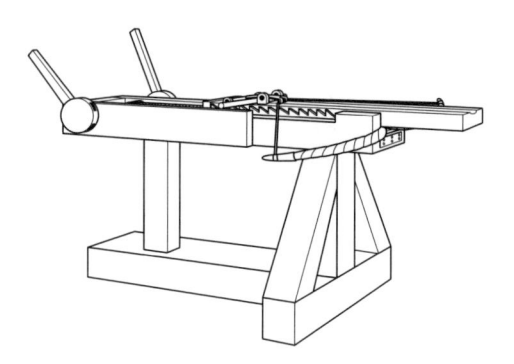

○エニュトニオン

　ペトロボロスとも。古代ギリシアの大型弩砲。発射原理は図にあるように、束ねた髪の毛や動物の腱を捩じり、元に戻る反動を利用して矢を発射する。弓板の反発力を用いないのが画期的な点である。

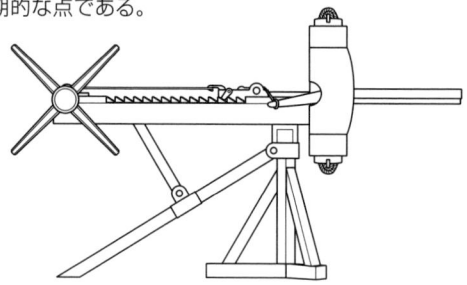

○バリスタ

　古代ローマの弩砲。
　発射原理は
　エニュトニオンと
　同じ。

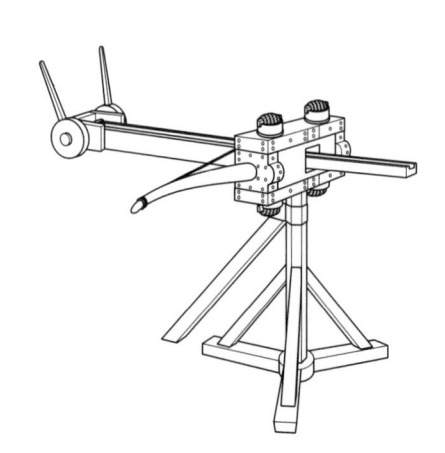

○騎馬弩砲

　東ローマ帝国（395年〜1453年:ビザンツ帝国）時代のもの。4輪馬車に乗せた弩砲を馬で牽引し、前線に出張って射る。

○多発式弩砲

　中国の弩砲。神臂牀子連城弩（しんぴしょうしれんじょうど）。一度に数本の矢を一斉発射可能。

○床子弩（しょうしど）

　大型化した弩を
　発射台に搭載した弩砲。

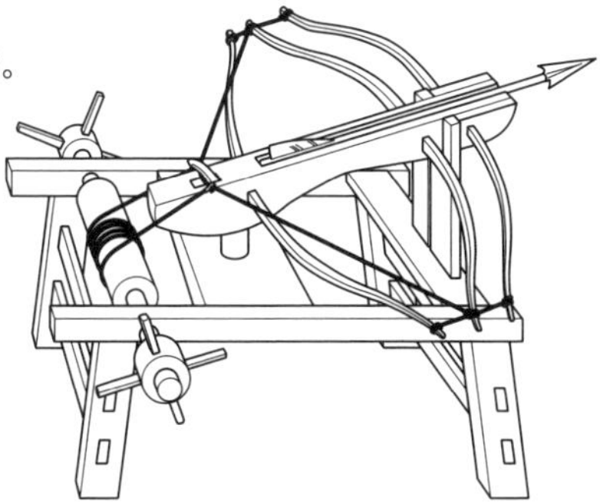

弓矢の実験の章

■サクストン・ポープの弓矢実験

　最後の野生ネイティブ・アメリカン"イシ"の項（P152参照）を読んだ方ならば、サクストン・ポープという名前をご記憶かと思う。カリフォルニア大学医学部教授であり、同大学の人類学博物館で余生を送る"イシ"と無二の親友になった人物である。ポープは"イシ"との交友を通じて弓矢に興味を抱くようになり、以降弓矢の研究に没頭。優れた研究業績を残している。

　ポープの研究のひとつに弓の比較研究がある。世界各地の弓について、長さ・飛距離・材質・引きの深さ・弦を引くのに必要な力を比較したものである。カリフォルニア大学人類学博物館に収容展示されている弓や個人所蔵の弓、また、それらを参考にして自身で復元した弓などを用いての実地研究であり、文化人類学上の貴重な資料となっている。

　京都の国際日本文化研究センターによる共同研究報告『武器の進化と退化の学際的研究―弓矢編―』にポープの実験結果が紹介されているので引用しよう。なお、ポープのデータは、ヤード・ポンド法で記されているが、同研究報告では執筆者の佐々木憲一氏（考古学）によって、メートル法に直されている。

　このうち7・8・11・14・15・18番の各弓は、木材のみを素材としているのではなく、動物の腱などで裏打ちがしてある。32番のマリーローズ号は、本書の「はじめに」の部分でも言及したイギリスの沈没船である。船内から引き上げられた弓はロンドン塔に保管されており、ポープはレプリカ作製の際、この弓を参考にしている。

　飛距離でみると30番のトルコの弓がすごい。122cmの短弓ながら257mの飛距離を出している。日本の弓は素材からすると、伏竹弓（外竹弓）になろうか。世界の弓と比べると長さの程がよくわかる。

　ちなみに、ポープはこれらの実験の結果、イチイを「弓の素材として最適の木」と位置づけている。イチイは温帯の比較的北方と亜寒帯に自生する常緑針葉樹であり、学名は"Taxus cuspidata"。Taxusはラテン語で「弓」の意になる。

■ サクストン・ポープの弓矢実験

No.	名称	材質	弓の長さ	引きの深さ	引く力	飛距離
1	イゴロト族の弓	竹	187cm	71cm	11.8kg	91.4m
2	モハヴィ族の弓	柳の木	170cm	71cm	18.1kg	100.5m
3	パラグアイの弓	硬質の木	180cm	71cm	27.2kg	155.4m
4	イギリスの弓	イチイの木	173cm	71cm	34.0kg	228.5m
5	アタバスカン族の弓	カンバの木	173cm	64cm	27.2kg	114.3m
6	ルイヤーニョ族の弓	柳の木	141cm	66cm	21.7kg	109.7m
7	ナヴァホ族の弓	豆科の樹木	112cm	66cm	20.4kg	137.1m
8	ユーロック族の弓	イチイの木	137cm	71cm	13.6kg	128.0m
9	イヌイットの弓	モミの木&骨	142cm	66cm	36.2kg	164.5m
10	ヤキ族の弓	オレンジの木	151cm	71cm	31.7kg	191.9m
11	ヤナ族の弓	イチイの木	140cm	66cm	19.0kg	187.3m
12	ブラックフット族の弓	トネリコの木	121cm	63.5cm	19.0kg	132.5m
13	アパッチ族の弓	ヒッコリーの木	104cm	55.9cm	12.7kg	110.0m
14	シャイアン族の弓	トネリコの木	114cm	50.8cm	29.4kg	150.8m
15	フパ族の弓	イチイの木	119cm	55.9cm	18.1kg	135.3m
16	オーセージ族の弓	オレンジの木	121cm	50.8cm	18.1kg	84.1m
17	クリー族の弓	トネリコの木	112cm	50.8cm	17.2kg	計測不能
18	ブラックフット族の弓	ヒッコリーの木	102cm	50.8cm	18.1kg	140m
19	アフリカの弓	硬質の木	150cm	45.7cm	24.5kg	97.8m
20	インドのアンダマン島の弓	カンバの木の一種	157cm	50.8cm	20.5kg	130m
21	南アメリカの弓	ヤシ科の木	188cm	71cm	22.7kg	90m
22	ソロモン諸島の弓	ヤシ科の木	188cm	66cm	25.4kg	135m
23	タタール族(モンゴル高原)の弓	カンバの木&牛角	188cm	71cm	13.6kg	82.3m
24	同上			91.4cm	13.6kg	102.4m
25	中国清時代の弓	木・角・腱	188cm	71cm	44.4kg	91.4m
26	日本の弓	桑の木&竹	223.5cm	71cm	21.7kg	142.6m
27	ネグリト族の弓	ヤシ科の木	193cm	71cm	25.4kg	113.3m
28	ポリネシアの弓	硬質の木	200cm	71cm	21.7kg	149m
29	同上			86cm	21.7kg	171m
30	トルコの弓(複製)	ヒッコリーの木&牛角	122cm	73.7cm	38.5kg	257m
31	同上				38.5kg	250m
32	マリーローズ号の弓	イチイの木	195cm	71cm	23.6kg	169m
33	同上			91.4cm	32.6kg	194m
34	北米ニューイングランドの先住民の弓	ヒッコリーの木	不詳	71cm	20.8kg	158m

◇地域の補足
1=フィリピン　2=北アメリカ先住民　5=カナダの先住民　6=北米南カリフォルニアの先住民
7=北アメリカの先住民　8=北米北西カリフォルニアの先住民　9=アラスカの先住民
10=メキシコの先住民　11=北米カリフォルニアの先住民　12=北米の先住民
13=北米南西部の先住民　14=北米ワイオミングの先住民　15=北米カリフォルニアの先住民
16=北米の先住民　17=北アメリカの先住民　18=北米の先住民　27=フィリピンの部族

■戦国時代の甲冑の強度実験

《テレビの企画で行われた甲冑の衝撃テスト》

　弓矢で戦国時代の甲冑を射てみるという興味深い実験が、昭和54年（1979）に『謎のカーテン』（制作：日本テレビ）という番組で放送された。実験を行ったのは時代考証家の名和弓雄氏である。

　甲冑は名和氏が所有する"井伊の赤具足"を提供した。井伊とは彦根藩井伊家のこと。藩祖の井伊直政は徳川四天王に数えられ、井伊家の部隊が甲冑を赤で統一していたことから、"井伊の赤揃え"として恐れられた。

　提供した甲冑は兜が鉄5枚張り、胴は伊予札（鉄を札状にして少しずつ重ねあわせて強化した作り）の2枚胴（前後2枚に分けられる胴のこと）、草摺り（大腿部の防御）も伊予札である。侍用の胴だ。

　衝撃は3つの方法で行われた。最初のテストは日本刀による兜の斬撃。ふたつ目の衝撃は弓矢による胴の射撃。3つ目は当時、ロッテ・オリオンズでプレーしていた村田兆治投手の豪速球によるデッドボールである。

《弓矢では射貫けず》

　弓射を担当したのは、当時、小笠原流弓道4段の伊倉功氏である。結果からいえば、弓矢では伊予札2枚胴は射貫けなかった。3mの距離から射ても、はね返している。名和氏は、この実験以前に雑兵用のお貸し胴（領主から貸されるからこの名がある）に対して同様の実験をしたことがあり、そのときは約30mの距離から3本射て、3本とも貫通したという。戦国時代の侍用の胴の強靱さをうかがい知ると同時に、雑兵が消耗品同様の扱いであったことも推察される。ちなみに、村田投手の豪速球で、甲冑は大きく凹んだ。

弓の流派と通し矢の章

■日本の弓術流派
《弓術流派は源氏にはじまる》
　日本の弓術で、明確に最古の流派と呼べるのは、平安時代末期から鎌倉時代初期に成立した、武田流騎射流鏑馬と小笠原流弓馬術である。武田流の祖は武田信義。小笠原流の祖は小笠原長清。姓は異なるが共に源氏だ。直近の祖は甲斐(山梨県)源氏の始祖にして、甲斐の武田氏の初代となる源義清。信義は義清の孫であり、長清は義清の曾孫にあたる。
　流派誕生のきっかけを作ったのは源義清である。源氏は初代の源経基(917年〜961年)以来、弓馬の道に独自の技術・理論を有しており、義清は甲斐移住と同時に武田流を創始した。以下、二流勃興の流れを矢印で示せば以下のようになる。
○義清の甲斐国移住→武田流創始→清光→信義(嫡男)
○義清の甲斐国移住→武田流創始→清光→遠光(次男)が甲斐で加賀美氏を称する→遠光の次男・長清が甲斐で小笠原氏を称する→小笠原流創始
　武田流は代々武田家に受け継がれたが、武田家最後の信直から細川藤孝に伝承され、細川忠興→細川忠利と経て、細川家家臣の竹原家に継承された。現在も武田流騎射流鏑馬保存会(熊本市)、社団法人大日本弓馬会(鎌倉市)、日本古式弓馬術協会(鎌倉市)が、武田流の名のもとに活動している。
　小笠原流は長清以後、鎌倉幕府・室町幕府の弓術指南役となったり、甲斐の武田信玄との抗争で領国の信濃を失うなど栄枯盛衰はあったが、代を重ねて道統を守り抜き、現在に到っている。なお、小笠原家は武家公式礼法の故実も伝えている。弓馬術と並んで小笠原流礼法も名高い。

《近世弓術の発祥》
　室町時代後期、武田流・小笠原流とは一線を画する弓術が現れる。日置弾正正次(へきだんじょうまさつぐ)を祖とする日置流弓術である。前の二流派が武士の礼法的側面も重んじるのに対し、日置流は完全な武芸であり、命中率向上と効率的な弓射に力点が置かれていた。

ところで、吉田上野介重賢の項（P144参照）で述べたように、日置流弓術の創始者とされる日置弾正正次は、多分に伝説的色彩が濃い人物である。しかし、日本弓術史を語るうえで不可欠の存在でもある。実際、戦国・江戸時代に誕生する弓術流儀の多くが、日置流〜〜派と称しているのである。この一事をもってしても、日置弾正と日置流弓術の重要性はうかがい知れよう。架空？　実在？　という問題は実に興味深い。しかし、今は措くとして、日置流が近世弓術の先駆けであることだけを確認しておきたい。なお、日置流〜〜派を名乗る主な流儀は以下の通りである。流儀名・流祖を記している。

○日置流竹林派　　石堂如成
○日置流出雲派　　吉田出雲守重高（出雲守重政を祖とする説も）
○日置流雪荷派　　吉田重勝
○日置流山科派　　片岡家次
○日置流道雪派　　伴一安
○日置流左近右衛門派　　吉田業茂
○日置流大心派　　田中秀次
○日置流寿徳派　　木村寿徳
○日置流印西派　　吉田重氏
○日置流大蔵派　　吉田茂氏

《多種多彩な弓術流儀》
　もちろん、上記のみが弓術流儀というわけではない。実に多数の流儀が現れている。以下、列挙してみよう。括弧内は流祖名である。
　安松流（安松吉次）・弓削流（弓削正次）・伊勢流（伊勢武蔵守）・大和流（森川香山）・一宮瑞也流（一宮瑞也奈宗是）・今川流（今川氏頼）・伊勢流（伊勢武蔵守満忠）・岩戸流（岩戸平大夫）・大口流（大口権九郎）・小川流（小川半平直元）・鹿島流（禰宜四郎）・逸見流（逸見清光）・本多流（本多利実）
　キリがないのでここまでとする。特徴的な流儀としては伊勢流・今川流があげられる。どちらも室町時代に足利将軍家の肝煎りで発生した流派であり、弓馬・諸礼を伝えた。今川流礼法は江戸時代、会津藩にも伝えられている。岩戸流は「天上火矢」を掲げる流儀であり、先の火矢の項（P220）で紹介した大国火矢がそれである。鹿島流は「神代にタケミカヅチノ命（鹿島神宮の祭神）が伝えた」とする弓術である。ちょっと首を傾げたくなるが、権威を増すために神様を流祖に戴くことは、武術では頻繁に行われている。同流も同様の意味でタケミカヅチノ命を流祖としたのだ

ろう。ちなみに、江戸時代には聖徳太子を流祖とする太子流という弓術もあった。

　日本の弓術は明治維新後、西洋文化の積極的導入に伴い、一旦衰退する。しかし、明治の中頃に日本文化見直しの機運が高まると共に、現代弓道として復活した。太平洋戦争後に占領軍の手によって一時禁止されるが、間もなく復活。現在に到っている。

■三十三間堂の通し矢競技
《戦国時代末期を境に変わった通し矢》

　第2部「日本の弓矢」の項で、三十三間堂の通し矢について少し触れた。ここでは、通し矢の歴史と記録について簡単に説明したい。

　通し矢の舞台となった蓮華王院三十三間堂（京都市東山区）は、平安時代後期、後白河法皇が平清盛に命じて建立した寺院である。三十三間堂とは、等身大の仏像千体を安置する目的で建立された、南北に細長い御堂のことである。

　三十三間堂での通し矢は平安時代末期に起源がある。これは三十三間堂の本尊・千手観音が弓矢の守護神と考えられていたためである。ただし、江戸時代までの通し矢は、武士が弓矢上達を願って行う儀式的側面が強かった。通し矢も奉納的意味合いで行われており、射通す数は平均して2～3本程度だった。ところが、江戸時代に入って弓術流派が林立するようになると、通し矢は流儀と自身の面目をかけた競技的意味合いが強調されるようになった。重視されるのは射通した本数。弓の使い手たちは「他人より1本でも多く」を合言葉に通し矢に精を出したのである。

《過酷な訓練と弓矢の改良》

　通し矢競技は4～6月に集中して行われた。暑くもなく寒くもなく、風も穏やかな季節である。これは出場者の体力を考えるのと同時に、矢が風の影響を受けることを極力防ぐための措置であった。競技者は低い腰掛けに座り、一昼夜ぶっ通しで矢を射続けるのである。体力・精神力とも極限を要求される競技であった。

　競技も過酷だが、訓練も実に過酷だった。江戸時代、弘瀬弥一なる人物によって記された『矢数精義書』には、まず18万本の矢を射て身体を練ることが記されている。18万本を射て身体が弓射向きにでき上がったら、次は1日2000本の矢を射て迅速な弓射技術を身につけ、最後は60間（108m）先の的に直線的に矢を射る技術を習得するのである。これだけの鍛錬に耐えた者だけが、晴れて三十三間堂で矢を射ることができた。

　競技にあわせて弓が改良されたことはP194で述べた通りであるが、矢も軽く

て細い競技用の矢が使用された。また、介添人がついて矢の補給など一切を担当し、射手が弓射に集中できるような工夫もされた。

《矢数ベスト20》

　さて、気になる記録であるが、石岡久夫氏の『日本近世弓術の発展』（玉川大学出版部）をもとにベスト20を紹介しよう。順位・名前・年号・総矢数・通し矢数を記している。順位は無論、通し矢の多い順である。

順位	名前	年号	射た本数	通し矢数
1	和佐大八郎	1686年（貞享3年）	13,053本	8,133本
2	星野勘左衛門	1669年（寛文9年）	10,542本	8,000本
3	葛西園右衛門	1668年（寛文8年）	9,042本	7,077本
4	星野勘左衛門	1662年（寛文2年）	10,125本	6,666本
5	吉見台右衛門	1656年（明暦2年）	9,769本	6,343本
6	長屋六左衛門	1640年（寛永17年）	9,653本	6,323本
7	高山八右衛門	1639年（寛永16年）	8,804本	6,154本
8	長屋六左衛門	1639年（寛永16年）	9,800本	5,944本
9	吉見喜太郎	1655年（明暦元年）	7,723本	5,212本
10	高山八右衛門	1637年（寛永14年）	7,626本	5,197本
11	吉見喜太郎	1654年（承応3年）	7,846本	5,158本
12	杉山三右衛門	1636年（寛永13年）	7,611本	5,044本
13	吉見喜太郎	1653年（承応2年）	8,152本	4,480本
14	長屋六左衛門	1637年（寛永14年）	7,180本	4,313本
15	吉井六之丞	1637年（寛永14年）	6,285本	3,883本
16	杉山三右衛門	1635年（寛永12年）	6,083本	3,475本
17	高山八右衛門	1634年（寛永11年）	5,320本	3,151本
18	大橋長蔵	1631年（寛永8年）	4,242本	2,835本
19	杉山三右衛門	1631年（寛永8年）	4,951本	2,784本
20	吉田小左近	1631年（寛永7年）	3,700本	2,271本

　三十三間堂の通し矢競技は、寛永年間（1624年〜1643年）に江戸浅草の三十三間堂でも行われるようになった。1698年（元禄11年）に三十三間堂が焼失したあとは、深川の富岡八幡宮脇に会場を移して存続した。ただ、記録的には京都に及ぶべくもなかった。

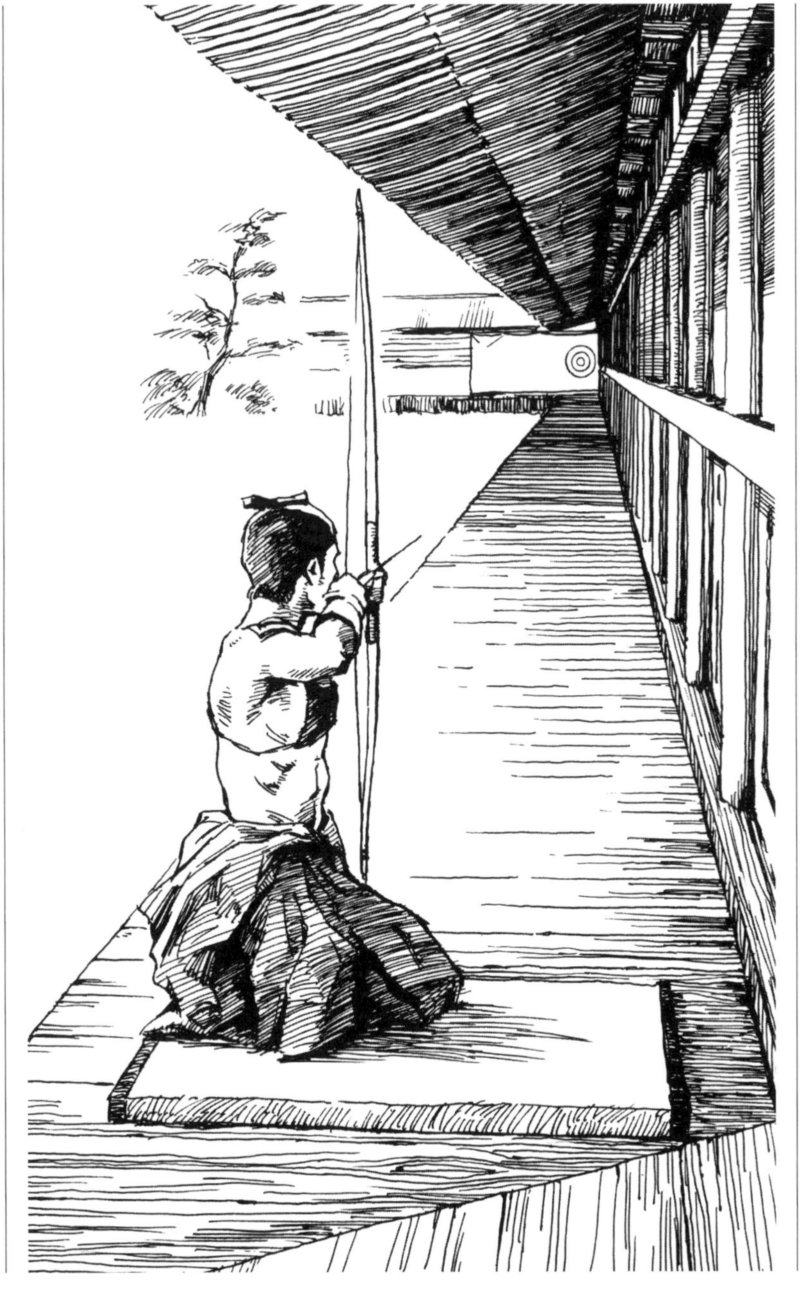

■弓道の射法八節

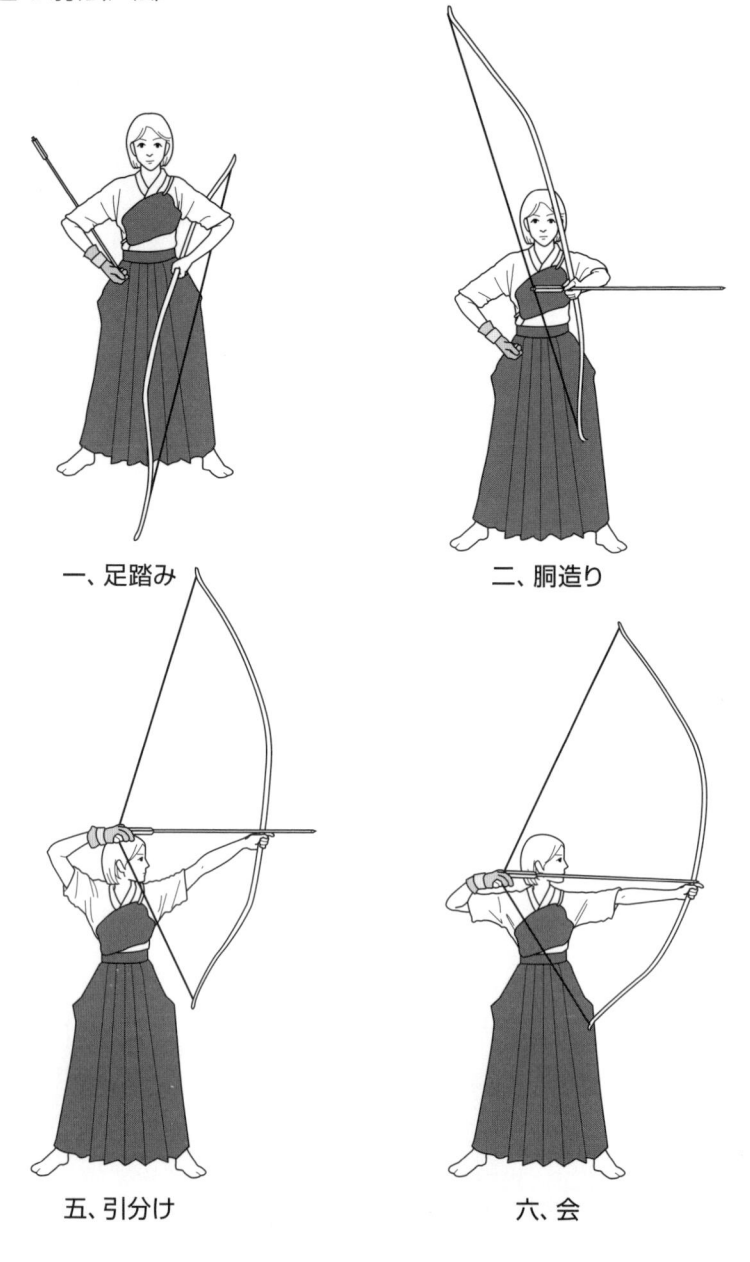

一、足踏み

二、胴造り

五、引分け

六、会

三、弓構え

四、打起し

七、離れ

八、残身（心）

■アーチェリーの射法八節

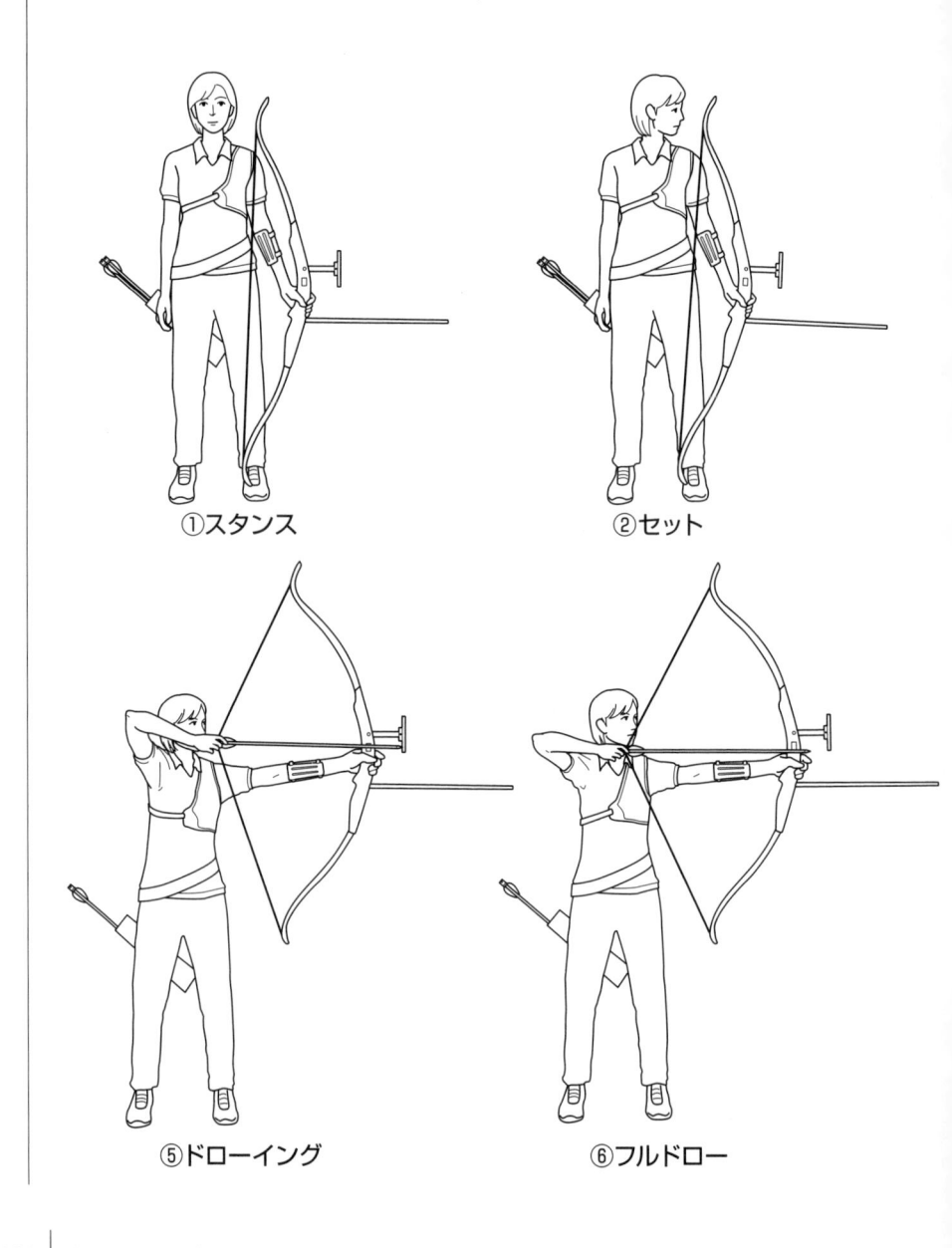

①スタンス　　　　　　　　②セット

⑤ドローイング　　　　　　⑥フルドロー

③ノッキング　　　　　　　　　④セットアップ

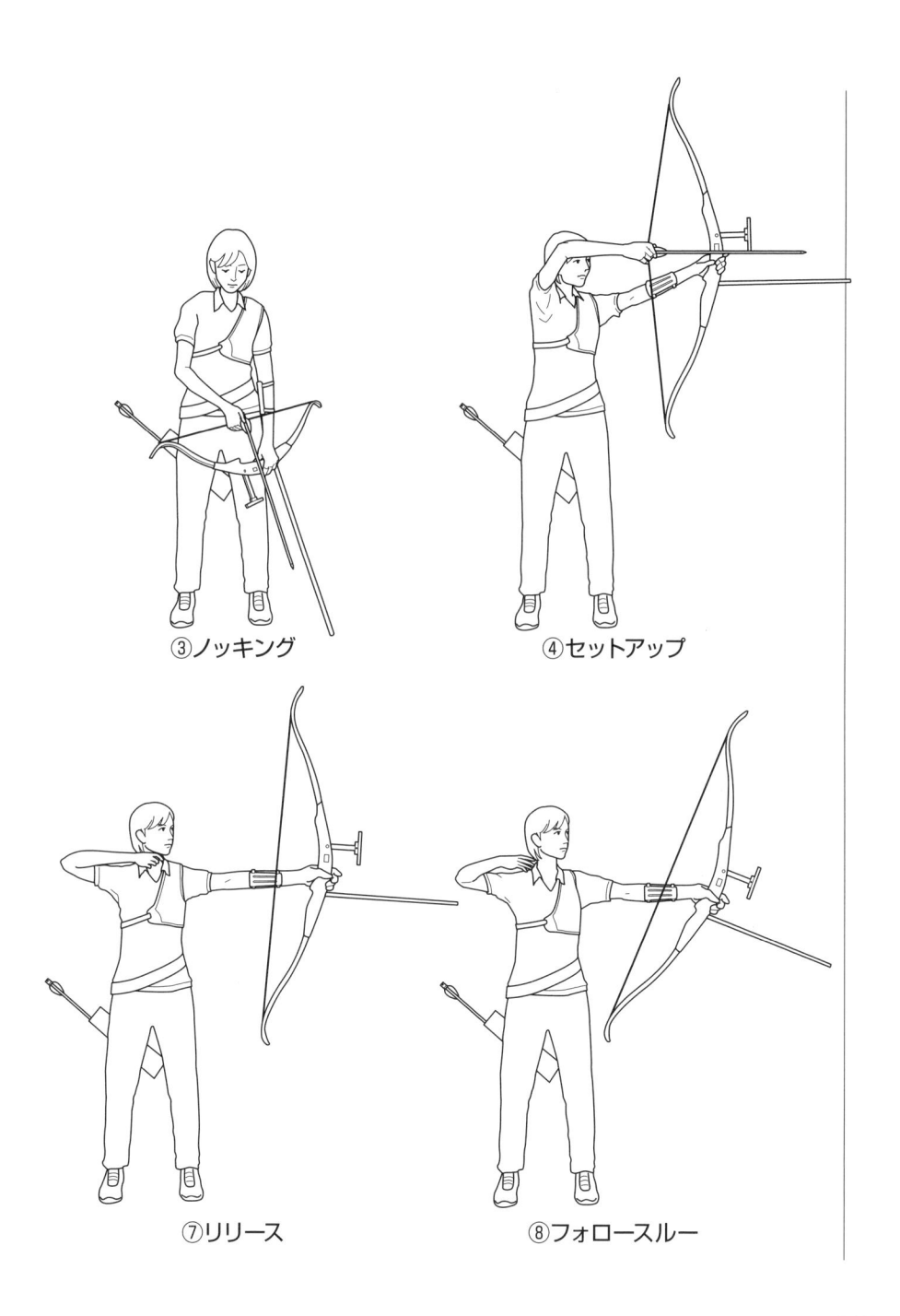

⑦リリース　　　　　　　　　　⑧フォロースルー

おわりに 深遠なるアーチャーの世界

　本書も終わりに到った。「はじめに」の項での言葉を受けていえば、筆者が放った矢（読者の方々）はアーチャーの世界を飛来し、的に突き立ったとなろう。いや、それとも今、アーチャーの世界を飛びはじめたのかも知れない。

　ところで、本書作成の過程で痛感したのは、アーチャー世界の深遠さである。たとえば第1部。神話・伝説・史実でアーチャーの名を冠せられる人は、予想していた以上に多かった。ことに中国・日本での数の多さに驚いた。もし、それらをすべて掲載していたら、本書はアーチャー紹介のみで終わってしまう。それではいくらなんでも偏りすぎと思い、弓矢の歴史・小事典にスペースを割くため、紹介人数を割愛せざるを得なかった。

　第2部では弓矢と宗教の関係が興味深かった。本書では弓矢と宗教が結びついた要因として、全体を包括する意味において弓矢の機能面から考えた結論を記しておいたが、地域性については割愛せざるを得なかった。地域性とは具体的いえば、民族と弓矢の関係である。ことに民族学者のウノ・ハルヴァのアルタイ系諸民族と弓矢についての関する考察が面白かった。

　アルタイ系諸民族とはアルタイ語系言語を話す民族のこと。モンゴル系民族・ツングース系民族など北東アジアに展開する諸民族が含まれる。日本語もアルタイ系言語の流れを一部くむとの仮説がある。ハルヴァのフィールドワークによれば、アルタイ系諸民族では、シャーマン（呪術師）よる弓矢祭祀の風習が一般的だというのだ。ここにアジアにおける弓矢崇拝解明の鍵がある！　と勇躍したが、そうなるとシナ＝ティベット語族、インド＝ヨーロッパ語族、ウラル語族などについても考察しないと満足なものにならないだろう。これも、すべてについて紹介していたら与えられたスペースのすべてを使ってしまうので、割愛をせざるを得なかった。

　以上の如く、アーチャーの世界は想像していた以上に深遠だった。その深遠な世界のすべてを網羅したとはいい難いのが実情である。しかし、専門的な記述が多く、かつ資料が広範囲にわたって散在するアーチャーと弓矢の入門書としての役割は、十二分に果たせたと自負している。

参 考 文 献

〈書籍〉

- 『図説　古代ギリシアの戦い』(東洋書林)
  著:ヴィクター・デイヴィス・ハンセン／監修:ジョン・キーガン／訳:遠藤利国
- 『図説　古代ローマの戦い』(東洋書林)
  著:エイドリアン・ゴールズワーシー／監修:ジョン・キーガン／訳:遠藤利国
- 『飛び道具の人類史―火を投げるサルが宇宙を飛ぶまで』(紀伊國屋書店)
  著:アルフレッドW.クロスビー／訳:小沢千重子
- 『武器―歴史・形・用法・威力』(マール社)
  編:ダイヤグラムグループ／訳:田島優・北村孝一
- 『逆転の日本史―日本人のルーツここまでわかった!』(洋泉社)
- 『ニューギニア高地人』(講談社)　著:本多勝一
- 『射る!　弓矢の文化史』(群馬県立歴史博物館／文化庁)
- 『大系日本の歴史―日本人の誕生』(小学館=小学館ライブラリー)　著:佐原眞
- 『八ヶ岳縄文世界再現』(新潮社)　著:井戸尻考古館&田枝幹宏
- 『イシ―北米最後の野生インディアン』(岩波書店=岩波現代文庫)
  著:シオドーラ・クローバー／訳:行方昭夫
- 『新版　雑兵物語』(バロル舎)　訳・挿画:かもよしひさ
- 『新版　指輪物語』1～7 (評論社)
  著:J・R・R・トールキン／訳:瀬田貞二・田中明子
- 『トールキン　指輪物語事典』(原書房)
  著:デビット・デイ／監修:ピーター・ミルワード／訳:仁保真佐子
- 『西洋騎士道大全』(東洋書林)
  著:アンドレア・ポプキンズ／訳:松田英・都留久夫・山口恵里子
- 『ぼくたちの好きな指輪物語』(宝島社)
- 『ヴァイキング』(同朋社=ビジュアル博物館50)
  著:スーザン・M・マクザン／訳:久保実
- 『図説ヴァイキングの歴史』(原書房)　著:B・アルムグレン／訳:蔵持不三也
- 『オデュッセイア』上・下 (岩波書店=岩波文庫)　著:ホメロス／訳:呉茂一
- 『歴史』上・中・下 (岩波書店=岩波文庫)　著:ヘロドトス／訳:松平千秋

- 『ガリア戦記』(岩波書店=岩波文庫)　著:ユリウス・カエサル／訳:近山金次
- 『太平記』(岩波書店=日本古典文学大系新装版)　校注:後藤丹治・釜田喜三郎
- 『逆転の日本史—反忠臣蔵読本』(洋泉社)
- 『日本の文学古典編　保元物語・平治物語』(ぽるぷ出版)　校注・訳:市古貞次
- 『ヴァイキング』(同朋社=ビジュアル博物館50)

著:スーザン・M・マクザン／訳:久保実
- 『古事談　続古事談』(岩波書店=新日本古典文学大系)　校注:川端善明・荒木浩
- 『忠臣蔵四十七士義士全名鑑』(駿台曜曜社)　著・監修:財団法人中央義士会
- 『儀礼国訳　第五集—大射儀・燕禮』(広島大学文学部中国哲学研究室)
   編著:広島大学文学部中国哲学研究室
- 『モンゴル国の伝統スポーツ—相撲、競馬、弓射』(スポーツ学選書・13　叢文社)
   著:井上邦子
- 『遥かなるサマルカンド』(原書房)
   著:クラヴィーホ／編:リシュアン・ケーレン／訳:杉山正樹
- 『ペルシア見聞記』(平凡社=東洋文庫)　著:ジャン・シャルダン／訳:岡田直次
- 『和漢三才図絵4』(平凡社=東洋文庫)
   著:寺島良安／訳注:島田勇雄・竹島淳夫・樋口元巳
- 『ゲセル・ハーン物語』(平凡社=東洋文庫)　訳:若松寛
- 『モンゴル帝国史』(平凡社=東洋文庫)　著:C.M.ドーソン／訳注:佐口透
- 『三国志人物事典』(講談社)　著:渡辺精一
- 『水滸伝人物事典』(講談社)　著:高島俊男
- 『日本の武道』(財団法人日本武道館)
- 『現代弓道講座1〜7』(雄山閣出版)　監修:宇野要三郎
- 『騎兵と歩兵の中世史』(吉川弘文館=歴史文化ライブラリー)　著:近藤好和
- 『弓矢と刀剣—中世合戦の実像』(吉川弘文館=歴史文化ライブラリー)　著:近藤好和
- 『源平合戦の虚像を剥ぐ—治承・寿永内乱史研究』(講談社=講談社選書メチエ)
   著:川合康
- 『武家の棟梁の条件—中世武士を見直す』(中央公論社)　著:野口実
- 『蒙古襲来』上・下(小学館=小学館ライブラリー)　著:網野善彦
- 『間違いだらけの時代劇』(河出書房新社)　著:名和弓雄
- 『遊牧民から見た世界史—民族も国境も越えて』(日本経済新聞社)　著:杉山正明

- 『清の太祖ヌルハチ』(白帝社＝中国歴史人物選)
  著:松浦茂／監修:竺沙雅章・衣川強
- 『【決定版】図説　日本武器集成』(学習研究社＝歴史群像シリーズ特別編集)
- 『少年少女世界の文学』5・27(小学館)　監修:川端康成・中野好夫・浜田廣介
- 『日本の弓術』(岩波書店＝岩波文庫)　述:オイゲン・ヘリゲル／訳:柴田治三郎
- 『中世ヨーロッパ騎士事典』(あすなろ書房＝知のビジュアル百科)
  著:クリストファー・グラヴェット／訳:森岡敬一郎
- 『武器の歴史図鑑』(あすなろ書房＝知のビジュアル百科)
  著:マイケル・バイアム／日本語版監修:川成洋
- 『武器史概説』(学献社)　著:斎藤利生
- 『武器と防具　中国編』(新紀元社)　著:篠田耕一
- 『神秘の道具　日本編』(新紀元社)　文:戸部民夫／画:シブヤコウジ
- 『ウィリアム・テル伝説—ある英雄の虚実』(NHK出版)　著:宮下啓三
- 『洋弓』(不昧堂書店)　著:R・P・エルマア／訳:菅重義
- 『図説　西洋甲冑武器事典』(柏書房)　著:三浦權利
- 『武器甲冑図鑑』(新紀元社)　著:市川定春／画:有田満弘・諏訪原寛幸・福地貴子
- 『覇者の戦術—戦場の天才たち』(新紀元社)　著:中里融司
- 『ツタンカーメン発掘記』(筑摩書房＝筑摩叢書)
  著:ハワード・カーター／訳:酒井傳六・熊田亨
- 『詳説　世界史研究』(山川出版社)　編:木下康彦・木村靖二・吉田寅
- 『武芸流派100選』(秋田書店)　著:綿谷雪
- 『武芸流派大事典』(新人物往来社)　著:綿谷雪・山田忠史
- 『日本の古武道』(財団法人日本武道館)　著:横瀬知行
- 『アイヌの民具』(すずさわ書店)　著:萱野茂／編:『アイヌの民具』刊行運動委員会
- 『図説　中国の科学と文明』(河出書房新社)
  著:ロバート・K・テンプル／監訳:牛山輝代
- 『毒矢の文化』(紀伊國屋書店)　著:石川元助
- 『ロビン・フッド　中世のアウトロー』(みすず書房)
  著:サー・ジェイムズ・クラーク・ホウルト／訳:有光秀行
- 『ロビン・フッド物語』(原書房)　著:ローズマリ・サトクリフ／訳:山本史郎
- 『ロビン・フッド物語』(岩波書店＝岩波新書)　著:上野美子
- 『主題別事典—世界の神話』(青土社)　著:マイケル・ジョーダン／訳:松浦俊輔

- 『インド神話入門』(新潮社) 著:長谷川明
- 『世界の神話伝説総解説―神々の起源と誕生の系譜人類が語り継ぐ説話集成』
  (自由国民社)
- 『インド神話入門』(新潮社) 著:長谷川明
- 『インド神話 マハーバーラタの神々』(筑摩書房) 著:上村勝彦
- 『メソポタミアの神話』(丸善=丸善ブックス)
  著:ヘンリエッタ・マッコール/訳:青木薫
- 『中国の神話伝説』上・下(青土社) 著:袁珂/訳:鈴木博
- 『アポロドーロス ギリシア神話』(岩波書店=岩波文庫) 訳:高橋春繁
- 『図説 ギリシア神話〔神々の世界〕編』(河出書房新社) 著:松島道也
- 『図説 ギリシア神話〔英雄たちの世界〕編』(河出書房新社)
  著:松島道也・岡部紘三
- 『ギリシア・ローマ神話事典』(大修館書店)
  著:マイケル・グラント&ジョン・ヘイゼル/主幹:西田実/
  訳:入江和生・木宮直仁・中道子・西田実・丹羽隆子
- 『カレヴァラ物語 フィンランドの恋する英雄たち』(筑摩書房=世界の英雄伝説1)
  編訳:高橋静男
- 『ケサル大王物語 幻のチベット英雄伝』(筑摩書房=世界の英雄伝説9) 著:君島久子
- 『ヴァールミーキ ラーマーヤナ』(河出書房新社=河出世界文学大系2) 訳:阿部知二
- 『ラーマーヤナ1・2』(平凡社=東洋文庫) 訳:岩本裕
- 『元朝秘史』上・下(岩波書店=岩波文庫) 訳:小澤重男
- 『モンゴルの神話伝説』(東方書店) 著:原山煌
- 『日本傳説 信濃の巻』(平和出版社内日本傳説叢書刊行会) 著:藤澤衛彦
- 『日本の武将1―坂上田村麻呂』(人物往来社) 著:亀田隆之
- 『吉備の伝説』(第一法規出版) 著:土井卓治
- 『太平記』(岩波書店=日本古典文学体系新装版) 校注:後藤丹治・釜田喜三郎
- 『全譯吾妻鏡』(新人物往来社) 監修:永原慶二/訳注:貴志正造
- 『室町物語集』上・下(岩波書店=新日本古典文学大系)
  校注:市古貞次・秋谷治・沢井耐三・田嶋一夫・徳田和夫
- 『幸若舞1―百合若大臣他』(平凡社=東洋文庫)
  編注:荒木繁・池田廣司・山本吉左右

- 『保元物語・平治物語・承久記』(岩波書店＝新日本古典文学大系)
  校注：栃木孝惟・日下力・益田宗・久保田淳
- 『十訓抄』(岩波書店＝新日本古典文学大系)　校注・訳：浅見和彦
- 『宇治拾遺物語』(小学館＝日本古典文学全集)　校注・訳：小林智昭
- 『平家物語1・2』(小学館＝新編日本古典文学全集)　校注・訳：市古貞次
- 『源義家』(吉川弘文館　人物叢書)　著：安田元久
- 『図録　日本の合戦武具事典』(柏書房)　著：笹間良彦
- 『武器の進化と退化の学際的研究—弓矢編』
  (国際日本文化研究センター—国際日本文化研究センター共同研究報告　日文研叢書27)
  編：石井紫郎・宇野隆夫・赤澤威
- 『シャマニズム　アルタイ系諸民族の世界像』(三省堂)
  著：ウノ・ハルヴァ／訳：田中克彦
- 『絵でひく英和大図鑑』(同朋舎出版)
  著：ジャン＝クロード・コルベイユ＆アリアン・アーシャボウ／総監修：長崎玄弥
- 『淮南子』(明治書院＝新釈漢文体系)　著：楠山春樹
- 『春秋左氏伝』(明治書院＝新釈漢文体系)　著：鎌田正
- 『蒙求』(明治書院＝新釈漢文体系)　著：早川光三郎
- 『列子』(明治書院＝新釈漢文体系)　著：小林信明
- 『礼記』(明治書院＝新釈漢文体系)　著：竹内照夫
- 『詩経』(明治書院＝新釈漢文体系)　著：石川忠久
- 『論語』(明治書院＝新釈漢文体系)　著：吉田賢抗
- 『孟子』(明治書院＝新釈漢文体系)　著：内野熊一郎
- 『戦国策』(明治書院＝新釈漢文体系)　著：林秀一・福田襄之助・森熊男
- 『墨子』(明治書院＝新釈漢文体系)　著：山田琢
- 『孫子・呉子』(明治書院＝新釈漢文体系)　著：天野鎮雄
- 『史記　世家・列伝』(明治書院＝新釈漢文体系)　著：吉田賢抗・水沢利忠・青木五郎
- 『射経』(明徳出版社＝中国古典新書)　著：濱口富士雄

〈論考〉

- 「[検証]世界制覇の原動力　モンゴル騎馬軍団」(学習研究社)
  中西豪　『歴史群像』2007年4月号所収
- 「狩猟と農耕祭祀の弓矢について」(古代学研究会)
  戸田智　『古代学研究』1997年2月号(通号82号)所収
- 「正月の歩射儀礼―室町幕府的始を中心として」(国学院大学)
  二木謙一　『國学院雑誌』昭和46年8月号(通号72巻8号)所収
- 「射礼について」(明治大学法律研究所)
  楊永良　『法律論叢』1995年1月号(通号67巻2・3号)所収
- 「古代中国の射礼」(編:財団法人　日本民族学協会／発行:誠文堂新光社)
  伊藤清司　『民族学研究』1959年7月号(通号23巻3号)所収
- 「『薛仁貴』―新しい物語タイプの誕生」(和光大学)
  橋本堯『和光大学人文学部紀要』1986年所収
- 「薛仁貴故事変遷考」(早稲田大学中国文学会)
  千田大介　『中国文学研究』第17期所収
- 「呂布と薛仁貴―英雄の祖型」(神戸大学文学部中国文学研究室)
  竹内真彦　中国文学研究』第17期所収
- 「高仙芝について」(潮出版社)
  桑原武夫　『潮』1980年4月号所収
- 「太陽射止めた弓矢とともに」(人民中国雑誌社)
  丘桓興・馮進『人民中国』20003年4月号所収

■著者略歴

森村宗冬(もりむらむねふゆ)

1963年生まれ、長野県出身。大東文化大学中国文学科卒業。
高校教員をへて執筆活動に入る。主な著書として、『義経伝説と日本人』(平凡社新書)、『日本史偉人「健康長寿法」』(講談社＋α新書)、『英語で読む日本史【人物編】』(講談社バイリンガル・ブックス)、『大航海時代』『海賊』(小社刊)などがある。

Truth In Fantasy 80
アーチャー
名射手の伝説と弓矢の歴史

2008年9月9日　初版発行

著者	森村宗冬（もりむらむねふゆ）
編集	株式会社新紀元社 編集部
発行者	大貫尚雄
発行所	株式会社新紀元社 〒101-0054 東京都千代田区神田錦町3-19 楠本第3ビル4F TEL:03-3291-0961　FAX:03-3291-0963 http://www.shinkigensha.co.jp/
郵便振替	00110-4-27618
デザイン	荒川実（アトリエアンパサンド）
カバーイラスト	川島健太郎
本文イラスト	川島健太郎・鈴木康士・福地貴子
印刷・製本	東京書籍印刷株式会社

ISBN978-4-7753-0636-9

本書記事の無断複写・転載を禁じます。
乱丁・落丁はお取り替えいたします。
定価はカバーに表示してあります。
Printed in Japan